本书受江西省社会科学基金项目《"双循环"新格局下数字金融驱动区域经济增长的机理与实现路径研究》(22YJ25)、江西开放型经济研究中心开放基金项目《数字金融对江西区域经济韧性的影响研究》(KF202203)、国家自然科学基金项目《国内大循环主体地位导向下中国区域资本市场空间整合研究》(72263021)资助。

金融驱动实体经济增长的机制与效率研究

陈建付　著

上海三联书店

图书在版编目（CIP）数据

金融驱动实体经济增长的机制与效率研究/陈建付著.
-- 上海：上海三联书店，2024.2
ISBN 978-7-5426-8365-6

Ⅰ.①金… Ⅱ.①陈… Ⅲ.①金融－作用－中国经济
－经济增长－研究 Ⅳ.①F124.1

中国国家版本馆 CIP 数据核字（2024）第 019555 号

金融驱动实体经济增长的机制与效率研究

著　　者 / 陈建付

责任编辑 / 方　舟

装帧设计 / 一本好书

监　　制 / 姚　军

责任校对 / 王凌霄

校　　对 / 莲　子

出版发行 / 上海三联书店

　　　　　（200041）中国上海市静安区威海路 755 号 30 楼

邮　　箱 / sdxsanlian@sina.com

联系电话 / 编辑部 :021-22895517

　　　　　　发行部 :021-22895559

印　　刷 / 上海颛辉印刷厂有限公司

版　　次 / 2024 年 2 月第 1 版

印　　次 / 2024 年 2 月第 1 次印刷

开　　本 / 890mm×1240mm　1/32

字　　数 / 220 千字

印　　张 / 9.25

书　　号 / ISBN 978-7-5426-8365-6/F·910

定　　价 / 68.00 元

敬启读者,如发现本书有印装质量问题,请与印刷厂联系 021-56152633

目　录

摘要 ………………………………………………………… 1

Abstract ………………………………………………… 1

第一章　绪论 ……………………………………………… 1

　第一节　研究背景及研究意义 ………………………… 1

　　一、研究背景 …………………………………………… 1

　　二、研究意义 …………………………………………… 4

　第二节　文献综述 ……………………………………… 5

　　一、金融发展内涵的研究 ……………………………… 5

　　二、金融发展与经济增长关系的研究 ………………… 7

　　三、金融发展驱动经济增长机制的研究 …………… 13

　　四、金融发展驱动经济增长效率的研究 …………… 15

　　五、国内外研究评析 ………………………………… 18

　第三节　研究内容、思路与方法 ……………………… 19

　　一、研究内容 ………………………………………… 19

　　二、研究思路与方法 ………………………………… 21

　第四节　研究创新与不足 ……………………………… 23

　　一、研究创新 ………………………………………… 23

　　二、研究不足 ………………………………………… 24

第二章　理论基础与理论框架 ·············· 25

　　第一节　理论基础 ················· 25

　　　一、概念与范畴 ················· 25

　　　二、金融发展理论的演进脉络 ··········· 38

　　　三、内生增长理论发展脉络 ··········· 47

　　第二节　理论框架:嵌入两个金融部门的内生增长理论

　　　　　　模型 ···················· 58

　　　一、模型构建 ·················· 59

　　　二、模型动态最优化 ·············· 62

　　　三、经济增长稳态分析 ············· 67

　　第三节　经济增长模型的模拟分析 ·········· 74

　　　一、间接融资部门相关参数的变化对稳态增速的

　　　　　影响 ···················· 75

　　　二、直接融资部门相关参数的变化对稳态增速的

　　　　　影响 ···················· 77

　　　三、参数 η_1、δ_2 和 χ_1 的变化对 g_Y^*、g_K^* 和 g_A^* 的

　　　　　影响 ···················· 80

　　　四、数值模拟基本结论 ············· 83

　　第四节　本章小结 ················· 84

第三章　金融发展驱动经济增长的机制与效率分析 ···· 85

　　第一节　金融发展驱动经济增长作用的机制分析 ···· 85

　　　一、间接融资驱动经济增长作用机制分析 ····· 85

　　　二、直接融资驱动经济增长机制分析 ······· 90

　　　三、间接融资与直接融资驱动经济增长作用比较分析 ··· 103

　　　四、金融发展驱动经济增长的阶段性机制分析 ····· 108

第二节　金融发展驱动经济增长作用的效率分析 ……… 111

一、金融发展驱动经济增长效率的理论分析………… 111

二、金融资源错配与经济增长 ………………… 120

第三节　本章小结 …………………………… 126

第四章　中国金融发展驱动经济增长的机制与效率实证

分析：间接融资视角 ………………… 128

第一节　中国间接融资作用机制促进经济增长实证

分析 ……………………………… 128

一、模型的设定与数据说明……………………… 129

二、实证结果与分析…………………………… 131

三、稳健性检验………………………………… 136

四、进一步稳健性检验………………………… 144

第二节　中国间接融资驱动经济增长效率的实证分析 … 147

一、模型的设定与数据说明……………………… 147

二、实证结果与分析…………………………… 150

第三节　中国间接融资驱动经济增长面临的两个短板 … 154

一、金融资源倾向脱实向虚……………………… 154

二、实体经济易出现"僵尸企业"………………… 170

第四节　本章小结 …………………………… 191

第五章　中国金融发展驱动经济增长的机制与效率实证

分析：直接融资视角 ………………… 192

第一节　中国直接融资作用机制促进经济增长实证

分析 ……………………………… 192

一、数据说明与变量选择………………………… 192

二、比较静态分阶段实证分析 ……………………………… 194

三、进一步空间实证分析中国股权融资对企业技术
创新的影响 …………………………………………… 203

第二节 中国直接融资驱动经济增长效率的实证分析 … 218

一、模型的设定与数据说明 ……………………………… 218

二、实证结果与分析 ……………………………………… 219

第三节 本章小结 ………………………………………… 222

第六章 美日金融发展驱动经济增长的经验及其借鉴 …… 223

第一节 美国金融发展驱动经济增长经验及其借鉴 … 223

一、美国金融发展驱动经济增长经验与创新模式
特征 …………………………………………………… 224

二、美国金融发展驱动经济增长成功经验的借鉴 …… 232

第二节 日本金融发展驱动经济增长经验及其借鉴 … 234

一、日本金融发展驱动经济增长经验 ………………… 234

二、日本金融发展驱动经济增长经验借鉴 …………… 236

第三节 本章小结 ………………………………………… 238

第七章 结论、政策建议与研究展望 ……………………… 239

第一节 研究结论 ………………………………………… 239

第二节 政策建议 ………………………………………… 240

第三节 研究展望 ………………………………………… 242

附表 …………………………………………………………… 243

参考文献 ……………………………………………………… 250

Contents

Chapter 1 Introduction ·· 1

1.1 Background and significance ································ 1

  1.1.1 Research background ································ 1

  1.1.2 Research significance ······························ 4

1.2 Literature review ··· 5

  1.2.1 Research on connotation of financial development ··· 5

  1.2.2 Research on the relationship between financial development and economic growth ··············· 7

  1.2.3 Research on the Mechanism of Financial Development Driving Economic Growth ········· 13

  1.2.4 Research on the Efficiency of Financial Development Driving Economic Growth ········· 15

  1.2.5 Research and analysis at home and abroad ······ 18

1.3 Research content, ideas and methods ················· 19

  1.3.1 Research contents ································· 19

  1.3.2 Research ideas and methods ····················· 21

1.4 Research innovations and deficiencies ··············· 23

  1.4.1 Research innovations ····························· 23

  1.4.2 Research deficiencies ····························· 24

Chapter 2　Basic concepts and theoretical framework ·········· 25

2.1　Theoretical basis ·· 25

2.1.1　Concepts and categories ······················· 25

2.1.2　Evolution of financial development theory ······· 38

2.1.3　Development of endogenous growth theory ······· 47

2.2　Theoretical framework: an endogenous growth
model embedded in two financial sectors ·············· 58

2.2.1　Basic assumptions of the model ················ 59

2.2.2　Model dynamic optimization ················· 62

2.2.3　Steady-state analysis of economic growth ········· 67

2.3　Simulation analysis of economic growth model ········· 74

2.3.1　Impact of changes in relevant parameters of the
indirect financing sector on steady-state growth
rate ·· 75

2.3.2　Impact of changes in relevant parameters of the
direct financing sector on steady-state growth
rate ·· 77

2.3.3　The influence of the changes of parameters η_1,
δ_2 and χ_1 on g_Y^*, g_K^* and g_A^* ·························· 80

2.3.4　Basic conclusions of numerical simulation ········ 83

2.4　Summary ·· 84

**Chapter 3　Research on the Mechanism and Efficiency of
Finance Development Driving Economic Growth**
·· 85

3.1　An Analysis of the Mechanism of Finance Driving
Economic Growth ··· 85

3.1.1 An Analysis of the Mechanism of Indirect
Financing Driving Economic Growth ·············· 85

3.1.2 An Analysis of the Mechanism of Direct
Financing Driving Economic Growth ·············· 90

3.1.3 Comparative Analysis of Indirect Financing and
Direct Financing Driving Economic Growth
Mechanism ··· 103

3.1.4 Phased Analysis of Financial Driving Economic
Growth ·· 108

3.2 Efficiency Analysis of Financial Development Driving
Economic Growth ··· 111

3.2.1 Theoretical Analysis of the Efficiency of
Financial Development Driving Economic
Growth ·· 111

3.2.2 Mismatch of Financial Resources and Real
Economic Growth ································· 120

3.3 Summary ··· 126

**Chapter 4 An Empirical Analysis of the Mechanism and
Efficiency of Finance Development Driving
Economic Growth: An Indirect Financing
Perspective** ·············· 128

4.1 An Empirical Analysis of Indirect Financing
Development Driving Economic Growth ·················· 128

4.1.1 Model setting and data description ·············· 129

4.1.2 Empirical results and analysis ···················· 131

4.1.3 Robustness test ································· 136

4.1.4 Further robustness test ························· 144

4.2   An Empirical Analysis of the Efficiency of Indirect
       Financing Driving Economic Growth ···················· 147
   4.2.1   Model setting and data description ··············· 147
   4.2.2   Empirical results and analysis ···················· 150
4.3   Two Shortcomings Faced by Indirect Financing
       Driving Economic Growth ···························· 154
   4.3.1   Financial resources tend to be off-line ··········· 154
   4.3.2   The real economy is prone to zombie
            enterprises ································· 170
4.4   Summary ····································· 191

Chapter 5   An Empirical Analysis of the Mechanism and
             Efficiency of Finance Development Driving
             Economic Growth: A Direct Financing
             Perspective ······························· 192
5.1   An Empirical Analysis of Direct Financing Driving
       Economic Growth ······························· 192
   5.1.1   Data description and variable selection ········· 192
   5.1.2   Comparative static phased empirical analysis
            ··································· 194
   5.1.3   Further space empirical analysis of the impact
            of equity financing in China on technological
            innovation of enterprises ················· 203
5.2   An Empirical Analysis of the Efficiency of Direct
       Financing Driving Economic Growth ················· 218
   5.2.1   Model setting and data description ············· 218
   5.2.2   Empirical results and analysis ················· 219
5.3   Summary ····································· 222

Chapter 6 The Experience of Financial Development Driving Economic Growth in the United States and Japan and Its Reference ·· 223

6.1 The Experience of American Financial Development Driving Economic Growth and Its Reference ············ 223

6.1.1 The Experience and Innovation Model Characteristics of American Financial Development Driving Economic Growth ········· 224

6.1.2 Lessons from the successful experience of financial development driving economic growth in the United States ························ 232

6.2 The Experience and Reference of Japan's Financial Development Driving Economic Growth ················· 234

6.2.1 Japan's Experience of Finance Development Driving Economy Growth ··························· 234

6.2.2 Lessons from Japan's Financial Development Driving Economic Growth ··························· 236

6.3 Summary ··· 238

Chapter 7 Conclusions, policy recommendations and research perspectives ································ 239

7.1 Research conclusions ······································· 239

7.2 Policy recommendations ···································· 240

7.3 Research outlook ·· 242

Schedule ··· 243

References ··· 250

图目录

图 1-1　研究逻辑技术路线图 ·························· 22

图 2-1　金融深化与金融发展的关系图 ·············· 30

图 2-2　企业技术创新类型的关系图 ··············· 33

图 2-3　企业在没有外部融资情况下的资本积累与经济
　　　　增长 ·· 34

图 2-4　企业在外部融资情况下的资本积累与经济增长 ····· 35

图 2-5　实际生产、技术效率与企业技术创新关系图 ··········· 37

图 2-6　稳定状态下研发投入 z 与工资率 w 的均衡点 ······· 56

图 2-7　参数 ζ 对稳态经济增速的影响 ················· 75

图 2-8　参数 ψ 对稳态经济增速的影响 ················ 75

图 2-9　参数 ζ 对稳态技术增速的影响 ················· 76

图 2-10　参数 ψ 对稳态技术增速的影响 ················ 76

图 2-11　参数 ζ 对稳态资本积累增速的影响 ············ 76

图 2-12　参数 ψ 对稳态资本积累增速的影响 ············ 76

图 2-13　参数 υ 对稳态经济增速的影响 ··············· 77

图 2-14　参数 ξ 对稳态经济增速的影响 ··············· 77

图 2-15　参数 ω 对稳态经济增速的影响 ·············· 78

图 2-16　参数 υ 对稳态技术增速的影响 ·············· 78

图 2-17　参数 ξ 对稳态技术增速的影响 ·············· 78

图 2-18　参数 ω 对稳态技术增速的影响 ·············· 79

图 2-19 参数 υ 对稳态资本积累增速的影响 ·················· 79

图 2-20 参数 ξ 对稳态资本积累增速的影响 ·················· 79

图 2-21 参数 ω 对稳态资本积累增速的影响 ················ 80

图 3-1 资本市场融资支持企业技术创新机制 ·············· 100

图 3-2 资本市场企业的信息与项目的选择 ·············· 101

图 3-3 不同融资方式的不完全信息动态博弈模型 ········· 107

图 3-4 SFA 的技术效率图 ·························· 115

图 3-5 金融发展驱动经济增长过程中的机制图 ·········· 120

图 3-6 经济体系中资金的流动情况 ················ 121

图 3-7 "僵尸企业"形成分析图 ·················· 124

图 4-1 间接融资对经济增长作用的面板门限置信
区间图 ·························· 139

图 4-2 间接融资对企业技术创新作用的面板门限置信
区间图 ·························· 142

图 4-3 产业视角的国民经济分类图 ················ 155

图 4-4 1978—2022 年全国实体经济产业结构变化图 ······· 160

图 4-5 1978—2022 年全国虚拟经济产业结构变化图 ······· 161

图 4-6 中国与美国 M2/GDP 对比图 ·············· 167

图 4-7 2013 年根据 CHK 方法 I 计算的全国各省
"僵尸企业"分布状况图 ·············· 182

图 4-8 2013 年根据实际利润方法 I 计算的全国各省
"僵尸企业"分布状况图 ·············· 183

图 4-9 2013 年根据综合指标法计算的各省"僵尸企业"
分布状况图 ······················ 183

图 5-1 直接融资对经济增长作用的门限估计值与置信
区间 ·························· 196

图 5-2 区域专利申报数量与股权市场融资规模的相关
关系图 •••••••••••••••••••••••••••••••••••••• 204

图 5-3 区域企业技术创新能力莫兰散点图(1997、
2015 年) •••••••••••••••••••••••••••••••••• 206

图 5-4 全国企业技术创新能力空间分布格局(2015 年) •••••• 207

图 5-5 中国 2000—2018 年股权融资情况图 ••••••••••••••••• 217

表目录

表 2-1　模型中关键参数的校准　·············· 74

表 2-2　比较静态分析关键参数对经济增长影响　·············· 74

表 4-1　间接融资驱动经济增长实证分析变量定义　············ 130

表 4-2　固定效应修正对比表　············ 131

表 4-3　间接融资资本积累对经济增长的作用研究　············ 134

表 4-4　间接融资资本积累对企业技术创新的影响研究　····· 137

表 4-5　间接融资资本积累对经济增长作用的稳健性
　　　　检验　·············· 140

表 4-6　间接融资资本积累对企业技术创新的影响稳健性
　　　　检验　·············· 143

表 4-7　间接融资资本积累对经济增长的影响的进一步
　　　　稳健性检验　·············· 144

表 4-8　间接融资资本积累对企业技术创新的影响进一步
　　　　稳健性检验　·············· 146

表 4-9　间接融资驱动经济增长效率各变量选取和定义　····· 149

表 4-10　2001—2015 年间接融资驱动经济增长效率描述性
　　　　统计　·············· 150

表 4-11　中国经济增长效率（SFA）　·············· 151

表 4-12　间接融资对经济增长效率的影响与稳健性检验
　　　　（OLS）　·············· 152

表 4-13　间接融资驱动经济增长效率的进一步稳健性检验
　　　　（OLS）　·············· 153

表 4-14 1978—2022 年全国实体经济与虚拟经济的总体
变化 ·············· 156

表 4-15 2005 年全国三大经济区域实体经济与虚拟经济的
总体变化 ·············· 162

表 4-16 2016 年全国三大经济区域实体经济与虚拟经济的
总体变化 ·············· 163

表 4-17 2002—2017 年全国社会融资规模情况表 ·········· 165

表 4-18 样本数据处理 ················ 176

表 4-19 主要变量的描述性统计 ·············· 181

表 4-20 信贷失衡、企业效率异质性与"僵尸企业"(综合
指标法)logit 回归结果 ············ 185

表 4-21 信贷失衡、企业效率异质性与"僵尸企业"(单指标
实际利润识别法 I)logit 回归结果 ·········· 189

表 5-1 直接融资驱动经济增长各变量选取和定义 ········· 194

表 5-2 直接融资驱动经济增长的门限估计结果 ········· 196

表 5-3 直接融资驱动经济增长的门限效果检验 ········· 196

表 5-4 股权市场发展与经济增长的非线性关系检验 ······· 197

表 5-5 不同阶段股权融资对企业技术创新的影响 ········· 201

表 5-6 不同阶段股权融资对企业技术创新的影响的稳健性
检验 ················ 202

表 5-7 区域专利申报数量的莫兰指数检验 ·········· 205

表 5-8 LM 检验结果 ················ 210

表 5-9 空间模型估计结果 ·············· 212

表 5-10 不同权重模型的直接效应、间接效应与总效应的
比较 ················ 215

表 5-11 直接融资驱动经济增长效率各变量选取和定义 ····· 219

表 5-12 直接融资对经济增长效率的影响与稳健性检验
(OLS) ··············· 220

摘　要

　　如果说经济是机体,那么金融是血脉。只有血脉畅通,国民经济的机体才能持续健康稳定地增长和发展。金融又是一把双刃剑,对实体经济增长的作用既有积极的一面,也有消极的一面。若金融以多种功能俯首为实体经济服务,则对实体经济增长和发展起促进作用;反之,若金融发展与实体经济的增长与发展脱节,不同步,不协调,或甚至金融"昂首阔步","自娱自乐",则或迟或早必将反噬实体经济增长和发展的成果。

　　近些年,中国金融出现了"脱实向虚"现象,令人痛心地伤害了实体经济。逐年上升的货币化率(M2/GDP)等涉及金融发展的统计指标也显示了问题的严重性。

　　2019年2月22日,习近平总书记在主持中共中央政治局第十三次集体学习时,首次提出要深化金融供给侧结构性改革。他强调:要深化对国际国内金融形势的认识,正确把握金融本质,深化金融供给侧结构性改革,平衡好稳增长和防风险的关系,坚决打好防范化解包括金融风险在内的重大风险攻坚战,增强金融服务实体经济能力,推动中国金融业健康发展。2022年10月16日,习近平总书记在中共二十大会议上再次指出,建设现代化产业体系,坚持把发展经济的着力点放在实体经济上,推进新型工业化,加快建设制造强国、质量强国、航天强国、交通强国、网络强国、数字中国。

　　正是在这一背景下,笔者选择以"金融发展驱动经济增长的机制与效率研究"为题,试图较为深入地探讨中国当前直接金融与间接金融发展驱动经济增长的机制畅通性以及效率问题。显然,这是中国当前一个亟待解决的、较为迫切的重大问题。

本文研究包括如下七部分内容:

第一章为绪论。本章介绍了选题背景与意义,对相关文献进行了回顾和综述。综述分为四大块:金融发展的内涵、金融发展与经济增长关系、金融发展驱动经济增长机制的研究、金融发展驱动经济增长效率的研究。本章还简单介绍了本文的研究内容、思路与方法,以及本文的创新与不足。

第二章为本文的理论基础与理论框架。本章介绍了一些基本的概念、范畴后,阐述了金融发展理论的演进脉络和经济增长理论的演进脉络;接着借鉴罗默、卢卡斯等学者的内生增长模型,将金融部门分为直接金融部门和间接金融两部门引入到模型中,构建了一个内嵌两个金融部门的经济增长模型,对模型进行了动态最优化和经济稳态分析,然后对模型选择出的诸参数进行校准后,将模型进行了模拟分析,并由此刻画了诸参数的意义。本章取得的成果是:创造性地构建了一个内嵌两个金融部门的动态最优化经济增长模型,并从中筛选出了对经济增速、技术增速和资本积累增速产生的影响有所不同,因而可以不同方向和程度地影响金融发展驱动经济增长的机制和效率的两大类参数,并求出稳态解。这样推演出了分析直接金融和间接金融两种不同融资方式中金融发展驱动经济增长作用的理论框架。

第三章为金融发展驱动经济增长作用的机制与效率分析。为更加深入展开机理分析,本章针对直接金融和间接融资两个渠道,首先对金融发展驱动经济增长的机制进行分析——具体包括数量型驱动机制分析和质量型驱动机制分析;接着运用博弈论等方法对直接金融与间接金融驱动内生经济增长进行比较,并分析了金融对经济增长的阶段性驱动机制的不同；最后，对金融发展驱动经济增长驱动的效率展开了理论分析。本章取得的成果是：初步推导出两个理论假设，即（1）在经济发展的初级阶段，数量型作用机制较好地驱动了实体经济增长，（2）在经济发展的高级阶段，质量型作用机制较好地驱动了实体经济增长；推演出两大类若干重要参数对金融发展驱动经济增长的效率的作用性质，并进一步在中国国情传统的融资模式下，从理论上论证了这些参数的取值特点，其必然导致中国出现金融资源易"脱实向虚"和实体经济易出现"僵尸企业"。

第四章为中国金融发展驱动经济增长的机制与效率实证分析：间接融资视角。本章运用面板模型和大样本数据，从间接融资视角，实证检验了中国金融发展驱动经济增长的机制问题，证明了间接融资渠道中，金融发展通过资本的积累促进了企业的技术创新进而驱动经济增长；本章还通过构建 SFA（随机前沿）模型，对中国间接融资驱动经济增长的效率进行了检验，得出了肯定性的结论。本章最后还通过实证分析，验证了中国间接融资驱动经济增长面临的两个短板，即金融资源易"脱实向虚"和实体经济易出现"僵尸企业"，并且还运用 Logit 模型等方法，构建了一个能及时有效识别"僵尸企业"的分析模型，并具有很强的应用价值。

第五章为中国金融发展驱动经济增长的机制与效率实证分析：直接融资视角。本章运用面板门限模型和大样本数据，从直接融资视角，实证检验了中国金融发展驱动经济增长的机制问题，证明了在中国，金融发展的直接融资途径（股权融资）具有良好的促进经济增长的机制畅通性；本章还进一步运用了空间面板模型，采用全国 31 个省市近 20 年数据，实证证明，中国股权市场的融资规模与企业技术创新存在显著的因果关系，证明了作为直接融资的股权融资具有良好的驱动经济增长的机制；此外，本章还进一步运用 SFA 模型证明了，在中国，随着股权融资规模的不断提高，直接融资驱动经济增长的效率也不断提高。

第六章为美日金融发展驱动经济增长的经验及其借鉴。本章分别阐述了美国、日本两国金融发展驱动经济增长的经验，综合分析其具体实施措施，并在此基础上，针对中国金融发展与经济增长两者勾稽现状，提出借鉴意义。

第七章为结论、政策建议与研究展望。本章首先从前文中，主要是通过第二章至第五章的分析，归纳、提炼出了 6 点主要结论；接着，针对性地提出了政策建议的指导思想即大力深化金融供给侧结构性改革，踏实推进金融发展，推动实体经济稳定、高效增长；进而提出了打破金融市场体系供给侧结构性失衡、改革现有金融监管体系和制度、打造科技型企业＋金融机构新型合作模式和进一步完善多层次资本市场的对策建议；最后，笔者根据本文的不足和缺憾，提出了今后进一步的研究展望。

关键词：金融发展；直接融资；间接融资；企业技术创新；经济增长效率

Abstract

If the economy is the body, then finance is the blood. Only when the blood vessels are unblocked, the body of the national economy continue to grow and develop healthily and steadily. Finance is also a double-edged sword, which has both positive and negative effects on the growth of the real economy. If finance serves the real economy with multiple functions, it will promote the growth and development of the real economy. On the contrary, if financial development and the growth and development of the real economy are disconnected, out of synchronization, out of coordination, or even "strut" or "entertain oneself" in finance, then sooner or later, it will inevitably backfire on the achievements of the growth and development of the real economy.

In recent years, China's finance has experienced the phenomenon of "de-reality and emptiness", which has painfully hurt the real economy. The yearly monetization rate(M2/GDP) andother statistical indicators related to financial development have also showed the seriousness of the problem.

On February 22, 2019, General Secretary Xi Jinping, when presiding over the thirteenth collective study of the Political Bureau of the CPC Central Committee, proposed for the first time to deepen the structural reform of the financial supply side. He stressed that we should deepen our understanding of the international and domestic financial situation, correctly grasp the nature of finance, deepen the structural reform of the financial supply side, balance the relationship between stable growth and risk prevention, and resolutely lay a good job in preventing and resolving major risks including financial risks, strengthen the real economic capabilities of financial services, and promote the healthy development of China's financial industry. On October 16, 2022, General Secretary Xi Jinping once again emphasized at the 20th National Congress of the Communist Party of China that we must build a modern industrial system, focus on developing the real economy, promote new industrialization, and accelerate the construction of a manufacturing power, quality power, aerospace power, transportation power, network power, and the digital China.

It's in this context that the author chooses "The Mechanism and Efficiency of Financial Driving Real Economy Growth" to discuss in depth the issues of the accessibility and efficiency of direct and indirect financing, which is an urgent and important problem to be solved in China.

The research in this paper includes the following seven parts:

Chapter 1 is the introduction, which introduces the background and significance of the topic and reviews the relevant literature. The review is divided into four parts: the connotation of financial development, the relationship between financial development and economic growth, the mechanism of financial driving real economy growth, and the efficiency of financial driving real economy growth. This chapter also briefly introduces the research content, ideas and methods, as well as the innovation and shortcomings of this paper.

Chapter 2 is the theoretical basis and theoretical framework of this paper. After introducing some basic concepts and categories, this chapter expounds the evolution of financial development theory and the evolution of economic growth theory. Then it draws on the endogenous growth model of scholars such as Romer and Lucas to divide the financial sector into direct financing he department and indirect financing departmeat, which were introduced into the model, and a model of economic growth embedded in two financial sectors was constructed. The model was dynamically optimized and analyzed by economic steady state, and then the parameters selected by the model were calibrated. The model was simulated and the meaning of the parameters was characterized. The results achieved in this chapter are that creatively constructing a dynamic optimization economic growth model embedded in two financial sectors, and that filtering out the impact on economic growth rate, technology growth rate and capital accumulation growth rate. Therefore, it can affect the two major parameters of the mechanism and efficiency of financial development on economic growth in different directions and degrees, and find the steady-state solution. This presents a theoretical framework for analyzing the role of finance in driving the growth of real economy in two different financing methods, direct finance and indirect finance.

Chapter 3 analyzes the mechanism and efficiency of the role of financial development in driving real economy growth. In order to further expand the mechanism analysis, this chapter focuses on the two channels of direct financing and indirect financing. Firstly, it analyzes the mechanism of the role of financial development in driving the growth of real economy, including quantitative driving mechanism analysis and qualitative driving mechanism analysis. Secondly, it compares the endogenous economic growth driven by direct finance and indirect finance through game theory and analyzes the different stages of financial driving mechanism for economic growth. Finally, the paper makes a theoretical analysis of the efficiency of finance which drives the growth of real economy. The results of this chapter are as follows: firstly, in the primary stage of economic development, the quantitative driving mechanism drives the growth of real economy better; secondly, in the advanced stage of economic development, the qualitative driving mechanism drives the growth of real economy better; The function nature of two major kinds of important parameters on the efficiency of finance which drives the growth of real economy is shown, and the values of these parameters are further demonstrated theoretically under the traditional financing mode of Chinese national conditions: it inevitably leads to financial resource "easy to emerge from real to virtual" and "zombie enterprises" easy to emerge in real economy in our country.

Chapter 4 is empirical analysis of the mechanism and efficiency of Chinese finance which drives the growth of real economy: the indirect financing perspective. This chapter uses panel model and large sample data to empirically test the mechanism of Chinese finance driving the growth of real economy from the perspective of indirect financing. It proves that in indirect financing channels, financial development promotes the technological innovation of enterprises through the accumulation of capital and then drives the growth of real economy. This chapter also tests the efficiency of indirect financing driving real economy growth by constructing SFA (stochastic frontier) model, and draws a positive conclusion. Finally, through empirical analysis, this chapter proves that the indirect financing drives the growth of real economy faced with two weaknesses, namely financial resources "from real to virtual" and "zombie enterprises" in real economy, and also uses logit methods to build an analysis model that can identify "zombie enterprises" in a timely and effective manner, which has strong application value.

Chapter 5 is empirical analysis on the mechanism and efficiency of our country's financial development driving the growth of real economy: a direct financing perspective. Using panel threshold model and large sample data, this chapter empirically tests the mechanism of Chinese financial driving real economy growth from the perspective of direct financing, and proves that the direct financing approach of financial development (equity financing) has a good mechanism of promoting economic growth in China. In this chapter, the spatial panel model is further used, and the data of 31 provinces and cities in the past 19 years are used to demonstrate that there is a significant causal relationship between the financing scale of Chinese equity market and the technological innovation of enterprises. It also proves that equity financing, as a direct financing, has a good mechanism to drive the growth of economy. Besides, this chapter further uses the SFA model to prove that, in our country, with the continuous improvement of the scale of equity financing, the efficiency of direct financing to economic growth is also improved unceasingly.

Chapter 6 is the experience and reference of finance which drives the growth of real economy in the United States and Japan. This chapter separately expounds the experience of the financial sector in the United States and Japan in driving the growth of the real economy, comprehensively analyzes the specific implementation measures, and on this basis, puts forward the reference significance for the current situation of China's financial development and economic growth.

Chapter 7 is the conclusion, policy recommendations and research prospects. First of all, from the previous article, mainly from chapter 2 to chapter 5, this chapter summarizes and abstracts six main conclusions. Then, the guiding ideology of policy recommendations are put forward. We should vigorously deepen financial supply-side structural reform, promote financial development, and promote the stable and efficient growth of the real economy. Furthermore, some countermeasures and suggestions are put forward to break the supply-side structural imbalance of the financial market system, reform the existing financial supervision system and system, build a new cooperation model of science and technology enterprises plus financial institutions, and further improve the multi-level capital market. Finally, according to the shortcomings of this paper, the author puts forward the prospect of further research in the future.

Keywords: Financial development; Direct financing; Indirect financing; Technological innovation of enterprises; Endogenous growth

第一章
绪　论

第一节　研究背景及研究意义

一、研究背景

2015 年年底,党中央在经济工作会议上提出了实施供给侧结构性改革。所谓供给侧结构性改革,就是从提高供给质量出发,用改革的办法推进经济结构调整,矫正要素配置扭曲,扩大有效供给,提高供给结构对需求变化的适应性和灵活性,提高全要素生产率,更好满足广大人民群众对美好生活追求的需求,促进经济社会持续健康发展。供给侧结构性改革的重要内容,是"三去一降一补",即:去产能、去库存、去杠杆和降成本,补短板。几年来,通过踏实推进,供给侧结构性改革取得了一定成效。

2019 年 2 月 22 日,习近平总书记在主持中共中央政治局第十三次集体学习时,又首次提出要深化金融供给侧结构性改革。他强调:要深化对国际国内金融形势的认识,正确把握金融本质,深化金融供给侧结构性改革,平衡好稳增长与防风险的关系,坚决打好防范化解包括金融风险在内的重大风险攻坚战,增强金融服务实体经济能力,推动我国金融业健康发展。①

2022 年 10 月 16 日,习近平总书记在中共二十大会议上指

---

① http://www.Gov.cn/xinwen/2019-02/23/content_5367953.htm.

出,建设现代化产业体系,坚持把发展经济的着力点放在实体经济上,推进新型工业化,加快建设制造强国、质量强国、航天强国、交通强国、网络强国、数字中国。

当前背景下,党中央提出的金融要服务实体经济的政策导向,是具有深意的。

众所周知,经济是机体,金融是血脉。只有血脉畅通,国民经济才能持续健康稳定地增长和发展。

在我国,伴随着经济增长,尤其是伴随着党的十一届三中全会以来40余年的快速增长,金融业也得到了长足的发展。据国家统计局的数据显示,截至2021年年底,我国M2余额达238.3万亿元,为2021年全年GDP 114.4万亿元的2.08倍;股票市值达91.6万亿元,债券市值达61.9万亿元,证券化资产(股票+债权)市值合计152.5万亿元,为2021年全年GDP的1.33倍;银行业金融机构(境内)总资产更是高达381.95万亿元,为2021年GDP的3.34倍。

然而,不容否认的是,当前,中国金融发展仍然不充分,这种不充分,主要表现在发展不平衡。

首先,银行业发展不平衡。当前,银行业金融机构资产规模庞大,信贷在中国社会融资中仍占据主导地位。2021年6月,英国《银行家》杂志发布的"2021年全球银行1 000强"榜单中,前10名有4家中国银行,工建农中分别居第1～4名。但是,多层次、广覆盖、有差异的银行体系尚未建立。中小金融机构相对不足,小微、"三农"、绿色等金融服务短板还相当突出。迄今为止,广大中小微企业的产值大致上占比60%以上,贡献的税收占比50%以上,技术创新和产品的开发占比70%以上,吸收的城镇就业占比80%以上,然而获得的银行信贷占比却仅约1/3。尽管近年来政府的政策导向是大力发展普惠金融、绿色金融,但中小微企业仍然面临融资难、融资贵的窘境。

其次,直接融资与间接融资发展不平衡。截至 2018 年年底,中国证券化资产(股票＋债权)市值仅占银行业金融机构(境内)资产的 41.0％。另据中国证券业协会《中国证券业发展报告(2021)》披露,截至 2021 年年底,中国 140 家证券公司总资产突破 10 万亿元,这只占银行业金融机构(境内)总资产的区区 2.6％,微不足道。直接融资与间接融资之间的发展严重失衡。当前,中国面临更为重视发展质量的经济新常态。随着新业态、新模式、新技术的涌现,当前各产业发展对金融的诉求已不再单纯是融资需求,而是包括现金管理、投资交易、财务顾问、保险、证券、基金等多样化的金融需求,传统信贷主导的融资模式已经无法满足这种多样化的需求,而必须有业务模式和产品服务的创新。很显然,中国过于倚重间接融资的金融结构。当前的金融体系也难以满足这种需求,必须大力发展直接融资。

1978 年年底,中国全部金融机构人民币贷款余额为 1 890 亿元,到 2021 年年底,这个指标已经达到 192.6 万亿元,后者规模是前者的 1 019 倍。可见,在这 40 余年时间里,中国金融部门的信贷资产供给或者说金融供给较好地支持了实体经济,促使国内生产总值保持了持续快速的增长。在经济高速增长阶段,金融功能主要是以融资为主,金融服务于实体经济主要关注规模和数量。但当前中国经济已经由高速增长阶段转向高质量发展阶段,进入了新常态。在此新常态中,一方面,中国实体经济迫切需要多元化的金融服务体系,另一方面,现实中中国的金融体系的发展还相对滞后,金融的有效供给难以满足实体经济对金融的新需求,特别是金融不能高效率地引导资金流向实体经济,不能充分满足企业和居民对财富管理和风险管理等金融功能的迫切需求,金融的发展不能很好地内生到经济增长中,还存在一些短板,因此,中国经济必须要深化金融供给侧改革。

正是在这一背景下,深入地探讨中国当前间接融资与直接融资驱动经济增长的机制以及这一机制的畅通性以及效率问题,是一个较为迫切的问题。

二、研究意义

中国当前金融脱实向虚,经济出现产能过剩,资本市场出现违规操作,中央提出要进行金融供给侧改革,实现金融服务实体经济。在此背景下,研究中国改革开放以来金融发展对经济的内生作用,研究中国金融发展驱动经济增长的机制与效率问题,无论是从理论上还是实践上,都具有较大的意义。

(一)理论意义

在罗默的内生增长理论的基础上,本文引入两个金融部门,构建金融发展驱动经济增长的动态最优化理论分析框架,通过其作用机制和随机前沿等理论的分析,可以从理论上丰富对一国金融发展驱动经济增长的机制与效率的认识,尤其是可以进一步深化对中国金融发展与经济增长关系的理论认识。

(二)实践意义

在中国经济进入"新常态"时期,深入研究金融发展如何驱动经济增长,有助于我们认清当前供给侧金融领域产生的脱实向虚和资本市场的违规操作等问题,还有助于认清实体经济产生的产能过剩问题,认清中国金融服务实体经济现实状况,找准金融服务经济短板,从而为提高中国金融服务于实体经济水平,疏通中国金融发展驱动经济增长的机制,提高中国金融发展驱动经济增长的效率,提供有益的参考。

第二节 文献综述

纵观人类历史,金融发展与经济增长是相辅相成、密不可分的。正式的金融发展理论于 20 世纪中期问世,大半个世纪以来,金融发展的理论研究范围已经由发展中国家扩展到发达国家,研究内容已经从发展中国家如何通过金融深化促进经济增长扩展到如何通过金融发展促进资本积累、技术进步等方面,并进而从具体的金融机构观扩展到一般的金融功能观。伴随研究范围、内容的拓展,金融发展理论由早期的以新古典经济学为基础的 Goldsmith(1969)的金融结构理论和 Mckinnon 和 Shaw(1973)的金融深化理论,经由以内生增长理论为基础的内生金融发展理论,逐步演进到了以新制度经济学、新政治经济学为基础的新制度金融发展理论。

金融发展理论,包括金融自身的发展,尤其是金融发展与经济增长之间的相互关系理论,始终成为 20 世纪中期以来学术界研究的一个热点。当代学者们则根据严格的数学模型推导,论证了金融发展具有动员储蓄、促进资源配置、分散风险、便利交易、监督公司管理者并形成公司治理的五大功能,并最终通过增加资本积累和推进技术进步,来促进一国的经济增长和发展。

一、金融发展内涵的研究

可以说,正式的金融发展理论的鼻祖是 Goldsmith,不过,他更愿意把自己的金融发展理论称为金融结构理论。他系统地统计分析了 35 个国家百余年的金融资料,通过横向和纵向地比较这些国家的金融结构状况,较为精确地提出了自己的金融发展概念:金融发展就是金融结构的演变过程,可以通过量化分析一国

的金融机构活动数据,来分析该国金融发展水平和预测该国未来
金融发展趋势。他首次提出了衡量一国金融深化水平的指标即
金融相关率,以此度量和刻画金融结构。四年后,Ronald I.McKi-
nnon 和 Edward S.Shaw(1973)的金融深化理论问世。1973 年,
他们两人各自出版了一部巨著,McKinnon 的著作是《经济发展中
的货币和资本》,Shaw 的著作是《经济发展中的金融深化》。他们
在书中提出了著名的"金融抑制"论断,把发展中国家的经济欠发
达归咎于金融抑制,为此他们主张金融深化或在有关国家推行金
融自由化,以此促进经济增长和发展。金融深化理论的本质是主
张政府放弃对金融市场的干预,让利率和汇率在金融市场上能充分
发挥资金的市场价格作用,从而调节资金市场的供求关系。金融深
化理论是趋于系统化的金融发展理论,在国际学术界产生的影响较
大。后来,Stiglitz(1995)又指出,McKinnon 和 Shaw(1973)的金融深
化理论对发展中国家金融抑制的真正因素作出的分析还不够全面,
只停留在政策层面,他们提出的金融自由化是实际经济内生出来
的,并不能真正改变经济中的金融抑制,解决经济和金融中信息不
对称和道德风险问题,才是金融深化的关键。

进入 20 世纪 90 年代后,金融发展理论主要集中在讨论何种
金融结构是最优的金融结构。学术界一致认同,有利于满足本国
经济增长需要的金融结构是最优的金融结构。围绕这一内在线
索,金融发展理论也呈现出各种不同的理论派别,它们分别是:银
行主导论、市场主导论、法律主导论和金融服务论。银行主导论
以 Levine(1997,2002)为代表,其核心观点是,以银行为主导的金
融结构安排有利于经济的增长,这是因为银行在甄别企业信息,
监督管理和动用资源方面更有优势。Rene M. Stulz(2002)认为,
银行对分阶段融资的创新项目更有优势,因为银行能较为便利地
随着项目的进展追加新的投资。市场主导论以 Allen 和 Gale

（1999）为代表,其核心观点,除了强调市场主导的金融结构有利于经济增长外,还特别强调银行主导的金融结构的不足,这是因为市场主导的金融结构安排,更有利于企业进行技术创新,能更加灵活地进行资源配置,同时也会使企业在风险管理和公司治理方面优势更加明显。法律主导论以 LaPorta（1997）和 Lopez-De-Silanes（1998）为代表,其核心观点是,一个国家的法律制度十分重要,它决定一个国家的金融安排,良好的法律制度可以通过金融安排,来影响一国的经济增长。Tadesse（2001）,Allen（2002）,Monnet 和 Quintin（2006）也都持法律主导论,不过他们通过对不同国家的样本研究发现,法律对经济增长的解释力也有限。金融服务论以 Levine（2004）为代表,其核心观点是,金融结构安排不是很重要,争论银行主导还是市场主导毫无意义,关键是看金融系统提供的金融服务水平,活跃的股票市场和发达的银行系统更能有利于促进经济增长。不得不承认,这是一个把金融系统作为一个整体来考察金融发展对经济增长与发展的作用的新观点,考察更加全面,视角更加开阔,把金融发展理论提升到一个更新的发展阶段。

二、金融发展与经济增长关系的研究

20 世纪后半期以来,金融发展与经济增长的关系问题一直是发展经济学家们讨论的热点问题。无论是在理论领域还是在实践领域,学者们对这一主题都从各个不同的视角进行了研究,取得了较为丰硕的成果。本节从以下五个方面来对金融发展与经济增长关系研究的文献进行梳理。

（一）外生观点与内生观点的研究

以 20 世纪 90 年代为分界线,金融发展驱动经济增长大致分为两派:一派是外生观点,它们绝大部分集中在 20 世纪 90 年代以前,虽然它们都是外生论的观点,但是它们的观点仍旧存在很大的分歧，没有达成一致；另一派是内生观点，它们绝大部分集中在 20 世纪 90 年代以后，随着其理论框架的提出，它们都一致认为金融发展有利于经济增长，但是学者们依旧从不同的视角去研究内生增长的作用机制，丰富发展了这一观点。

20 世纪 80 年代，人们开始探索资本的收入有多少是产出的贡献，资本积累为什么不能解释经济增长的大部分原因，资本积累为什么也不能解释国家间差异的大部分原因。他们认为主要是因为以前模型假设资本和有效劳动都是外生的。他们开始把它们都内生到模型中加以研究。进入 20 世纪 90 年代后，这样的内生模型逐渐增多，他们开始试着解释金融中介和金融市场的因素是如何内生到经济模型中，并探讨金融发展与经济增长之间的内在关系。在这些颇有影响力的理论研究中，其观点大致可以分成三大类：第一大类是策略性互补和需求外溢模型，其代表性人物如 Murphy，Shleifer 和 Vishny（1989a，1989b）等；第二大类是边干边学和技术扩散模型，其代表人物有 Young（1991）等；第三大类是内生技术进步与回报递增模型，这类模型在内生增长理论中占主流地位，其代表人物有 Romer（1986，1990），Lucas（1988），Grossman（1991）和 Aghion（1992）。围绕着发展中国家的实际情况，三种理论都具体赋予不同的内涵。在私人投资规模较小的国家，借助需求外溢模型的解释，借助政府的行为加速资本积累，实现经济增长，摆脱贫穷的陷阱。最贴近现实生活的是边干边学和技术扩散理论模型。自身经验的积累和通过外部学习对经济增长都产生重要的影响。第三大类观点认为等经济发展到一定阶段以后最终还是要靠对产品进行研究与开发，生产出高质量的产品，才能实现经济长期稳定的增长。

（二）间接融资发展与经济增长关系研究

间接融资最主要的融资模式是银行信贷。研究银行信贷与经济增长的关系最具代表性的观点,是银行主导型金融模式支持者的理论。Gerschenkron(1962)认为,一个强有力的银行来监督与管理企业的还款和用款,比金融市场更有优势,银行还能利用自身的业务规模和内部规则,对企业的创新技术提供资金支持。Levine(1997,2002)的观点非常明显:以银行为主导的金融结构安排,有利于促进经济的增长。Rene M. Stulz(2002)认为,银行对分阶段融资的创新项目的支持更有优势,因为随着项目的进展,银行能使追加新的投资更加可行。Carlin 和 Mayer(2003)同样主张银行主导型金融模式,并揭示和论证了银行的不同垄断程度对企业技术创新会产生不同作用效果。Terhi 和 Pierre(2013)采用 18 个 OECD 国家的面板数据和 VAR 模型检验方法,来验证银行部门的稳定性和实体经济增长之间的关系,得出两者之间确实存在正相关,银行部门的不稳定,会显著地影响到实体经济的不稳定。Gianpaolo(2015)推崇银行主导型金融模式,他还通过构建银行同业市场和实体经济关系模型,来研究银行同业市场结构的稳健性与实体经济绩效之间的关系,发现市场需求和监管约束决定了银行对实体经济的贡献大小,同时还决定了信贷系统的稳定性。我国学者李青原、李江冰和江春等(2013)采用 1999—2006 年间,中国 30个地区 27 个工业行业数据,从实体经济运行的视角,构建非国有部门信贷比重等衡量金融发展程度的指标,借助 Wurgler(2000)的资本配置效率估算模型,并运用系统广义矩面板估计方法,检验金融系统资本配置效率的功能,结果显示,金融深化会促进资本配置效率的提高,地方政府的干预却会妨碍资本配置效率的发挥。

(三)直接融资发展与经济增长关系研究

不少学者崇尚市场主导型金融模式。Paul(1992)认为,在资本市场上,融资多元化可以实现分散风险的目的,而商业银行控制风险则显得异常艰难,银行只能通过选择不太细分或产出不太高的技术,达到控制风险的目的,这样最后的结果是企业融资不足,技术发展滞后。学术界公认,市场主导论者以 Allen 和 Gale 为突出代表。Allen 和 Gale(1999)著文,详细论证了市场主导的金融结构有利于经济增长,而银行主导的金融结构则存在弊端。这是因为市场主导的金融结构安排,更有利于企业进行技术创新,能更加灵活进行资源配置,同时也会使企业在风险管理和公司治理方面优势更加明显。此后,从理论上探讨金融市场的发展与经济增长关系的学者逐渐增多。Cochrane(2005)研究发现,金融市场的回报率与实体经济发展关系密切。Jacobson(2005)研究认为,金融市场和实体经济显著地相互影响。Stephan(2012)通过研究互助基金流动、股票市场收益率和实体经济之间的关系发现,宏观经济信息的替代指标能更好地描述互助基金的流动性,股票市场收益率次之,但在预测实体经济方面,这两者产生的效果是相同的。这一结论证实了"股票收益率和互助基金流动性是宏观经济信息指示器"这一理论的正确性。在这一领域从事实证分析的海外学者也不在少数。Terhi 和 Pierre(2013),Lorenzo 和 Daryna(2015)以及 Sharmishtha M.,Basab N. 和 Amit M.(2007)分别采用多分辨率小波滤波技术和低频数据,实证分析美国和印度两国股票收益率、通货膨胀与实体经济间的动态关系,均得出了肯定性的结论。Jerzmanowski 和 Nabar(2008)从资产定价的独特视角,研究了股票市值对研发投资、创新速度和福利的影响,他们认为股票以往的高估值,能够缓解研发投资受到融资的约束,提高整个经济领域的研发投资规模和创新速度。Lorenzo 和 Daryna(2015)采用 101 个国家 31 年的面板数据,分析了金融发展与实体经济之间的相互关系,结果表明金融市场的发展对经济增长存在显著的促进作用,不过,前提是金融发展不能超前于实体经济的增长,否则将会阻碍经济增长。

国内不少学者也研究了直接融资与经济增长的关系，得出了有意义的结论。王莉（2004）认为，一国金融结构与技术创新，进而与经济增长关系甚为密切，鼓励直接融资的好的金融结构，能使企业技术创新的各个阶段得到较好的金融支持，从而促进企业技术创新和实体经济增长。胡援成和吴江涛（2012）认为，金融业如能打造合理的金融机构，呈现良好的市场运行模式，定能实现金融和科技的有效结合，促进经济增长。明明（2013）研究了金融促进科技进步的功能和效果问题，借鉴他国研究经验，采用总量和结构数据，对中国金融发展与科技进步的关系进行实证检验，发现债权、股权这些形式的直接投资是一种有利于企业技术创新，进而有利于经济增长的金融模式。袁永和陈丽佳（2014）认为，一国包含直接融资的良好的金融结构，有利于实现科技创新与金融发展的耦合协调，对提高科技创新能力具有重要支撑作用，同时还有利于提升金融资本配置效率和实现经济可持续发展。孙伍琴（2014）的研究则比较细腻，逐一探讨了金融结构如何通过信息处理、风险管控、储蓄动员、促进分工等功能来促进技术创新的产生，从而论证了市场导向型的金融结构能促进技术创新，使得新兴产业成长速度更快。徐忠（2015）通过理论分析强调，在新时代背景下，为了适应高质量发展、更好地服务实体经济的需求，金融体系要从关注"规模"转向关注"质量"，金融功能要由传统的"动员储蓄、便利交易、资源配置"拓展为"公司治理、信息揭示、风险管理"；要依据金融市场发展一般规律建设中国现代金融体系，重点是破解市场分割和定价机制扭曲。孙志红和吴悦（2017）采用2000—2014年新疆省域的相关数据，在供给侧改革的大背景中，考察金融发展、技术进步与产业升级三者间的内在逻辑关系，不仅发现技术进步与产业升级之间存在较强关联性，还论证了金融业发展与技术进步、产业升级间存在的正向关系。

（四）两者相结合的融资模式与经济增长关系研究

一些学者认为，直接融资模式和间接融资模式各有其优缺点，且各有其自己的适用范围，因此促进经济增长的好的融资模式应当是两者相结合的融资模式。Boot 和 Thankor(1997)研究发现，直接融资模式和间接融资模式各自有不同的适用对象，直接融资模式更加适合高风险的技术投资项目，而间接融资则比较适合低风险的传统投资项目。Boyd 和 Smith(1998)则进一步指出，这两种金融服务模式在经济发展的不同阶段，应该是各有所长，因此两者是相互补充、相互促进的。Levine(2004)认为金融结构安排不是很重要，争论银行主导还是市场主导毫无意义，关键是看金融系统提供的金融服务水平，活跃的股票市场和发达的银行系统，更能有利于促进经济增长。不得不承认，这是一个把金融系统作为一个整体，来考察金融发展对经济增长作用的新观点，考察更加全面，视角更加开阔，把金融发展理论提升到一个更新的发展阶段。

在国内，也有学者对这个方面进行过探讨。殷剑峰(2003)研究认为，直接融资与间接融资不可偏废，间接融资更适合成熟产业和传统产业，而直接融资更适合创新型产业；市场导向型金融结构有利于企业采用新技术，促进创新型产业的发展；而银行导向性的金融结构在企业技术普及后，其优越性就逐渐表现出来，因此银行导向性的金融结构，对成熟产业及传统产业升级起着正向作用。

吴晗(2015)立足新结构经济学的视角，分析了直接融资和间接融资在不同地区所起的作用大小。他采用全国 31 个省（直辖市、自治区）的数据进行实证检验，发现随着时间的推移，对经济增长的影响，在东部发达地区，直接融资的影响在增强，间接融资的影响在减弱；在中西部地区，直接融资的影响并不显著，而间接融资的影响在增强。

（五）金融发展与经济增长非线性关系的研究

随着金融发展与经济增长关系研究的深入，开始有学者质疑两者之间的线性关系，他们认为，不同的融资方式的发展在经济发展不同阶段，对经济增长产生的作用应该是不相同的，因此金融发展与经济增长之间应当呈现非线性关系。

Ketteni 等（2007）研究发现，经济增长与初始收入有关，如果考虑初始收入与经济增长的非线性关系，金融发展与经济增长呈线性关系；而如果不考虑初始收入与经济增长的非线性关系，则金融发展与经济增长呈非线性关系。Hung 等（2009）则构造了理论模型，解释存在非线性关系的本质原因。他们的结论是，由于金融发展可以同时促进消费贷款与投资贷款，消费贷款对经济增长不利，而投资贷款对经济增长有利，从而金融发展对经济增长作用的最终结果，取决于这两者对经济增长作用的比较，而初始金融发展水平又决定了消费信贷和投资信贷的比例，从而形成了非线性关系。

在国内，林毅夫、徐立新和寇宏（2012）认为，金融结构通过产业规模、行业集中的程度以及经济发展所处阶段等因素，对企业创新产生影响。在行业集中程度较高且平均规模较大之时，银行为主的金融结构，能促进企业自主创新；相反，在行业集中程度较低且平均规模较小之时，金融市场为主的金融结构，能促进企业的自主创新。

几乎所有认为金融发展与经济增长之间应当是非线性关系的学者都赞成，金融发展与经济增长之间的非线性关系之所以存在，其原因在于它们本身都有自己的变化特征，它们两者中任何一个变量，因某些因素而发生改变时，都将因此改变金融发展与经济增长间的关系。

三、金融发展驱动经济增长机制的研究

随着内生增长理论的发展，绝大部分学者都认同金融发展有

利于经济增长,但他们除了关注金融发展与经济增长之间的相关关系之外,更多地是想了解金融发展是如何驱动经济增长的,以及它们作用的渠道和途径是什么。有学者从物质资本积累的传导途径和人力资本的传导途径加以研究。这里,笔者将从数量型作用渠道和质量型作用渠道对文献加以梳理。

(一)经济增长机制:数量型驱动渠道的研究

数量型渠道作用经济增长又称资本积累渠道,它主要是指经济增长严重依赖资本的快速积累。这一观点最早由 Goldsmith (1969)和 McKinnon(1973)提出,他们认为金融中介机构的发展,减少了资金从盈余机构流向赤字机构的流动成本,增加了社会总储蓄,使得资本能在较短的时期快速积累,促进了经济增长。Goldsmith(1969)研究了储蓄发展与投资效率之间的关系;McKinnon(1973)则从金融自由化的视角研究储蓄和投资之间的关系。他认为随着金融的发展,政府的行为抑制了金融自由化,阻碍了储蓄向投资的转化,从而不利于经济增长。

(二)经济增长机制:质量型驱动渠道的研究

质量型渠道作用经济增长又称企业技术创新的渠道,它主要是指经济增长依靠企业进行研究开发和技术创新来达到目的。这一观点最早可追溯到 Schumpeter(1911),他提出了"创新"及其在经济发展中的作用,经济发展是创新的结果。King 和 Levine (1993)认为银行中介的发展,为企业融资提供低廉的信息成本,提高了资源的配置效率,从而促进经济快速增长。此时,金融发展并不一定需要增加储蓄而驱动经济增长,同样,金融发展通过对储蓄的配置效率也可以达到驱动经济增长的目的。Zilibotti (1994)最早研究发现,金融发展促进技术进步具有门槛效应,他指出金融发展达到某一门槛后,由于其存在规模效应,使得交易成本和金融企业的运行成本都很低,企业更容易得到外部融资进行技术创新,实现经济持续增长。Saint-Paul(1992)从金融市场风险分散视角,分析了金融市场、企业技术选择和经济增长之间的关系。他认为,若没有金融市场,企业为规避风险,会选择专业化程度较低或者水平低的技术进行生产;若金融市场发达,企业可能会选择专业化程度高且生产率高的技术(专业化技术)。一般地,经济增长的关键是靠专业化技术的发展与应用。Andrew,Winton 和 Vijay Yerramilli(2008)认为创新企业面临着银行和风险投资者的选择,银行对企业的经营活动监督较少,风险投资者则较多,这样就使得风险投资者承担了更多的监督成本。为降低企业的冒险经营,银行往往鼓励企业从事安全战略。Laeven,Levine 和 Michalopoulos(2009)研究了金融创新、企业技术创新与经济增长三者之间的关系,具体做法是将金融创新纳入内生增长模型中,以此探索金融创新与经济增长的作用机制。

从总体来说,数量型渠道重点在于扩大社会储蓄,增加资本积累,以推动经济增长,而质量型渠道则重点在于提高储蓄的配置效率、支持企业技术创新,带动经济增长。

四、金融发展驱动经济增长效率的研究

国外直接研究金融发展驱动经济增长效率的文献不多。研究发达国家的经济增长效率的文献更少,它们更多是以发展中国家为研究对象。Méon 和 Weill(2010)、Gheeraert 和 Weill 等(2015)基于一些国家面板数据,分别测算了金融中介发展、伊斯兰银行支持宏观经济增长的效率。国内也有些学者研究了金融发展驱动经济增长的效率问题,如熊正德等(2011)实证研究了金融支持战略性新兴产业发展的效率及影响因素,孙爱军等(2011)测算了 1998—2010 年中国各省市金融支持经济发展的效率。

从研究方法来看,文献主要是采用随机前沿方法(Méon 和

Weill,2010)和 DEA 方法(吕江林等,2018;孙爱军等,2011)进行分析,也有少部分学者采用 Logit 模型和 Tobit 模型(熊正德等,2011)。

从研究视角来看,归纳起来,大致有三个视角:金融发展与经济增长效率的关系视角(白钦先,2016)、金融结构的视角(胡巍和王可,2017)和资源配置的视角(李延凯,2011)等方面。

(一)金融发展与经济增长效率的关系视角

目前尚未见有针对金融发展与经济增长效率关系开展研究的国外文献。在中国,金融发展对经济增长的作用仍停留在要素数量扩张阶段,金融创新效率不足是金融发展促进经济增长效率提升的制约因素,金融控制程度也影响到金融发展驱动经济增长效率的提升,金融结构和所有制结构通过提升金融创新效率影响金融效率,政府信贷干预将会冲抵金融市场化对金融效率的正能量。白钦先、薛阳(2016)认为,金融发展应当是在金融日益"脱实向虚"的背景下,重拾金融与实体经济的关系问题,从金融本源与归宿的哲学视角,揭示金融来源于实体经济,反作用于实体经济,最终回归实体经济的本质过程。

(二)金融结构的视角

Allen N. Berger 等(2014)认为,银行的规模与其服务的客户具有一定的相对性,大银行能够为大企业提供更好的服务,这不仅体现在资金方面的支持,而且还体现在信息服务、业务咨询等方面,而小银行能够为中小企业提供更好的支持。在国内,林毅夫等(2009)率先从这个视角对金融发展与经济增长效率的关系展开研究。他们认为,一国的金融结构的调整应当与该国特定阶段的实体经济发展情况相适应,充分利用自身现阶段的比较优势,金融结构本身是以一种动态调整的过程,不同的经济体或同一经济体的不同发展阶段所适用的金融结构并不完全相同。佟健等(2015)完全赞同他们这个观点。还有学者研究认为金融结构与经济发展之间不是简单的线性关系,在合理的范围之内,金融市场规模的变大可以促进地方经济效率的提升,政策性金融与合作性金融对经济效率的提升应当发挥更大的作用(胡巍等,2017)。另外,新结构经济学指出,当金融体系与自身服务的产业结构相适应时,经济发展便达到最优状态(曾繁清等,2017)。

(三)金融的资源配置效率视角

金融的资源配置功能使得金融的资源配置效率更加突出。李延凯(2011)从资本配置的视角,通过建立金融生态演进作用于实体经济增长的分析模型,对金融生态演进影响资本配置效率与经济增长的内在作用机制与传导渠道进行了数理分析,认为金融发展对经济增长促进作用的有效性受其所在外部金融生态环境的影响。

政府对经济的干预有助于增加资本积累,但会削弱法制因素和金融发展改善资本配置效率的作用。法制环境的改善有助于资金更多地流向集约型产业,减轻政府干预对资金配置的扭曲,一个企业家精神盛行、勇于创新的文化信用环境可以弥补法制环境的不足,约束资金使用者的道德风险,优化金融资源的配置效率。融资规模驱动经济增长呈边际效应递减趋势,而融资方式的改变会通过引导产业结构优化来带动实体经济增长,金融发达区域应当率先优化融资结构,金融欠发达区域更应优先提升融资规模(刘玚等,2019)。

按照主流经济学的观点,金融市场化可以增进金融资源的配置效率,但是在中国的市场化经济改革过程中,金融控制与金融市场之间在某种程度上处在一种"两难困局"之中(张杰,2008)。从金融发展历程上看,一国的金融市场化改革往往开始时是借鉴发达国家的经验,并在采纳发达国家的金融规则中进行;同时,再结合本国具体国情,经过本国内部的多方利益博弈之后,逐步形成了较为固定的适合本国运行的金融体系模式,而这一模式与最初参考的西方发达国家的"标准模式"渐行渐远。

还有研究认为中国金融支持经济增长的效率偏低,且不同省份所发挥的效率和作用存在较大差异,沿海地区相对较高,而内陆地区和沿边地区相对较低,同一地区不同省份之间也存在较大的差异(孙爱军,2011;张林和张维康,2017)。

在提高金融发展对经济增长效率对策方面,研究者主要提出以下观点:一是要从金融产业发展、金融服务创新、金融制度改革、外部环境优化等多个方面同时着力;二是提高金融创新效率,从而提高金融发展对经济增长的效率,要推进由要素驱动的粗放式增长方式向创新驱动的集约式发展模式转变,疏通和引导金融资源向技术创新研发领域分流,渐次放松并逐步取消政府对金融的控制;三是要优化融资结构,积极构建完善的资本市场以提高直接融资比例,最大限度释放中国"金融结构红利"的增长潜力;四是要规范政府与市场的关系,加快金融市场化进程,应该建立具有约束力的市场金融体制。政府应放松对金融的控制,将政策着力点放在对政府控制的能力和目标及其实现方式上。有的研究还认为要加快股票债券等资本市场的发展,广泛吸引社会"闲钱"进入实体经济部门,创新信贷资产证券化模式,促进间接融资与直接融资的互补与共进。

五、国内外研究评析

上述研究均从不同的角度,分析了经济与金融之间的关系。虽然学者们的观点各异,众说纷纭,但其大体上可归纳为以下两种观点:

(一)金融发展能够促进经济增长

这一观点以 Schumpeter(1911),Goldsmith(1969),McKinnon 和 Shaw(1973),King 和 Levine(1993)为代表,他们都认同金融

发展能促进经济发展,但他们从不同的视角论证了这一观点:Schumpeter(1911)是从非常规信用的视角;Goldsmith(1969)是从金融结构的视角;McKinnon 和 Shaw(1973)是从金融深化的视角;King 和 Levine(1993)是从金融功能的角度;白钦先(2005)是从金融发展功能的视角。

(二)金融发展与经济增长是互动的,不同的经济发展水平要求的金融发展不同

这一观点以林毅夫(2012)新结构主义视角和 Levine(2004)为代表。林毅夫认为每一个经济发展阶段都有一个特定的最优金融结构,随着要素禀赋结构的变化,最优结构也会发生变化。Levine(2004)认为金融结构安排不是很重要,关键是看金融系统提供的金融服务水平。随着国内金融领域出现的金融"脱实向虚"和"资金在金融领域空转"等问题,国内学者支持金融服务观的人也逐渐增多,包括冉芳和张红伟(2016)与蔡则祥和武学强(2016)等。

基于上述文献综述与现实背景,本文以《金融发展驱动经济增长的机制与效率研究》为题,将经济发展阶段性的内在要求与金融发展作用机制相联系,希冀能从理论与实证层面拓展现有相关研究。

第三节 研究内容、思路与方法

一、研究内容

本文的研究内容一共分为 7 章。

第一章为绪论部分。本章主要介绍研究背景与意义,对相关文献进行综述,简介本文研究内容、思路与方法,揭示本文创新与不足。

第二章为理论基础与理论框架。本章首先对相关概念进行界定;在界定金融发展和内生增长等相关概念的基础上,梳理了金融发展理论脉络和内生增长理论脉络,在罗默的内生增长模型的基础上,嵌入金融发展两部门,构建全文分析的理论框架。

第三章为金融发展驱动经济增长作用的机制与效率分析。本章从理论上分析了金融发展驱动经济增长作用的机制与效率问题。首先分析金融发展驱动经济增长的机制问题,这里分别从间接融资和直接融资两个视角展开了分析,其中又分别涉及数量型和质量型驱动机制,随后还进行了比较分析;其次分析了金融发展驱动经济增长的效率问题,这里还探讨了金融资源错配对经济增长产生的后果。

第四章为中国金融发展驱动经济增长的机制与效率实证分析:间接融资视角。本章首先从间接融资渠道实证分析了中国金融发展驱动经济增长的机制问题,分析从数量传导渠道(即资本积累的传递渠道)和质量传导渠道(即企业技术创新的渠道)相继展开;接着从间接融资渠道实证分析了中国金融发展驱动经济增长的效率问题;在此基础上进一步分析了中国间接融资驱动经济增长的两个短板。

第五章为中国金融发展驱动经济增长的机制与效率实证分析:直接融资视角。本章首先从直接融资渠道实证分析了中国金融发展驱动经济增长的机制问题,分析包括比较静态分阶段实证和进一步的空间实证两个层面,并涉及数量传导渠道和质量传导渠道两个渠道;接着实证分析了直接融资渠道中国金融发展驱动经济增长的效率问题。

第六章为美日金融发展驱动经济增长的经验与借鉴。本章先后剖析了美国金融发展驱动经济增长的经验与借鉴,以及日本金融发展驱动经济增长的经验与借鉴。

第七章为结论、政策建议与研究展望。这一部分，笔者归纳、概述前文研究得出的基本结论；接着根据文章中所蕴含的政策含义，提出了一些针对性的政策建议；最后，指出了本文论题未来可能的研究方向。

二、研究思路与方法

（一）研究思路

本文严格遵循提出问题—分析问题—解决问题的逻辑思路，坚持"问题导向—理论分析—实证分析—政策研究"这一经济学研究一般过程路线展开研究。

具体而言，本文研究的主旨，是揭示中国金融发展驱动经济增长的机制与效率方面存在的问题。针对这一问题，本文首先拓展罗默的内生经济增长模型，在罗默的内生经济增长模型基础上，嵌入金融发展的两个部门，严谨地推导和求解，得出有意义的结论并提炼出几个重要的理论参数，以此奠定全文分析的理论基础和框架。在此基础上，对金融发展驱动经济增长的机制与效率问题展开理论分析。首先分析金融发展驱动经济增长的机制问题，这里分别从间接融资和直接融资两个视角展开了分析，其中又分别涉及数量型和质量型驱动机制，随后还进行了比较分析和归纳；其次分析了金融发展驱动经济增长的效率问题，在这一分析过程中，揭示了上文推导出的几个理论参数对金融发展驱动经济增长的效率的重要影响，并由此从理论上进一步分析金融资源错配对经济增长产生的后果。理论分析必须与实证分析相结合，理论分析之后，接着本文就同样从间接融资和直接融资两个视角，比较细致地实证分析中国金融发展驱动经济增长的机制和效率问题，揭示了中国当前金融发展驱动经济增长的机制和效率方面客观存在的问题。然后，通过国际比较，在美、日金融发展驱动经济增长的历程中吸取经验和借鉴。最后，提出促进中国金融发展对实现经济增长驱动的机制畅通和提高驱动效率的对策建议。

本文研究的技术路线如图 1-1 所示。

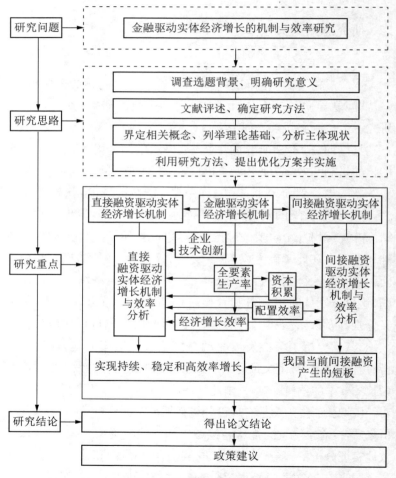

图 1-1 研究逻辑技术路线图

（二）研究方法

1. 理论分析法

本文运用宏微观经济学、发展经济学、产业经济学和金融发展理论等理论方法深入地开展研究，在广泛收集、筛选和梳理国内外相关文献基础上，从理论上探讨了中国金融发展驱动经济增长的机制与效率。

2. 描述性统计分析方法

第四章采用了描述性统计分析方法，对中国虚拟经济和实体经济总体变化趋势、结构变化趋势及空间变化趋势进行分析，详尽地探讨了中国近十年来经济运行中"脱实向虚"的事实。

3. 计量经济学方法

第四章和第五章采用了各种计量经济学的分析方法，具体包括 logit 回归、面板门限回归和空间计量经济学方法，分析金融发展对企业创新的影响，特别是通过两个不同时间段静态面板回归进行比较，探讨中国金融发展对企业技术创新和经济增长的作用，通过空间计量分析，探讨区域间企业技术创新的空间效应，揭示中国金融发展对于区域间的竞争与协作的促进关系。

4. 比较分析法

本文在不少章节采用了对各种不同的相关因素进行比较的方法。如直接融资对经济增长的作用与间接融资对经济增长的作用的比较，资本积累渠道与企业技术创新渠道的比较，普通面板和空间面板的比较等。

第四节　研究创新与不足

一、研究创新

本文有如下几点创新：

创新点一：构建了包含金融两部门的内生经济增长模型，并提炼出几个重要的特征参数，为全文从间接融资和直接融资两个不同的视角研究金融发展对经济增长作用的机制与效率问题，提供了良好的理论框架和实证分析基础。

创新点二：构造了信贷失衡指标和企业效率异质性指标，在此基础上构建一个能及时有效识别"僵尸企业"的模型。依据构造的指标和构建的模型，本文采用中国微观层面的数据，运用 Logit 方法，对"僵尸企业"的形成进行了有效识别。

创新点三：在分析金融发展对企业技术创新产生的空间分析中，采用关联区域人民银行设置权重的空间计量的方法，这也是本文的一个创新点。

二、研究不足

本文研究的不足主要有三点：一是考虑到数据可得性的局限，本文在理论分析、理论建模中，未能对金融发展之于经济增长的作用中的所有参数，展开全面分析，并且实证分析更多集中在水平效应的检验上，增长效应的检验则较少，个别参数的增长效应也只是分阶段、分区域简单地进行分析，并未能构造一个合适的指数来衡量；二是对创新经济的发展并没有作出更加深入的分析，没有挖掘原始创新与模仿创新各需要什么样的融资模式；三是尚未揭示多大的金融规模促进经济增长的效率最高、最有利于经济增长，而只是通过分析得出仅仅依靠金融规模扩大不利于经济长期增长的结论。这些不足，都有待于笔者今后进一步深入研究。

第二章
理论基础与理论框架

在本章,笔者首先在总结前人研究的基础上,对一些相关的基本概念进行界定,然后对金融发展理论的演进脉络和内生增长理论的发展脉络进行进一步的梳理,最后,构建一个带有金融两部门的内生增长理论模型,作为全文的主要分析框架。

第一节 理论基础

一、概念与范畴

为在内生增长理论框架下展开对金融发展驱动经济增长机制和效率的研究,本文首先要厘清相关概念的内涵。如何界定这些概念的内涵? 确立何种研究视角来进行研究? 这些都是本文不可回避的基础性问题。本节旨在系统梳理金融、金融发展、企业技术创新和内生增长等相关的概念和范畴,确定本文的研究范围和视角。

(一)金融

金融(finance),从狭义的意义上界定,是动态的货币经济学。而从广义的意义上界定,就是对现有资源进行重新整合之后,实现价值和利润的等效流通,本质上就是实现从储蓄到投资的过程。金融的核心要素是跨时间、跨空间的价值交换,所有涉及价值或者收入在不同时间、不同空间之间进行配置的交易都是金融交易。

（二）金融发展

金融发展可以定义为金融交易规模的扩大和金融产业的高度化过程以及带来的金融效率的持续提高，表现为金融抑制的消除、金融工具的创新、金融机构适应经济发展的多样化和金融结构的改善。

金融发展理论以发展中国家的金融问题为研究对象，全面系统地分析了发展中国家货币金融的特征以及货币金融与经济增长、经济发展的相互关系，深刻地揭示了发展中国家货币金融因素在其经济发展中的核心作用。其从一个崭新的视角对发展中国家的金融与经济的关系，进行了深入的研究，它不仅弥补了传统货币理论对发展中国家货币特征的忽视，同时也弥补了一般经济发展理论对货币金融因素的忽视，进而为发展中国家进行宏观调控，制定各项经济和货币金融政策，以及推行经济、货币金融领域改革提供了理论依据。

金融发展是一个动态演进过程，其内容十分丰富。在理论发展的不同阶段，金融发展的内涵是也表现出不同的性质。金融发展在发展中国家最重要的一个概念是金融深化。Goldsmith（1969）认为发展中国家的金融深化过程具有一定的规律性，并且首次提出了衡量一国金融深化水平的指标——金融相关比率，此外还系统地提出了金融结构的概念，各国不同的金融相关比率和不同的金融结构基本上能反映世界各国金融深化的差异。金融相关比率是指在一定时点上，一个国家现有的金融资产占国民财富的比例；而金融结构是指在一定时期内一国的金融工具和金融机构的构成情况，在不同的经济发展阶段，各国都会有自己不同的金融结构。虽然各个国家金融深化的起点和进程不尽相同，但是这些发展中国家的金融深化的进程基本上都能用金融相关比率和金融结构指标反映出来。

进入 20 世纪 70 年代,McKinnon 和 Shaw(1973)在考察 20 世纪 50 年代台湾地区和 20 世纪 60 年代中期韩国金融改革实践的基础上,正式提出了自己的金融深化理论。他们认为发展中国家的金融体制和经济发展之间关系密切,两者相互影响、相互制约。一方面,落后的金融体制造成金融效率低下,制约了经济的发展;另一方面,经济发展的落后又会减缓资本积累的速度,进而抑制金融的进一步发展。两者的相互影响作用形成恶性循环。因此,McKinnon 认为金融深化内在地要求在金融领域政府必须放松对利率的管制,利率水平由金融市场来决定,进而提高储蓄和投资的规模或储蓄转化成投资的效率,只有这样才能使金融深化促进经济全面发展,最终实现金融深化与经济增长之间的良性循环。Shaw 对金融深化也得出了相类似的界定:政府放松实际利率管制的情况下,会在储蓄的稀缺性影响下刺激储蓄增加,同时还会提高投资收益率,使得各项投资变得更加有效,这样发展中国家的货币金融与经济便形成良性循环。

进入 20 世纪 90 年代,随着经济全球化进程加快和国际金融市场的迅速壮大,金融深化的内涵得到进一步充实。依照世界银行和国际货币基金组织的观点,金融深化还包括金融机构变公有为私有,取消银行准入的限制,采取措施鼓励银行部门进行竞争,降低对法定准备金的要求,取消官方利率,采用市场利率,在国际金融金融市场上放宽对外国资本流动的限制,在外汇市场上自由买卖,实现货币的自由可兑换。

1998 年,威廉姆森进一步将金融深化所包含的内容拓展到以下六个方面:放松利率管制、取消贷款限制、金融服务业实行自由竞争、金融机构自主化主权、银行私有化及国际资本自由流动等。

　　从以上学术界和国际金融机构对金融深化概念的界定，我们可以看出，他们把金融深化概念基本等同于金融自由化概念。他们认为金融深化的核心内容就是消除金融抑制，促进资金的自由流动，实现自由竞争性的金融体系。而我们认为金融深化和金融自由化还是有着本质的区别。金融深化不只是要实现金融自由化，还要实现与经济的良性互动，同样金融自由化过程也并非等同金融深化的过程。发展中国家实行金融深化的终极目标是要实现该国的金融与经济之间良性循环，通过金融深化带动经济全面增长，经济增长反过来又促进金融深化；为实现这种良性循环，发展中国家就必须优化金融资源配置、提高金融运行效率；为优化金融资源配置、提高金融运行效率就必须进行相应的金融自由化或其他相应的金融改革措施。由此可见，金融深化过程为：金融自由化或其他相应的金融改革措施→优化金融资源配置、提高金融运行效率→金融与经济之间良性循环。或者说，金融自由化只是作为金融深化的一种手段，是实现金融深化的必要条件。如果不取消政府对金融领域过多的干预，经济体是不可能实现市场机制在金融领域中发挥主导作用。这样，金融结构不可能优化，金融效率也不可能得到提高，金融深化的目的也就无法实现。诚然，金融自由化未必一定能达到金融深化，发展中国家在实施金融自由化时，对其经济发展的影响具有不确定性，有时可能有促进作用，有时又可能没有促进作用，甚至有时是负面的影响。金融自由化是否是金融深化，就看它是否促进了储蓄与投资，提高了金融部门的效率，对国民经济是否产生推动作用。如果有，这便是金融深化，如果没有，这便不能认为是金融深化。总之，金融深化只能被看作是金融自由化的一种可能的结果。

　　某种意义上,我们可以认为金融深化是一种金融发展,但其不等同于金融发展本身,而只是金融发展的一部分,是发展中国家为促进经济发展而进行的金融自由化;那些与经济发展无关的金融自由化并不是金融深化,只是金融发展的一部分。

　　近年来,与金融深化相对应,金融宽化作为金融发展的一种模式,开始进入一些学者的研究视野,他们认为金融宽化主要是指经济主体(企业和家庭)获取金融服务的渠道的宽窄程度。金融宽度这一概念由 Beck 等(2007)首次提出,他们建议这一概念可以用金融分支机构数量的人均水平与单位面积水平、ATM 数量的人均水平与单位面积水平等衡量指标来表示。

　　需要注意的是,那些属于金融发展范畴的某些事物、概念,比如影子银行这种金融创新的产品,虽属于金融发展的范畴,但不一定能起到促进经济增长的作用,甚至可能对经济增长起到负面作用。再比如科技金融,从概念范畴来说是一种金融发展,但对经济增长的作用是双向的,可能是一种正面影响,也可能是一种负面影响,科技金融和经济增长结合得好可能起到正面作用,若与经济结合得不好,过分追求金融自身的发展,则可能对经济起到负面作用,甚至是破坏性的作用。

　　发展中国家金融发展与金融深化之间的动态关系,具体如图 2-1 所示,金融发展为集合 A,金融深化为集合 B,现代金融创新为集合 C,金融宽化为集合 D, A 为最大的集合,B 和 C 以及 D 存在交集,但主要是并集,但它们都属于 A,即 $(B \cup C \cup D) \in A$。也就是说金融深化和金融宽化均为金融发展的组成部分,本文研究的金融发展重点在金融深化部分,详细地分析了金融深化、企业技术创新和经济增长的关系。

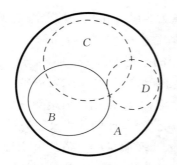

A：金融发展
B：金融深化
C：现代金融创新
D：金融宽化

图2-1　金融深化与金融发展的关系图

（三）内生增长

内生增长是指企业完全通过自己现有的资产和业务而非通过兼并收购方式，来达到增加企业销售收入和利润的目的。内生增长理论的核心观点是，内生的技术进步是经济持续增长的决定因素，在没有外力的推动下，也能够实现经济的持续增长。

内生增长理论基本上呈现两条研究思路：一条研究思路是以罗默、卢卡斯和诺瓦莱斯等人为代表，他们认为经济增长的动力来自内生的技术进步，可以实现经济的规模收益递增；另一条研究思路是以琼斯、真野和雷贝洛为代表，他们认为资本的持续积累是经济增长的关键。

（四）企业技术创新

企业技术创新的内涵较为丰富，但当代学术界和业界已经公认，企业技术创新是指企业以创造新技术为目的的创新或以科学技术知识及其创造的资源为基础的创新。从广义上说，企业技术创新的主体，是企业全体员工；但从狭义上说，或者如熊彼特从理论上揭示的那样，是企业家。其主要内容具体包括科学研究、产品开发、技术引进、技术改造、设备更新、群众性技术革新活动和组织创新等。

学术界关于企业技术创新对经济增长的作用与意义的理解，大致可以分成三个学派：一个学派是新古典学派，以 Solow（1956）为代表，其主要观点认为经济的增长源泉来自两个方面，即资本积累和企业技术进步；第二个学派是新熊彼特学派，以德姆塞茨、阿尔钦和波斯纳为代表，主要研究技术创新的扩散、"轨道"和"范式"等，他们侧重于研究企业的规模、产权性质、市场环境完善对企业技术创新的影响；第三个学派是制度创新学派，以 Lance David 为代表，他们主要研究的是外源制度对创新的影响，其主要观点是在特定的制度环境中，企业技术创新不仅要充分考虑从事研发活动的企业特征，还要充分考虑企业技术创新与制度之间的紧密联系。

本文完全赞成学术界和业界对企业技术创新的概念界定。本文认为企业技术创新是一种新的生产力，是创新和经济相结合的结果，它不仅仅是企业的发明创造，更要在市场经济中得到广泛应用，获得创新成果，这些成果能给企业带来较大的超额利润，这样运转良好的创新发展市场机制就最终能够形成。不难理解，企业技术创新的主体是企业，其灵魂是企业家，其两个基本属性是创造性和市场潜力。

1. 企业技术创新的特点

企业所进行的一系列技术创新本质上是一种生产行为，也是企业生存和发展的源动力，同样还是企业可持续发展的重要保障。具体来说，企业技术创新主要有以下三大特点：

第一，创造性特点。这是企业技术创新活动的最基本的特点。企业所进行的科学研究、产品开发是一种创造性的劳动；企业把新工艺、新材料和新技术应用到新产品中也是一种创造性的劳动；广大工人群众在生产时从事的一系列革新活动同样是一种创造性的劳动。成功的技术创新活动每一个环节都饱含着创造性。

第二,系统性特点。这是指企业技术创新活动是个系统工程,从理论研究和产品的研发到新产品生产,每一个环节都必须精心设计,一环扣一环,它们之间既是一个连续过程,又是一个循序渐进的过程,不允许出现差错,哪怕是一丁点差错都有可能会导致创新活动失败或者达不到预期的经济效果。

第三,风险性特点。企业技术创新无法规避风险性,风险性就是不确定性,技术创新活动就是要求研究者对技术未知领域进行开拓和驾驭。一般说来,企业技术创新从事的层次越高,其面临的风险就越大。技术创新层次越高,涉及的未知领域就越多,不确定性就越多,越难于驾驭,风险性就越大,就越容易招致失败。

2. 企业技术创新的模式

所谓技术创新模式,是指企业以生存为目标,以市场需求为依托,在技术创新过程中,根据其自身的技术创新战略和经营战略,对不同的技术创新项目,确定其具体的目标、实施途径、科技资料来源以及利用方式等。依照不同的划分标准,企业技术创新的模式可以分成各种不同的类型。

依照创新资源的来源的不同,可以把创新模式分为封闭式创新和开放式创新(Henry, 2003);依照创新的主体的不同,可以把企业技术创新分为自主创新和联合主体创新;依照创新的动力的不同,可以把企业技术创新分为技术推动模式创新、市场拉动模式创新和双向推动模式创新;依照创新技术实现方式和途径的不同,可以把企业技术创新分为原始创新、引起模仿创新和集成创新;依照创新主体与外部经济环境的关系不同,可以把企业技术创新模式分为自主创新模式、模仿创新模式和合作创新模式。郭春东(2013)认为自主创新模式主要是指企业利用自身的创新资源和条件，自主进行研发，获取技术创新成果，并通过市场交易知识产权的方式来实现经济回报。企业凭借自主创新模式，来掌控其核心技术。这种技术上的原创性使得企业在激烈的市场竞争中，可以保持其相对的竞争优势，并为后续技术创新打下坚实的知识基础。所谓模仿创新模式，是指企业在购买或引进其他企业的先进技术后，对这一技术进行消化和吸收，在此基础上再进行模仿，实现二次创新，研发出具有相对较强市场竞争力的创新产品。所谓合作创新模式，是指以企业为主体，与其他企业、科研机构和高等学校之间共同合作进行研发，实现利益共享、风险共担和优势互补的创新模式。一般而言，发达国家的企业自主创新较多，而发展中国家的企业则更多关注模仿创新，但从企业的演化过程来看，企业普遍经历了由封闭式走向开放式的过程，一般是经过复制、模仿到选择和变异的过程，具体演化过程如图 2-2 所示。

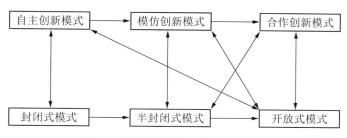

图 2-2　企业技术创新类型的关系图

即便苹果、三星和华为这些声名显赫的国际著名公司的创新发展历程，也难逃此演化过程：苹果经历了从封闭式自主创新到开放式自主创新演化过程；三星经历了从模仿创新、合作创新到战略超越演化过程；华为则经历了从模仿创新到合作创新再到自主创新演化过程(张永凯，2018)。

（五）资本积累

依照马克思经济学理论，资本积累是剩余价值的资本化，即资本家把挣来的利润除去消费掉的部分后，用于进行扩大再生产，因而资本积累是扩大再生产的前提条件，能促进经济进一步增长。实体经济是一国经济安身立命之本，是国家财富创造的源泉，也是国家经济强盛的支柱。

资本的积累如何导致实体经济增长？这里借鉴贾甫（2019）的做法分两种情况加以解释：

1. 企业在没有外部融资情况下的资本积累导致的经济增长

按照经济学理论，一般企业的利润率都呈下降趋势，这是因为资本受边际产出递减规律支配。一般企业都是在追求利润最大化的目标，通过资本积累来扩大生产规模，如图 2-3 所示，资本由 K_1 扩大到 K_2，企业在没有外部融资的情况下，只能依靠利润进行内源性融资，此时资本的边际收益率为 R_2，总产出达到 $S_1+S_2+S_3+S_4+S_5$，资本所得为 S_1+S_5。这里资本积累引起以下几个变化，第一个是总产出的增长 S_4+S_5，即本文提到的经济增长，也就是人民生活水平的提高；第二个是资本收益的增长为 S_5-S_2，S_1+S_5 为增加资本积累到 K_2 在收益率为 R_2 时获得的收益，S_1+S_2 为原有资本积累到 K_1 在收益率为 R_1 时获得的收益。

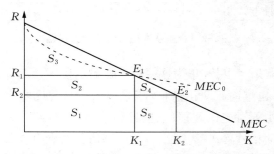

图 2-3　企业在没有外部融资情况下的资本积累与经济增长

2. 企业在外部融资情况下的资本积累导致的经济增长

上述研究资本积累与经济增长的作用关系是假设只存在实体经济部门，不存在金融机构对企业进行融资，现在引入金融机构，可以对企业进行融资，与现实生活更加接近。这时企业扩大再生产，可有两种方式追加资本：一种是通过自身资本的积累；另一种是通过金融机构进行外源性融资。如图 2-4 所示，扩大投资为 $\Delta K = K_2 - K_1$，单位资本融资成本为 r_0，这时，整个社会的总产出为 $S_1 + S_2 + S_3 + S_4 + S_5 + S_6$，追加资本 $\Delta K = K_2 - K_1$ 带来经济增长 $S_4 + S_5 + S_6$，S_4 归属其他生产要素所有者，S_5 归属企业，S_6 归属金融机构，资本总收入为 $S_1 + S_5 + S_6$。这里不难看出，企业扩大生产获得的好处是 $S_5 - S_2$，若 $S_5 - S_2 > 0$，则企业扩大生产，若 $S_5 - S_2 < 0$，则企业不会扩大生产；同样，S_6 越大，S_5 就会越小，增加 r_0，银行收益 S_6 增加，企业收益 S_5 会减少。

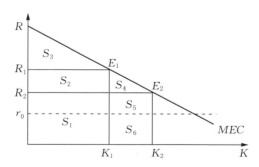

图 2-4　企业在外部融资情况下的资本积累与经济增长

（六）经济增长效率

20 世纪 20 年代，美国经济学家道格拉斯与数学家柯布共同提出了生产函数理论。由此，学术界开始了生产率在经济增长中作用的定量研究。全要素生产率（Total Factor Productivity，

TFP)作为衡量生产效率与经济增长效率的重要概念,最早可以追溯到 20 世纪 50 年代的诺贝尔经济学奖获得者罗伯特·索洛(Robert Merton Solow),他认为全要素生产率是指"生产活动在一定时间内的效率",是各要素(如资本和劳动等)投入之外的技术进步等因素导致的产出增加,是产出剔除各种生产要素投入的贡献后所剩的残差部分,索洛(1957)发现的这一残差,又被称为索洛残差。

全要素生产率是当代宏观经济学的重要概念,是分析经济增长源泉的重要工具,也是迄今相对最为合理的度量宏观经济增长效率的指标,因而也成为政府制定长期可持续增长政策的重要依据。

Aigner 等(1977)提出了随机前沿生产函数,这一函数允许技术无效率的存在,这样将全要素生产率的变化分解为生产可能性边界的移动和技术效率的变化。这种方法比传统的生产函数法更接近生产和经济增长的实际情况,把影响全要素生产率的因素从全要素变化率中分离出来,从而能更加深入认识经济增长的根源[①]。

全要素生产率的增长主要由三部分组成:一是企业技术创新(新技术采用和新产品的发现);二是技术效率(管理效率的提高和生产经验的提高);三是规模效率(组建和管理大企业乃至大国经济的能力)。

在经济学中,技术效率是指在既定的投入下尽可能增加产出或在既定的产出下尽可能减少投入,这是一个反映生产要素利用程度的指标。这里必须要区别技术效率和企业技术创新两个概

---

① Aigner, D. , C. A. K. Lovell, P. Schmidt. Formulation and estimation of stochastic frontier production function models.

念,这两个概念虽然有一定程度的联系,但还是有区别的。企业技术创新是生产过程中的一种投入要素,被定义成一种发展过程,在这个过程中不仅是企业的发明创造,更重要的是要在市场经济中得到广泛应用,获得创新成果,能给企业带来较大的超额利润,其本质就是变知识形态的潜在的生产力为物质形态实实在在具体的生产力过程。技术效率一般是指企业在特定的生产技术条件下,实现最大产出的能力。它反映了现有技术对资源的利用程度,是生产活动对生产前沿边界的逼近程度。在经济学研究中,通常用生产函数来反映投入和产出之间的关系。作为一种理论假设,生产的前沿面就是生产函数规定的生产可能性边界,这意味着在一定的生产技术条件下,最优的要素组合,实现产出最大化、成本最小化,理想的产出水平,适度的生产规模。不难理解,技术效率与生产前沿面存在紧密联系,接下来结合图 2-5 作进一步分析,其中,X 轴表示要素投入,Y 轴表示产品产出。

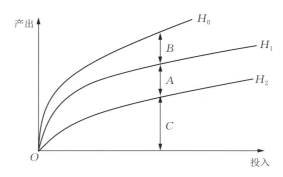

图 2-5　实际生产、技术效率与企业技术创新关系图

从图 2-5 中,我们可以看到两条曲线 OH_1 和 OH_2。这两条曲线的移动反映了全要素生产率的变化情况。OH_1 为生产函数曲线,或生产可能性曲线,表示生产的前沿面;OH_2 为实际的产出

曲线,OH_2 位置必定在 OH_1 的下方,两条线之间的距离 A 反映了技术效率水平,A 越小,表示技术效率水平越高。技术效率取值在 0 到 1 之间。当 OH_2 和 OH_1 重合时,A 为 0,技术效率为 1。现实的生产应尽量使实际生产 OH_2 向生产前沿面 OH_1 靠近,使技术效率提高,而生产前沿面 OH_1 向上移动,移动距离 B 到 OH_0,形成新的生产可能性曲线,B 越大,企业技术创新的力度就越大。两者共同点都能使产出提高,区别点 OH_1 往上移动是无止境的,即 OH_0 只有更高,没有最高,而 OH_2 往上移是有止境的,OH_1 就是 OH_2 的最高处。这就不难理解,经济发展到一定程度后,必须要进行企业技术创新,提高 OH_1,否则,靠提高 OH_2(OH_1 是最高处),不可能达到经济增长的目的。

由图 2-5 还可以直观地看到,经济发展初级阶段,是依靠扩大生产规模、增加要素投入就可以提高经济增长的阶段,即规模效应起作用的阶段,缩小 A,增加 C;经济发展高级阶段,是依靠扩大生产规模、增加要素投入不再能提高经济增长的阶段,规模效应不再起作用的阶段,必须依靠提高生产技术来提高生产的可能空间,此时 A 的空间很难压缩,只能依靠增加 B,即 OH_0 曲线上移。

二、金融发展理论的演进脉络

在本章,笔者首先阐述一些理论基础;然后,在总结前人研究的基础上,构建金融发展、企业技术创新与经济增长关系原理的分析框架;与此同时,筛选一些重要指标,为进一步实证分析金融发展如何通过资本积累的渠道和企业技术创新的渠道促进经济增长做好铺垫。

(一)金融结构理论

金融结构理论的代表人物是戈德斯密斯(Raymond W. Goldsmith)。戈德斯密斯(1969)认为,金融的发展就是金融结构的变迁,而金融结构是由金融工具存量和金融机构规模决定的。他创立了金融发展研究的一套指标体系,其中两个最为重要的指标为金融相关比率和金融结构。他的研究表明,多数国家的这两个指标,尤其是金融结构,在时间序列演化上具有一定共性或者说具有规律性。这种"结构主义"金融发展观,一方面简化了人们对金融发展的量化研究,激发了人们对金融发展、经济发展及其相互关系的研究兴趣,另一方面忽略了利率和汇率对经济发展的影响,也可能导致企业盲目扩张而损害金融发展质量(白钦先,2005)。Allen 和 Gale(2000)则将金融结构理论发展到一个新阶段,他们进一步从技术性的视角,将金融结构分为"银行主导型"结构和"市场主导型"结构两种结构形式,他们的这种金融结构观,很快就引起世界银行、国际货币基金组织的高度重视,不少学者在此基础上展开了系统研究。银行主导论认为,银行融资优势主要体现在:银行通过贷款与企业产生长期联系,直接获取企业投资信息,积极调动资源,提高企业的治理效率;企业在银行贷款的模式下,进行跨期流动性管理更加方便,投资效率更高;同时,企业在银行贷款的模式下还可以聚集更多的资金,帮助企业产生更大的范围经济,使企业的外部融资效率变得更高;当然还可以通过对企业预留抵押品、第三方担保等方式,有效地解决银企之间的委托代理问题,克服了因信息不对称而产生的道德风险,降低银行的外部监管成本。Gerschenkron(1962)强调,在经济发展的初期,市场还未发展完善,各项制度和法律法规还未建立起来,银行信贷更有助于经济的增长,而且银行更能满足多阶段新企业的融资需求。相反,市场主导论的学者则认为,证券市场发展状况是经济成功的关键,银行融资会使企业产生较大的负面影响,会阻碍企业进一步发展;金融市场却能提供各种各样的风险管理工具和产品达到分散风险的目的;此外金融市场通过上市公司的信息披露机制,也能克服信息不对称问题(Beck et al., 2000)。市场主导论的观点,在全世界最发达的金融市场——美国金融市场得到了相当程度的印证,世界银行也赞同此观点,并且呼吁发展中国家为提高金融体系运行效率,应该大力发展证券市场。

近年来,市场主导论观点遭到越来越多的学者反对。这些学者认为,经济处于不同的发展阶段,金融结构也应该有所不同,经济发展相对落后的国家,应该采用以银行为主的金融体系。究其原因,发展中国家其各项规章制度、法律法规都不够完善,银行信贷对贷款企业的监督机制,降低了金融风险,提高了企业融资效率,更能促进发展中国家经济的进一步增长。当然,仍然有很多学者坚持市场主导论观点,他们强调,随着经济向更高级阶段发展,单纯依靠银行信贷融资,已不能很好地适应经济进一步发展的要求,债务合约的本质属性使得银行更加偏爱稳健性高的投资项目,这就进一步阻碍了企业的创新与增长。此外,银行还可能与企业管理层勾结,阻碍其他投资者进入,削弱企业竞争力,妨碍经济增长。

尽管金融结构理论自诞生以来学界一直对其持有不同观点,不过迄今以下几点大致达成共识。(1)不同经济发展阶段要求不同的金融结构与之相适应,经济越发展,金融结构演变也会越快,随着经济规模的扩大,金融结构也会变得更加复杂。(2)"银行主导型"和"市场主导型"这两种金融结构的金融体系,处理信息不对称和委托—代理问题的机制不尽相同。在处理信息不对称方面,"银行主导型"结构主要是通过商业银行监督贷款人,获取企业信息;而"市场主导型"结构则是通过上市公司信息披露机制,来获取企业信息。在这里,两种金融结构各有千秋。(3)金融结构理论基本出发点是研究企业如何降低融资成本,提高融资效率,促进经济快速增长。(4)不同的经济发展阶段有着不同的金融结构,任何一个经济发展阶段,都不存在最优的金融结构,银行主导和金融市场主导各有其优缺点,相辅相成。(5)政府通过优化金融结构,发挥金融中介和金融市场各种功能,促进经济发展。

(二) 金融深化与金融约束论

金融深化理论的奠基人物是麦金农与肖(R. I. McKinnon and E. S. Shaw)。麦金农与肖(1973)从不同的角度,提出了金融深化与金融抑制理论。该理论全面地分析了金融发展与经济发展机制之间的辩证关系,认为发展中国家金融制度较为落后,市场机制相对不完善,企业必须依靠自身力量积累货币,等积累到一定数量的货币后,才去进行相应的投资。而这些发展中国家政策往往仿效发达国家,采取低利率政策刺激需求,一方面根据自己的偏好配置资源,另一方面造成资金的不足,这损害了金融的配置资源功能,因此发展中国家亟待金融深化。他们还认为,本币币值高估、外汇强行配给,以及赤字财政政策也会制约发展中国家的金融深化,而促进金融深化的关键,是提高实际利率。

在麦金农和肖看来,落后经济摆脱增长的陷阱是可以通过金融深化来化解的,即通过储蓄效应、就业效应、收入效应、投资效应和分配效应,使落后国家的经济迅速而稳定地增长。当然,金融深化需要凭借自由的市场经济体制的路径而起作用,而金融抑制往往是与市场机制不健全相伴随的。发展中国家在金融深化和经济市场化共同推进的过程中,应相互协调、步调一致。然而却有很多发展中国家因忽视这一点,致使金融深化不能继续,甚至出现倒退的现象,这导致经济增长停滞不前。麦金农(1999)认为一国的金融深化是要讲究次序的。他在归纳众多发展中国家的改革和发展经验后提出,在市场经济最终形成之前有一个过渡时期,在这个时期金融政策也存在着一个最优次序:首先是财政控制,接着才是国内金融自由化,第三是外汇自由化,最后阶段才是资本项目自由化。

到了20世纪80年代末和90年代中期,第二代麦金农和肖学派盛行。以Greenwood(1998)为代表的学者认为宏观分析要有微观基础,应该从效用函数入手,来解释金融机构与金融市场的形成机制,他们建立了各种带有微观基础的宏观经济模型,在模型中引入了与完全竞争相悖的因素,诸如不确定性(流动性冲击、偏好冲击)、不对称信息(逆向选择、道德风险)和监督成本等,应用比较的方法,规范性地解释金融机构和金融市场的形成和发展,进而解释金融深化的进程。

20世纪90年代,赫尔曼(Hellman)提出了金融约束论。金融约束论本质上等同于金融深化论,确切地说,金融约束论是从不完全信息的角度提出的金融深化理论,但又有自身的鲜明特点。赫尔曼(2000)认为,一国在一定条件下应保持一定的金融抑制,以利于促进经济发展;一国政府应对存款利率和贷款利率分别加以控制,对来自资本市场的竞争也加以控制,为金融部门和生产部门制造寻找租金机会,通过寻租把私人信息配置到决策中,从而可以缓解自由竞争与信息相通带来的问题。简言之,一国政府应当通过一系列的金融抑制的政策,在社会私有部门之间创造租金,使得市场更好地为经济发展服务。金融约束论能成立的假定前提是宏观经济环境稳定、通货膨胀率较低并且可以预测,在这种前提下,政府通过推行一系列金融约束政策,如存款监管、市场准入限制等,能够促进金融业快速发展,从而起到推动经济快速发展的作用。但金融约束论的一个隐含前提是,政府比私有部门拥有更多的信息和更强的经济管理能力,而实际上这个假定条件过于苛刻,政府往往并不比私有部门拥有更多的信息和更强的经济管理能力,政府失灵问题造成的后果甚至更加严重,很多经验已经证明，政府过多干预经济的后果不是促进经济发展，而是阻碍经济发展。

由于金融约束论的假定条件过于苛刻，故一国金融约束政策在现实中很难达到金融深化的目的，实际上是更加限制了其进程，因此，金融约束论在许多发展中国家包括中国，恐怕都是行不通的。20世纪末到21世纪初，中国学术界的主流观点是金融抑制阻碍了金融深化，认为中国进一步实现利率市场化目标，构建全方位、多层次的金融体系，完善金融市场运行功能，健全金融体制，减少政府干预，才是金融深化的可行之路，他们纷纷致力于探索破除金融约束，促进金融深化之路。陈江静（2016）的研究具有代表性。他指出，分割的资本市场和不可分割的投资之间的矛盾，是经济社会产生金融抑制的根本原因所在。资本市场的分割主要是指企业的可支配资本、企业的投资生产机会和企业外部融资渠道这三个因素，在市场上彼此之间是相互分隔的。大量企业资本在这样的条件下，难于找到适当的投资机会，同样，拥有潜在生产机会的企业，在市场分割的条件下，也不能通过外部融资渠道进行有效的融资。外部融资约束导致了资金和生产机会的错配，使得稀缺的资本很难投向高收益项目。落后经济体中的企业积累资本，主要是通过内源性融资方式进行，当企业引进全新技术，需要一次性支付一大笔投资，而此时企业又缺乏外部融资渠道，仅仅依靠内部融资，很难满足这一投资需求。在这样的情况下，企业也只能渐渐改进原有的技术，不能彻底实现这一技术变革，维持低水平的增长。发展中国家为缓解这种外部融资约束的局面，不是主动去发展本国的金融市场，反而采取信贷配给以及许可证制度等政策，人为地压低利率，进而造成金融市场的抑制，阻碍了经济的进一步增长，陷入经济增长的陷阱。黄飞鸣（2016）的研究深入到了公司投融资层面，认为金融约束对不同产权属性的上市公司的投融资行为产生了非效率差异和不公平性问题。

客观而论,我们并不能完全否定金融约束论。在特殊的条件下,金融约束政策也能对金融深化和经济增长起到积极促进作用。政府虽然不能完全代替市场,但也不能说政府在市场运行中丝毫不起作用,市场会有失灵的时候,关键的是在实行金融约束政策时,要适时而用,还要适可而止,把握好度。

中国学者贾春新(2000)进行了总结:金融深化理论是研究金融发展和经济发展作用的理论,研究发展中国家的金融体系和金融政策如何有效地搭配,使得宏观经济能以有限的金融资源获得最大限度增长,并且这种增长必须是高质量的和可持续的。

(三)金融功能论

金融功能论的代表人物是金和莱文(King, R. & Levine, R., 1993)。20 世纪 90 年代,金和莱文从金融功能的维度切入,系统地研究了金融发展对全要素生产率的影响,其研究内容体系主要包括:金融中介与经济增长、股票市场与经济增长、银行和股票市场相结合与经济增长的关系,以及金融发展与企业融资。其学术研究突出的特点就是将这些金融变量内生化,并在模型中引入外部性、规模收益递增和质量阶梯等技术变量,以揭示金融发展对经济增长的作用机理。功能金融理论一般分传统金融理论和功能金融理论。

传统的金融理论又称作机构金融观点,是从金融机构发展的视角来研究金融体系。他们认为现实的金融机构、监管部门、市场活动主体、金融组织、各种配套的金融规章制度和相关的法律法规都具有一定的稳定性。因此,现有金融体系遇到的各种相关问题,都应该在这种现实的、既定的框架下来解决,如商业银行遇到的不良资产问题和资本市场遭受的系统风险等问题。这些问题的解决,即便是牺牲一点金融运行效率也是值得的。

　　上述观点的缺陷十分明显，当银行、保险及证券类等金融机构迅速变化或者经营环境以及这些组织机构依赖的基础技术发生变化时，而与其相关的法律和规章制度却有一定的滞后性，没有发生相应的变化，金融服务的运行效率将会大打折扣。

　　R.Merton 和 Z.Bodie(1993)针对传统金融理论的缺陷，提出了一种新理论观点——功能主义金融观点。该观点具有两个重要的假设条件。第一个重要的假设条件是金融功能比金融机构更加稳定，随着时空变化，金融功能虽然也会发生变化，但其变化的幅度与程度要明显地小于金融机构的变化幅度与程度。从金融机构发展历程来看，现代化金融机构和早期的货币代管机构已经是今非昔比、大相径庭；再从经济发展的区域层面看，发达地区金融机构组织的设置与欠发达地区的金融机构组织的设置的区别较大，但它们履行的金融功能却大致相同。第二个假设条件是金融功能比金融机构更加重要。在市场经济年代，金融机构为求生存，只有不断创新和竞争，才能获得更强的金融运行功能和更高的金融运行效率。同样也只有先明确当前金融体系有何种经济功能，然后再根据这些功能来构建金融机构以获得更多的竞争优势。

　　按照这种理论观点，金融体系的核心功能主要体现在以下三个方面。第一，清算和支付的功能。这是指金融体系能够提供各种不同形式的金融工具，对交易者之间的债权债务关系进行清偿。第二，资金聚集和配置资源的功能。金融体系能够把社会上闲散的资金聚集起来，根据市场规则重新对资源进行配置，高效地为企业生产或家庭消费服务。第三，分散系统风险的功能。金融体系分散风险的功能主要体现在两个方面：其一，它能够增加社会福利，金融体系采用各种方法管理和配置风险，使金融交易和风险负担得以有效分离；其二，它能有效地解决委托—代理关系问题,金融体系通过利用管理和配置风险的核心地位,充分挖掘各种决策信息,有效地解决委托—代理关系中出现的系列问题。

维持稳定的金融体系,提高其运行效率是个十分重要的课题。由于金融机构会随着时空的变化,其组织形式和运行方式也会发生相应的变化。因此,我们从不变的金融组织形式和相关的金融制度安排,来研究金融对经济的增长作用意义,其效果会大打折扣。相反,金融体系的金融功能却较为稳定,或者说研究金融体系的稳定性和效率性是凭借金融体系金融功能作为研究依据的,其得出的结论还更能令人信服。一个稳定且效率高的金融体系,应该能够充分聚集社会闲散资源,根据市场效率最大化的原则进行资源配置,从而提高全社会的投资效率,并有效进行系统风险管理,促进经济高效和稳定增长。

循着金融功能理论的发展脉络,到了 21 世纪,金融可持续发展理论问世。金融可持续发展理论,是 21 世纪新时代的一种金融观,以金融资源论为基础,进行了研究范式转换、理论创新和方法变革。其中范式转换体现在以下几个方面:首先金融学存在和发展的前提,是在货币非中性的基础上的金融非中性;其次,把可持续发展的观念引入金融学,成为金融学研究的终极目标;第三,它是一种金融效率观;第四,强调理论和实证相结合,同时强调金融学是一门社会学科。其理论创新之处,在于认为金融作为生产要素资源之一,作为一个十分重要的变量,进入微观生产函数和宏观增长函数。其方法变革则体现在,把金融可持续发展视为金融分析的首要目标,完成了从货币分析到金融的分析过程,这也是构建新金融学的途径,沿着这条途径,就有可能把金融有机地融入一般经济过程,提出系统化的命题和原理,完成新金融学的理论构建。金融可持续发展理论满足"金融非中性"的范式要求,有助于经济分析向"关联主义"的研究方法转变,推动金融学研究从封闭走向开放。

三、内生增长理论发展脉络

经济增长理论典型特征是采用一般均衡的分析方法,建立各种数理经济模型,分析经济增长长期动态变化过程和维持这种均衡增长的稳态条件。经济增长通常采用两种方法来衡量:即经济总量的增长和人均产出的增长。经济增长是一个量的概念,而经济发展则是一个质的概念,它不仅包括量的提高,还包括人们的总体生活质量、经济结构和各种社会制度的完善,它是一个内涵丰富的综合性概念。

众所周知,史上最早的经济增长理论是古典增长理论。这是1928年以前主流的经济理论,代表人物有亚当·斯密、大卫·李嘉图、托马斯·马尔萨斯、约瑟夫·熊彼特和弗拉克·拉姆齐等。按照古典增长理论,专业化分工是影响劳动生产率的原因,劳动数量和劳动效率提高都会促进经济增长,古典增长理论较为深入地研究了边际报酬递减规律以及物质资本与人力资本的结合与贡献、人均收入与人口增长等方面的内容。在古典增长理论基础上衍生出新古典增长理论。新古典增长理论主要以美国经济学家索洛(1956)为代表,他认为储蓄是经济快速增长的原因,不过这种经济增长是不可持续的、暂时的,等增长到一定程度就会停止增长,维持稳态水平和资本与产出的不变比率状态。

古典增长理论与新古典增长理论这两种增长理论的假设前提,都是生产要素边际报酬递减,因而增长不可持续。然而,这种观点显然与现实不符,在20世纪80年代中期,内生增长理论顺应时代的需要诞生了,它脱胎于西方宏观经济一个理论分支。内生增长理论又称新经济理论,其理论基础仍属新古典理论,其主要任务是解释不同的经济增长为什么存在差异和存在持续增长可能的原因是什么。该理论放宽了新古典理论假设的条件,并且内生化了生产技术。内生增长理论认为,一个国家经济获得持续的增长,就必须要避免生产要素边际回报递减这一事实,为寻求生产要素回报递增,也就是说寻找经济持续增长的发动机,就是要减少维持其增长的成本,这正是大量的经济增长模型的核心所在。内生增长理论基本原理是:经济中有持续的新产品、新市场或新工艺出现,这些形式出现,表示知识技术的不断进步,只有这样才能保持经济的持续增长。

参考阿吉翁和霍依特(1976)所著的《内生增长理论》一书,笔者根据经济学家建模时所依据的基本假设条件的不同,将内生增长理论的发展大致划分为两个阶段。

第一阶段(20世纪80年代):完全竞争假设下的内生增长理论。

这一阶段是内生增长理论发展的初级阶段,经济学家分析长期增长率的决定问题,是在完全竞争的条件下进行分析的。其研究观点大致可以分成两种:第一种观点以罗默、阿罗和卢卡斯为代表,他们认为经济在技术外部性的作用下,长期达到规模收益递增,代表性的模型有罗默模型、阿罗模型和卢卡斯模型;另一种观点以雷贝洛和琼斯为代表,他们认为经济获得长期增长需要资本的持续积累,代表性模型是琼斯-真野模型、雷贝洛模型等。但是这一阶段的内生增长模型都存在先天性不足:一是其假设条件过于严格,现实生活中商品完全竞争几乎不存在,这限制了模型对现实生活的解释,无法较好地描述技术商品的特性,即非竞争性和部分排他性;二是难以找到该模型适用的领域,使得该类内生增长模型出现前后逻辑不一致的问题。接下来,我们介绍这一阶段的三个具体代表模型。

（一）边干边学和技术扩散"干中学"模型

该模型是由美国经济学家阿罗 1962 年提出，认为经济增长的源泉为边干边学，即生产力的提高源于生产经验，因此从事生产的人的知识就内生于模型，该模型从一般的柯布-道格拉斯生产函数出发，推导出一个规模收益递增的生产函数。具体地说，假设每个生产单位的生产力增长速度为 $b(1-u)$，而生产技术参数 A_t 由边干边学决定。

$$G=G_0+b(1-u) \quad G_0>0, b>0, b'>0 \tag{2-1}$$

该模型最大特色在于引入失业对增长的反作用。阿罗认为人们获得知识一般来自学习，而技术进步又是人们不断学习的结果，而学习过程就是经验不断总结的过程，工作过程中经验的积累就体现在技术进步上，从这个层面上说，知识的增长造就了整个经济效率的提高。其具体模型如下：

$$Y_t=K_t^\alpha[A_tL_t]^{1-\alpha}(0<\alpha<1) \tag{2-2}$$

如果不考虑折旧的因素，资本的变化量为：

$$\dot{K}_t=sY_t \tag{2-3}$$

从事生产劳动的人员的增长率为：

$$\frac{\dot{L}_t}{L_t}=n \tag{2-4}$$

"干中学"模型核心思想是企业的技术进步不是工人的刻意追求，而是在生产中自然获得。用公式可表示为：

$$A_t=BK_t^\varphi \tag{2-5}$$

把(2-5)式代入(2-2)式得：

$$Y_t=B^{1-\alpha}K_t^{\alpha+\varphi(1-\alpha)}L_t^{1-\alpha}(0<\alpha<1) \tag{2-6}$$

再把(2-6)式代入(2-3)式得:

$$\dot{K}_t = sB^{1-\alpha}K_t^{\alpha+\phi(1-\alpha)}L_t^{1-\alpha} \quad (0<\alpha<1) \tag{2-7}$$

由此可知产出增长率为:

$$\frac{\dot{Y}_t}{Y_t} = g_Y = [\alpha+\phi(1-\alpha)]g_K + (1-\alpha)n$$

$$= [\alpha+\phi(1-\alpha)] * sB^{1-\alpha}K_t^{\alpha+\phi(1-\alpha)}L_t^{1-\alpha} + (1-\alpha) \quad (0<\alpha<1) \tag{2-8}$$

同时可以看出均衡的劳动增长率为:

$$g_Y = [\alpha+\phi(1-\alpha)]\frac{n}{1-\phi} - \alpha n = \frac{\phi}{1-\phi}n \tag{2-9}$$

由(2-9)式可以看出,均衡的劳动增长率同资本对技术的贡献和劳动人员增长率相关。

(二)知识溢出模型

罗默(1986)在阿罗的"干中学"模型的基础上提出了知识溢出模型,该模型以知识生产和知识溢出为基础,并且假定个别厂商获得的新知识,会对其他厂商产生外部效应,这是因为专利保护并不能完全保护好知识技术,它有可能会产生溢出,并为其他厂商所掌握。这样单个厂商投资研发的新知识和新技术,被其他厂商获得和应用,致使全社会的知识水平的提升。

假定有 N 个企业,每个企业的生产函数为:$F[k(t), K(t), x(t)]$,$k(t)$ 为 t 期单个企业的知识投入,$K(t)$ 为 t 期的全部企业的知识水平的投入的加总,$x(t)$ 为 t 期某一单个企业的实物投入向量。我们不难发现:

$$K(t) = Nk(t) \tag{2-10}$$

(1)如果 K 不变,F 是 k 和 x 的凹函数,并且 F 是 k 和 x 的

一阶齐次函数,这说明在 K 不变动的情况下,单个企业规模收益是不变的。

(2)如果 x 不变,F 是 k 凸函数,即知识的边际生产率递增,表现出整个经济规模收益递增,对于任意 $\emptyset > 0$,有式(2-11):

$$F(\emptyset k,\ \emptyset K,\ \emptyset x) > F(\emptyset k,\ K,\ \emptyset x) = \emptyset F(k,\ K,\ x) \quad (2\text{-}11)$$

下面不妨以柯布-道格拉斯函数为例作进一步说明:

人均产出的柯布道格拉斯生产函数为:

$$f(k,\ K) = k^{v} K^{\gamma} = N^{\gamma} k^{\gamma + v} \quad (2\text{-}12)$$

其中,v,γ 分别表示知识投入 k 和整个知识水平 K 所占份额。

(三)人力资本模型

该模型是由卢卡斯 1988 年提出,他借鉴宇泽的思路,把教育部门作为人力资本的生产部门,而正规教育和非正规教育是人为决策的结果。

假定一个生产者学习和生产的时间单位化为 1,生产时间占比为 u,学习时间占比为 $1-u$,卢卡斯把技术进步表示为人力资本,再借助新古典模型来推导他的内生模型。

$$N(t)C(t) + K(t) = AK(t)^{a}[u(t)h(t)N(t)]^{1-a}h_{\beta}(t)^{\gamma} \quad (2\text{-}13)$$

$N(t)$ 为人口数量,$C(t)$ 为个人消费,A 为不变的生产技术,$h(t)$ 为人力资本,$h_{\beta}(t)$ 为人力资本的外部效应。

另外,人力资本是人力资本积累的函数,即

$$h_{0}(t) = h(t)\delta[1 - u(t)] \quad (2\text{-}14)$$

该模型强调了教育导致人力资本积累的增加,从而促进经济增长。

第二阶段(20 世纪 90 年代):垄断竞争假设下的内生增长理论。

这一阶段是内生增长理论的进一步发展阶段,完全竞争是在信息完全的条件下进行分析的,与现实差异较大,经济学家就进一步放松假设,假设现实生活信息是不充分的,分析长期增长率的决定是在垄断竞争的条件下进行的。根据他们对技术进步的不同理解,其研究模型大致可以分成三种类型:第一类模型为品种增加型内生增长模型,以罗默的技术变革模型为代表;第二类模型为产品质量升级型内生增长理论模型,以熊彼特的质量阶梯模型和阿吉翁-霍伊特模型为代表;第三类模型为专业化加深型模型,以贝克尔-默菲模型为代表。

1. 罗默的技术变革模型

第一类模型为品种增加型内生增长模型。在这类模型中,技术进步表现为产品种类增多,产品种类的变化视为基础创新,类似开创一个新行业。技术水平等同于产品种类数量。这里主要介绍罗默的技术变革模型。

罗默(1990)首次在内生增长模型正式应用产品种类结构。在模型中,技术进步通过生产者所使用的中间产品种类的增多体现出来。研究者们在垄断利润的激励下,将更多的资源用于开发研究新产品。依照罗默的假定,经济体总能产生内生增长。

模型的假定:(1)生产一种新产品需要 η 单位劳动,中间产品数量 N 的增加将提升实际工资,进而增加研发产品成本;(2)N 的增加,研发一种新产品的成本会减少,具体说假定劳动中 λ 部分被用于生产,$1-\lambda$ 部分被用于研发。N 的变化就取决于$(1-\lambda) * L$ 与 η/N 之比,因此:

$$\frac{\dot{N}}{N} = (1-\lambda) * L/N \qquad (2\text{-}15)$$

罗默用式(2-15)继续解释发明过程,他认为发明成本与 ω/N 成比例,ω 是工资率。根据他的研究结论,以产品数量计量的新产品的发明成本,是不随时间变化而变化的。因此,该假设与 N 和 Y/L 的不变稳态增长率相吻合。

尽管该增长率在均衡时恒定不变,但在分散决策的模型中,会产生新的外部性,个体进行研发(扩大 N),减少随后发明所需要的劳动量,当前的研究对未来的研究产生了溢出效应,而这种溢出效应并不能得到补偿。通过定额税对中间产品购买者的补贴,可以在一定程度上消除溢出效应,但是在实践中要求政府能正确区分哪些领域有实质性的溢出效应,它必定会带来公共财政补贴的扭曲。

2. 阿吉翁-霍伊特模型

第二类模型为产品质量升级型内生增长理论模型。在这类模型中允许各种产品质量和生产率都可以提高,现有产品质量的提升只涉及产品技术的提高和改进。这里主要介绍阿吉翁-霍伊特模型。

阿吉翁-霍伊特模型的思想渊源来自熊彼特的创造性破坏,故该模型又称熊彼特增长模型,它的一个显著特点是当一个产品或技术被提高时,新产品往往会淘汰旧的产品或技术,因此,不同质量的产品被看成是近似的替代品,另外不同质量的产品在投入的中间产品是完全替代的。由于这个原因,成功的创新者会沿着质量的维度摧毁前人的垄断租金(Schumpeter,1934;Aghion and Howitt,1992)。阿吉翁-豪伊特模型的基本形式(Aghion and Howiit,1992,1996a,1998a)如下:

(1) 模型的基本假设

①存在三种类型的经济人,它们分别是消费者、最终品厂商和中间品厂商;②劳动人口 L 为常数;③最终产品市场和中间产

品研发市场是完全竞争市场,而中间产品市场是垄断竞争市场;④基本模型不考虑资本积累因素。

（2）模型的基本形式

① 最终品生产函数

最终商品生产厂商,在 t 时期利用中间产品生产最终产品,其生产函数如下:

$$Y_t = A_t X_t^a \qquad (2\text{-}16)$$

（2-16）式中,Y_t 为 t 时期的最终产品的产出,A_t 表示 t 时期最终产品的生产率或投入中间产品的质量。A_0 表示初始质量水平,每一次创新,中间产品质量提升 γ 倍,其中 $\gamma > 1$,经过 k 次创新后,中间产品质量变为 $A_0 \gamma^k$,X_t 表示 t 期中间产品的使用数量,又因为中间产品是由劳动力生产的,所以 X_t 也可以看成 t 期劳动力的投入数量。α 为垄断程度的参数,$\alpha \in (0, 1)$,α 越大垄断程度越小。

② 中间产品数量的决定

在最终产品生产函数 $Y_t = A_t X_t^a$ 中,X_t 既表示中间产品的投入数量,又表示总劳动力的投入数量。那么,中间产品的数量又是由什么因素决定呢？ 在他们看来,中间产品的数量也是根据中间产品厂商利润最大化的原则决定的。这里假定 1 单位中间产品需要 1 单位劳动的投入,即可以得到中间产品的利润函数:

$$\pi_k = (P_k - w_k) X_k \qquad (2\text{-}17)$$

其中,π_k 表示中间产品生产厂商使用第 k 次创新产生的利润,w_k 表示第 k 次创新与第 $k+1$ 次创新之间的工资水平,P_k 表示第 k 次创新后中间产品的价格。

又因为最终产品是完全竞争市场,所以中间产品的价格 P_k

应该是中间产品在最终厂商那里的边际产出，也就是 k 位创新者的反需求函数。中间产品利润最大化条件为 $X_k = \left(\dfrac{w_k}{\alpha^2}\right)^{1/(\alpha-1)}$，$w_k$ 是第 k 次创新调整后的工资率。

③ 研发投入的决定

研发的投入由中间产品厂商根据研发投入与利润的关系来决定，中间产品研发厂商选择劳动 z_{k+1} 投入下一次创新，则第 $k+1$ 次的利润函数为：

$$\pi_{k+1} = \lambda z_{k+1} V_{k+1} - w_k z_{k+1} \tag{2-18}$$

其中，单位劳动 z 被用于研发，创新成功的概率服从参数为 λz 的泊松分布，λ 为研发成功的技术参数。V_{k+1} 表示下一次创新者的净现值。由式 2-18 可知，中间产品研发厂商的利润等于创新成功的现值减去研发的工资成本。由此，我们可以进一步得到研发厂商的套利方程：

$$w_k = \lambda \frac{\dfrac{(1-\alpha)}{\alpha} w_{k+1} X_{k+1}}{r + \lambda z_{k+1}} \tag{2-19}$$

式 2-19 表明了中间产品劳动力的投入 X_{k+1} 和研发劳动力投入之间的关系，r 为时间贴现率，数值上等于利率。由劳动力市场出清可知，$L = X + z$。

④ 稳态分析

由于劳动力总供给不变，经济达到稳态时，中间产品投入（X）、用于研发的单位劳动 z 和工资率 w 是不变的。因此，一个创新发生后，工资、利润和最终产品都以 γ 的速度增长。

在一个稳定状态中，套利方程和劳动力市场出清方程就变为：

$$w = \lambda \frac{\gamma \tilde{\pi}(w)}{r + \lambda n} \tag{2-20}$$

$$z + \tilde{x}(w) = L \tag{2-21}$$

由于这两条曲线对应的(z, w)空间中的曲线$(\hat{A})$和$(\hat{L})$，其斜率一正一负，稳定的均衡点唯一，如图 2-6 所示。

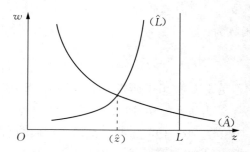

图 2-6 稳定状态下研发投入 z 与工资率 w 的均衡点

由上述均衡状态可以进一步得到：

$$1 = \lambda \frac{\gamma \frac{1-\alpha}{\alpha}(L-z)}{r + \lambda z} \tag{2-22}$$

从图 2-6 和公式（2-22）可以看出，均衡的研发水平与利率成反比，但与 L、λ 和 γ 都成正比。

（3）模型的结论

市场利率的减少将增加企业研发的边际收益，提高垄断利润的现值。创新规模的增加，会增加下一阶段的垄断利润，因而会增加研发的边际收益。熟练劳动力禀赋的提高，会增加研发的边际收益，同时降低研发的边际成本。创新技术的提高，会同时降低研发的边际收益和边际成本，也会提高下一阶段创造性毁灭速度。

3. 贝克尔-默菲模型

第三类模型为专业化加深型模型。该模型是用劳动者专业化程度说明经济增长，通过分工和专业化的生产，可以使劳动者获得更高的报酬。分工与专业化程度不仅会受到市场限制，同时还会受到分工的协调成本和专业知识进展的影响。以下介绍具有典型代表性的贝克尔-默菲模型。

（1）模型的基本假设

该模型与前面两类模型的区别之处在于假设不同：前面两类模型是产品种类的假设，而本模型是劳动者的专业化水平的假设；前面两类模型产品种类数可变，而这里假设产品种类数不变；前面两类模型是假定个人的专业化水平是外生给定，而这里假定劳动专业化分工对经济增长产生内生作用。

（2）模型的基本形式

贝克尔-默菲模型的生产函数：

$$y = B(H, n) = AH^\gamma n^\theta \tag{2-23}$$

其中，$\theta > 0$，$\gamma > 0$，A 为技术进步因子，H 为人力资本，n 为团队人数，B 为分工后产生的人均收益，θ 为专业化技能学习的边际收益，γ 为人力资本的产出效率。

由于委托代理问题使得信息传递成本失真，从而导致分工协调成本 c 的产生。

$$c(n) = B(H, n) - y \tag{2-24}$$

其中，$B > 0$，$C > 0$。

$$\frac{\mathrm{d}n}{\mathrm{d}H} = \frac{B_{nh}}{C_{nn} - B_{nn}} > 0 \tag{2-25}$$

式(2-25)表明知识的增长可以促进分工和专业化程度。

$$n_t^* = \left(\frac{\theta}{\beta\lambda_t}\right)^{1/(\beta-\theta)} A_t^{1/(\beta-\theta)} H_t^{\gamma(\beta-\theta)} \qquad (2\text{-}26)$$

式(2-26)表明,给定参数时,均衡分工水平取决于技术水平和通用知识,通用知识的提高和技术水平的提高可以提高均衡分工水平。

(3)模型的主要观点

贝克尔-默菲模型的主要观点体现在以下几个方面:①人均收益的增加取决于人力资本和分工水平的提高;②分工协调成本制约分工演进;③知识增长可以提高分工与专业化程度;④技术的进步、通用知识的增长和协调成本的降低均能促进经济的增长。

(4)模型的评价

贝克尔从个人专业化水平的视角来考察技术水平,为研究经济增长提供了一个全新的视角,通过分析代表性企业的人均产出水平和专业化水平之间的关系,建立由个人生产函数的视角来解释经济动态均衡的特征,这样避免了对生产函数的计算困难,不再需要对微观个人或企业进行加总。尽管该模型从一个新视角进行了构建,但是它对知识积累的分析还是存在不足:它只是对个人的专业水平进行内生化,并没有对中间产品分类的增加进行更加深入分析或说明。

第二节　理论框架:嵌入两个金融部门的
内生增长理论模型

本节将结合金融两部门,对经济增长的作用机制进行分析。在借鉴罗默(1986,1990)、卢卡斯(1998)和谢德金(2014)等学者的内生增长模型的基础上,本节将金融部门分为直接融资部门和间接融资部门引入到模型中,构建一个内嵌两个金融部门的经济增长模型。

一、模型构建

本模型假设整个经济运行系统包括消费者部门、生产者部门、研发部门、直接融资部门、间接融资部门和人力资本生产部门等六个部门。

（一）消费者部门

在这里,假设整个社会的消费者都是同质的,同时假定每个消费者规模为1,代表性的消费者追求效用最大化,并且其效用函数为:

$$U = \int_0^\infty \frac{C(t)^{1-\sigma}-1}{1-\sigma} e^{-\rho t} dt \, , \ \rho > 0 \tag{2-27}$$

式中,$C(t)$表示代表性的消费者在 t 时刻的消费,ρ 为主观贴现率,其值越大,表示消费者越偏好即时消费,对未来消费带来的效用就越低;σ 为相对风险回避系数。

从(2-27)式,不难推出代表性消费者在 t 时刻的效用函数 $U(C(t))$为:

$$u(C(t)) = \frac{C(t)^{1-\sigma}-1}{1-\sigma} \, , \ \sigma > 0 \tag{2-28}$$

进一步可以推出:

$$\sigma = -CU''(C)/U'(C) \tag{2-29}$$

可以得出该效用函数是跨期不变替代弹性函数,其替代弹性为 $1/\sigma$。在消费者的消费不变或者上升情况下,σ 越大,消费者的边际效用 $dU(C)/dt = 1/c^\sigma$ 下降速度就越快,因此,随时间变动,消费者越不偏好消费,即消费者跨期消费弹性越小;同理 σ 越小,随时间变动,消费者越偏好消费,即消费者跨期消费弹性越大。

（二）生产者部门

假定市场上生产者是同质的,代表性生产者采用柯布-道格拉斯生产函数,因此,在 t 时期,社会生产函数为:

$$Y(t) = A(t)^{\alpha}K(t)^{\beta}(\theta_Y(t)H(t))^{\gamma} \tag{2-30}$$

其中,Y 为总产出,K 为物质资本存量,A 为生产技术水平,H 为人力资本存量,θ_Y 企业从业人员占所有就业人员的比例,$0<\theta_Y<1$, AH 为有效人力资本;α 表示产出对技术的弹性,且 $0<\alpha<1$, β 表示产出对物质资本的弹性,且 $0<\beta<1$, γ 表示产出对人力资本的弹性,且 $0<\gamma<1$。

同时,假定投资并不能完全转化成储蓄,转化的多少取决于融资部门的工作效率高低,另外,生产部门物质资本的积累取决于物质资本的折旧率和储蓄向投资转化的效率,则物质资本积累的增量为:

$$dK(t)/dt = B(t)(A(t)^{\alpha}K(t)^{\beta}(\theta_Y(t)H(t))^{\gamma} - C(t)) - \delta_1 K(t) - \delta_2 K(t) \tag{2-31}$$

其中,$dK(t)/dt$ 表示物质资本的增量,K 表示物质资本存量,B 表示融资部门的储蓄—投资转化的效率,δ_1 表示物质资本的折旧率,且 $0<\delta_1<1$, δ_2 为因重复投资而导致物质资本下降的比例。

（三）间接融资部门

间接融资部门是为生产部门进行融资,将社会储蓄转化为投资的部门,其融资效果如何,取决于该部门的工作效率。这里借鉴 L. Amold 和 Walz(2000)的做法,将间接融资部门的储蓄—投资转化效率在 t 时期的增量定义为:

$$dB(t)/dt = \eta(1-\eta_1)(\theta_B(t)H(t))^{\zeta}B(t)^{\psi} \tag{2-32}$$

其中,$dB(t)/dt$ 表示间接融资部门的储蓄转化投资效率的增量；η 表示间接融资部门的工作效率，且 $0<\eta<1$；η_1 表示储蓄转化过程中，向另一种形式的储蓄转化的比率，$0<\eta_1<1$；B 表示间接融资部门的储蓄-投资转化效率；ζ 表示储蓄向投资转换效率增量对人力资本的弹性，且 $0<\zeta<1$；ψ 表示储蓄向投资转化效率增量对储蓄向投资转化效率的弹性，且 $0<\psi<1$。

（四）直接融资部门

直接融资部门帮助资金盈余单位直接购买生产单位的金融产品，直接将资金转移到生产单位，能方便生产单位进行研发和生产，投资者用脚投票的方式能激励生产者提高产品质量。参照 Y. K. Chow 与 M. S. Chin(2004) 做法，直接融资部门在 t 期直接融资规模的增量为：

$$\mathrm{d}R(t)/\mathrm{d}t = \mu(\theta_R(t)H(t))^\xi R(t)^\omega \qquad (2\text{-}33)$$

其中，$\mathrm{d}R(t)/\mathrm{d}t$ 表示直接融资部门融资在 t 期的增量，R 表示直接融资部门融资规模；μ 表示直接融资部门的工作效率，且 $0<\mu<1$；ξ 表示直接融资部门融资规模的增量对人力资本的弹性，且 $0<\xi<1$；ω 表示直接融资部门融资规模的增量对其数量的弹性，且 $0<\omega<1$。

（五）研发部门

研发部门也是相对较为复杂的部门，研发的增量除了与本部门现有的技术研发效率和技术水平有关外，还和人力资本部门的人力资本投入和金融部门的金融资本投入密切相关，因此，研发部门在 t 期研发技术的增量为：

$$\mathrm{d}A(t)/\mathrm{d}t = \chi\chi_1(\theta_A(t)H(t))^\tau A(t)^\epsilon R(t)^\nu \qquad (2\text{-}34)$$

其中，A 表示研发部门的技术水平；$\mathrm{d}A(t)/\mathrm{d}t$ 表示研发技术水平在 t 期的增量；χ 表示研发部门的技术研发效率，χ_1 表示直接融资市场的规范程度，且 $0<\chi<1$，$0<\chi_1<1$；θ_A 表示研发部

门的研发人员与所有从业人员之比，且 $0<\theta_A<1$；R^v 表示直接融资部门对技术水平提高的促进作用；τ 为技术水平增量对人力资本的弹性，且 $0<\tau<1$；ε 为技术水平增量对技术水平的弹性，且 $0<\varepsilon<1$；v 为技术水平增量对直接融资部门融资规模的弹性，且 $0<v<1$。

（六）人力资源部门

在影响经济增长的各要素当中，除了要考虑金融资本、物质资本和技术水平外，还需要考虑人力资本。在这方面的研究当中，卢卡斯（1998）给我们提供了一个比较好的思路，在此笔者借鉴他的做法，将人力资本增量函数表示为：

$$dH(t)/dt=\phi(1-\theta_Y(t)-\theta_A(t)-\theta_B(t)-\theta_R(t))H(t)-\delta_3 H(t)$$

$$(2\text{-}35)$$

其中，$dH(t)/dt$ 表示人力资本的增量；ϕ 表示人力资本部门的工作效率，且 $0<\phi<1$；δ_3 表示人力资本投入水平的折旧率，且 $0<\delta_3<1$。

二、模型动态最优化

现将以上模型予以动态最优化：

$$\begin{cases} \max \int_0^\infty \dfrac{C(t)^{1-\sigma}-1}{1-\sigma}\mathrm{e}^{-\rho t}\mathrm{d}t \\ \qquad s.t. \\ dK(t)/dt=B(t)(A(t)^\alpha K(t)^\beta(\theta_Y(t)H(t))^\gamma-C(t))-(\delta_1+\delta_2)K(t) \\ \qquad dA(t)/dt=\chi\chi_1(\theta_A(t)H(t))^\tau A(t)^\varepsilon R(t)^v \\ \qquad \dfrac{dB(t)}{dt}=\eta(1-\eta_1)(\theta_B(t)H(t))^\zeta B(t)^\psi \\ \qquad dR(t)/dt=\mu(\theta_R(t)H(t))^\xi R(t)^\omega \\ dH(t)/dt=\phi(1-\theta_Y(t)-\theta_A(t)-\theta_B(t)-\theta_R(t))H(t)-\delta_3 H(t) \end{cases}$$

为求解这一动态最优化问题，笔者构造一个 Hamilton 函数：

$$G(C，K，A，B，R，H，\theta_Y，\theta_A，\theta_B，\theta_R)=$$

$$\frac{C(t)^{1-\sigma}-1}{1-\sigma}\mathrm{e}^{-\rho t}+\lambda_1(t)(B(t)(A(t)^\alpha K(t)^\beta(\theta_Y(t)H(t))^\gamma-$$

$$C(t))-(\delta_1+\delta_2)K(t))+\lambda_2(t)(\chi\chi_1(\theta_A(t)H(t))^\tau A(t)^\varepsilon R(t)^\nu)+$$

$$\lambda_3(t)\eta(1-\eta_1)(\theta_B(t)H(t))^\zeta B(t)^\psi+\lambda_4(t)\mu(\theta_R(t)H(t))^\xi R(t)^\omega+$$

$$\lambda_5(t)(\phi(1-\theta_Y(t)-\theta_A(t)-\theta_B(t)-\theta_R(t))H(t)-\delta_3 H(t))$$

$$(2-36)$$

其中，λ_1、λ_2、λ_3、λ_4、λ_5 为 Hamilton 乘子，接下来对 Hamilton 方程进行动态最优化求解，可得①：

（1）最优条件：

$$\frac{\partial G(\cdot)}{\partial C(t)}=C^{-\sigma}\mathrm{e}^{-\rho t}-\lambda_1 B=0 \qquad (2-37)$$

$$\frac{\partial G(\cdot)}{\partial\theta_Y(t)}=\lambda_1\gamma BA^\alpha K^\beta\theta_Y^{\gamma-1}H^\gamma-\lambda_5\phi H=0 \qquad (2-38)$$

$$\frac{\partial G(\cdot)}{\partial\theta_A(t)}=\lambda_2\tau\chi\chi_1\theta_A^{\tau-1}H^\tau A^\varepsilon R^\nu-\lambda_5\phi H=0 \qquad (2-39)$$

$$\frac{\partial G(\cdot)}{\partial\theta_B(t)}=\lambda_3\eta(1-\eta_1)\zeta\theta_B^{\zeta-1}H^\zeta B^\psi-\lambda_5\phi H=0 \qquad (2-40)$$

$$\frac{\partial G(\cdot)}{\partial\theta_R(t)}=\lambda_4\mu\xi\theta_R^\xi H^\xi R^\omega-\lambda_5\phi H=0 \qquad (2-41)$$

（2）欧拉方程：

$$\frac{\partial G(\cdot)}{\partial K(t)}=\lambda_1[\beta BA^\alpha K^{\beta-1}(\theta_Y H)^\gamma-(\delta_1+\delta_2)]=-\dot{\lambda}_1 \quad (2-42)$$

---

① 为了方便阅读，下文中的变量均省略 (t)。

$$\frac{\partial G(\cdot)}{\partial A(t)} = \lambda_1 \alpha B A^{\alpha-1} K^{\beta} (\theta_Y H)^{\gamma} + \lambda_2 \chi \chi_1 \varepsilon \theta_A^{\tau} H^{\tau} A^{\varepsilon-1} R^{\nu} = -\dot{\lambda}_2$$

$$(2\text{-}43)$$

$$\frac{\partial G(\cdot)}{\partial B(t)} = \lambda_1 (A^{\alpha} K^{\beta} (\theta_Y H)^{\gamma} - C) + \lambda_3 \psi \eta (1-\eta_1) (\theta_B H)^{\xi} B^{\psi-1} = -\dot{\lambda}_3$$

$$(2\text{-}44)$$

$$\frac{\partial G(\cdot)}{\partial R(t)} = \lambda_2 \chi \chi_1 \nu (\theta_A H)^{\tau} A^{\varepsilon} R^{\nu-1} + \lambda_4 \mu \omega (\theta_R H)^{\xi} R^{\omega-1} = -\dot{\lambda}_4$$

$$(2\text{-}45)$$

$$\frac{\partial G(\cdot)}{\partial H(t)} = \lambda_1 \gamma B A^{\alpha} K^{\beta} \theta_Y^{\gamma} H^{\gamma-1} + \lambda_2 \tau \chi \chi_1 \theta_A^{\tau} H^{\tau-1} A^{\varepsilon} R^{\nu}$$

$$+ \lambda_3 \eta (1-\eta_1) \zeta \theta_B^{\zeta} H^{\xi-1} B^{\psi} + \lambda_4 \mu \xi \theta_R^{\xi} H^{\xi-1} R^{\omega}$$

$$+ \lambda_5 (\phi (1-\theta_Y - \theta_A - \theta_B - \theta_R) - \delta_3) = -\dot{\lambda}_5 \quad (2\text{-}46)$$

其中,(2-37)～(2-41)为状态方程,(2-42)～(2-46)为欧拉方程。

(3) 横截条件:

$$\lim_{t \to \infty} \lambda_1(t) K(t) = 0 \tag{2-47}$$

$$\lim_{t \to \infty} \lambda_2(t) A(t) = 0 \tag{2-48}$$

$$\lim_{t \to \infty} \lambda_3(t) B(t) = 0 \tag{2-49}$$

$$\lim_{t \to \infty} \lambda_4(t) R(t) = 0 \tag{2-50}$$

$$\lim_{t \to \infty} \lambda_5(t) H(t) = 0 \tag{2-51}$$

再根据约束条件,可知 K、A、B、R、H、Y 等变量的增长速度分别为:

$$g_K = \frac{\mathrm{d}k/\mathrm{d}t}{K} = \frac{B}{K}(A^\alpha K^\beta (\theta_Y H)^\gamma - C) - (\delta_1 + \delta_2)$$

$$= \frac{B}{K}(Y - C) - (\delta_1 + \delta_2) \qquad (2\text{-}52)$$

$$g_A = \frac{\mathrm{d}A/\mathrm{d}t}{A} = \chi \chi_1 (\theta_A H)^\tau A^{\varepsilon-1} R^\upsilon \qquad (2\text{-}53)$$

$$g_B = \frac{\mathrm{d}B/\mathrm{d}t}{B} = \eta(1 - \eta_1)(\theta_B H)^\zeta B^{\psi-1} \qquad (2\text{-}54)$$

$$g_R = \frac{\mathrm{d}R/\mathrm{d}t}{R} = \mu(\theta_R H)^{\xi} R^{\omega-1} \qquad (2\text{-}55)$$

$$g_H = \frac{\mathrm{d}H/\mathrm{d}t}{H} = \phi(1 - \theta_Y - \theta_A - \theta_B - \theta_R) - \delta_3 \qquad (2\text{-}56)$$

$$g_Y = \frac{\dfrac{\mathrm{d}Y}{\mathrm{d}t}}{Y} = \alpha \frac{\dfrac{\mathrm{d}A}{\mathrm{d}t}}{A} + \beta \frac{\dfrac{\mathrm{d}K}{\mathrm{d}t}}{K} + \gamma \left(\frac{\dfrac{\mathrm{d}H}{\mathrm{d}t}}{H} + \frac{\dfrac{\mathrm{d}\theta_Y}{\mathrm{d}t}}{\theta_Y} \right)$$

$$= \alpha g_A + \beta g_K + \gamma(g_H + g_{\theta Y}) \qquad (2\text{-}57)$$

接下来对 Hamilton 函数一阶式(2-47)～(2-57)进行整理,这里定义 $g_{\lambda_i} = \dfrac{\dot{\lambda}_i}{\lambda_i}$,具体如下:

$$C^{-\sigma} \mathrm{e}^{-\rho t} = \lambda_1 B \qquad (2\text{-}58)$$

$$\lambda_1 \gamma B \frac{Y}{\theta_Y} = \lambda_5 \phi H \qquad (2\text{-}59)$$

$$\lambda_2 \tau \frac{\mathrm{d}A/\mathrm{d}t}{\theta_A} = \lambda_5 \phi H \qquad (2\text{-}60)$$

$$\lambda_3 \zeta \frac{\mathrm{d}B/\mathrm{d}t}{\theta_B} = \lambda_5 \phi H \qquad (2\text{-}61)$$

$$\lambda_4 \xi \frac{\mathrm{d}R/\mathrm{d}t}{\theta_R} = \lambda_5 \phi H \tag{2-62}$$

$$B\beta \frac{Y}{K} - (\delta_1 + \delta_2) = -\frac{\mathrm{d}\lambda_1/\mathrm{d}t}{\lambda_1} = -g_{\lambda 1} \tag{2-63}$$

$$\frac{\lambda_1}{\lambda_2}\alpha B \frac{Y}{A} + \varepsilon \frac{\mathrm{d}A/\mathrm{d}t}{A} = -\frac{\mathrm{d}\lambda_2/\mathrm{d}t}{\lambda_2} = -g_{\lambda 2} \tag{2-64}$$

$$\frac{\lambda_1}{\lambda_3}S + \psi \frac{\mathrm{d}B/\mathrm{d}t}{B} = -\frac{\mathrm{d}\lambda_3/\mathrm{d}t}{\lambda_3} = -g_{\lambda 3} \tag{2-65}$$

$$\frac{\lambda_2}{\lambda_4}\upsilon \frac{\mathrm{d}A/\mathrm{d}t}{R} + \omega \frac{\mathrm{d}R/\mathrm{d}t}{R} = -\frac{\mathrm{d}\lambda_4}{\lambda_4} = -g_{\lambda 4} \tag{2-66}$$

$$\frac{\lambda_1}{\lambda_5}\gamma B \frac{Y}{H} + \frac{\lambda_2}{\lambda_5}\tau \frac{\dfrac{\mathrm{d}A}{\mathrm{d}t}}{H} + \frac{\lambda_3}{\lambda_5}\zeta \frac{\dfrac{\mathrm{d}B}{\mathrm{d}t}}{H} + \frac{\lambda_4}{\lambda_5}\xi \frac{\dfrac{\mathrm{d}R}{\mathrm{d}t}}{H}$$
$$+ \phi(1 - \theta_Y - \theta_A - \theta_B - \theta_R) - \delta_3 = -\frac{\mathrm{d}\lambda_5/\mathrm{d}t}{\lambda_5} = -g_{\lambda 5} \tag{2-67}$$

其中,式(2-65)中的 S 表示储蓄,并且令 $S=Y-C$。
继续对式(2-58)~(2-67)进行整理:

$$\sigma g_C + \rho + g_B = -g_{\lambda 1} \tag{2-68}$$

$$\lambda_2 = \frac{\gamma BY\theta_A}{\tau \mathrm{d}A/\mathrm{d}t\theta_Y}\lambda_1 \tag{2-69}$$

$$\lambda_3 = \frac{\gamma BY\theta_B}{\zeta \mathrm{d}B/\mathrm{d}t\theta_Y}\lambda_1 \tag{2-70}$$

$$\lambda_4 = \frac{\tau \mathrm{d}A/\mathrm{d}t\theta_R}{\xi \mathrm{d}R/\mathrm{d}t\theta_A}\lambda_2 \tag{2-71}$$

$$\lambda_5 = \frac{\gamma BY}{\phi H\theta_Y}\lambda_1 \tag{2-72}$$

$$\lambda_2 = \frac{\phi H\theta_A}{\gamma \mathrm{d}A/\mathrm{d}t}\lambda_5 \tag{2-73}$$

$$\lambda_3 = \frac{\phi H\theta_B}{\zeta \mathrm{d}B/\mathrm{d}t}\lambda_5 \tag{2-74}$$

$$\lambda_4 = \frac{\phi H\theta_R}{\xi \mathrm{d}R/\mathrm{d}t}\lambda_5 \tag{2-75}$$

这里 $g_C = \dfrac{\dfrac{\mathrm{d}C}{\mathrm{d}t}}{C}$，继续将式（2-69）～（2-75）代入相应的式（2-64）～（2-67），整理得：

$$\frac{\alpha\tau\theta_Y}{\gamma\theta_A}g_A + \varepsilon g_A = -g_{\lambda_2} \tag{2-76}$$

$$\frac{\zeta\theta_Y S}{\gamma\theta_B Y}g_B + \psi g_B = -g_{\lambda_3} \tag{2-77}$$

$$\frac{\xi\upsilon\theta_A}{\tau\theta_R}g_R + \omega g_R = -g_{\lambda_4} \tag{2-78}$$

$$\phi - \delta_3 = -g_{\lambda_5} \tag{2-79}$$

（4）Hamilton 函数二阶条件：

$$\frac{\partial^2 G}{\partial C^2} = -\sigma C^{-\sigma-1}\mathrm{e}^{-\rho t} \leqslant 0 \tag{2-80}$$

三、经济增长稳态分析

经济稳态是指在动态经济模型中，所涉及的相关变量，均以不变速率增长的一种状态。

在上述构建的动态模型中，涉及的相关经济变量即 g_K，g_A，g_B，g_R，g_H，g_Y，g_{θ_Y}，g_{θ_A}，g_{θ_B}，g_{θ_R} 等增长率均为不变的常

数。由此,再根据式(2-52)对其进行一阶求导,可得:

$$\frac{\mathrm{d}g_K}{\mathrm{d}t} = \frac{\mathrm{d}\left(\dfrac{BS}{K} - \delta_1 - \delta_1\right)}{\mathrm{d}t}$$

$$\frac{\mathrm{d}g_K}{\mathrm{d}t} = \left(\left(\frac{\mathrm{d}(BS)}{\mathrm{d}t}\right) * K - \frac{\mathrm{d}K}{\mathrm{d}t} * BS\right)/K^2$$

$$\frac{\mathrm{d}g_K}{\mathrm{d}t} = \left(\frac{\mathrm{d}B}{\mathrm{d}t} * SK + \frac{\mathrm{d}S}{\mathrm{d}t} * BK - \frac{\mathrm{d}K}{\mathrm{d}t} * BS\right)/K^2$$

再令 $\dfrac{\mathrm{d}g_K}{\mathrm{d}t} = 0$,可得[①]:

$$\frac{\mathrm{d}B^*}{\mathrm{d}t} * S^* K^* + \frac{\mathrm{d}S^*}{\mathrm{d}t} * B^* K^* = \frac{\mathrm{d}K^*}{\mathrm{d}t} * B^* S^*$$

再对上式两边同时除以 $S^* K^* B^*$,可得:

$$\frac{\dfrac{\mathrm{d}B^*}{\mathrm{d}t}}{B^*} + \frac{\dfrac{\mathrm{d}S^*}{\mathrm{d}t}}{S^*} = \frac{\dfrac{\mathrm{d}K^*}{\mathrm{d}t}}{K^*}$$

即得式(2-81):

$$g_B^* + g_S^* = g_K^* \tag{2-81}$$

同样再根据式(2-53)对其进行一阶求导,可得:

$$\frac{\mathrm{d}g_A}{\mathrm{d}t} = \chi \chi_1 \tau (\theta_A H)^{\tau-1} A^{\varepsilon-1} R^{\upsilon} \left(\frac{\mathrm{d}\theta_A}{\mathrm{d}t} H + \frac{\mathrm{d}H}{\mathrm{d}t} \theta_A\right)$$
$$+ \chi \chi_1 (\theta_A H)^{\tau} \left[(\varepsilon-1) A^{\varepsilon-2} R^{\upsilon} \frac{\mathrm{d}A}{\mathrm{d}t} + \upsilon \left(A^{\varepsilon-1} R^{\upsilon-1} \frac{\mathrm{d}R}{\mathrm{d}t}\right)\right]$$

---

① 本节涉及的稳态增长率的变量均上标 *。

同样再令 $\dfrac{\mathrm{d}g_A}{\mathrm{d}t}=0$，可得：

$$\chi\chi_1\tau(\theta_A^*H^*)^{\tau-1}(A^*)^{\varepsilon-1}(R^*)^{\upsilon}\left(\frac{\mathrm{d}\theta_A^*}{\mathrm{d}t}H^*+\frac{\mathrm{d}H^*}{\mathrm{d}t}\theta_A^*\right)$$

$$=\chi\chi_1(\theta_A^*H^*)^{\tau}\left[(1-\varepsilon)(A^*)^{\varepsilon-2}(R^*)^{\upsilon}\frac{\mathrm{d}A^*}{\mathrm{d}t}+\upsilon(A^*)^{\varepsilon-1}(R^*)^{\upsilon-1}\frac{\mathrm{d}R^*}{\mathrm{d}t}\right]$$

对上式两边同时除以 $\chi\chi_1(\theta_A^*H^*)^{\tau}(A^*)^{\varepsilon-1}(R^*)^{\upsilon}$，可得：

$$\tau\frac{\dfrac{\mathrm{d}\theta_A^*}{\mathrm{d}t}H^*+\dfrac{\mathrm{d}H^*}{\mathrm{d}t}\theta_A^*}{\theta_A^*H^*}=(1-\varepsilon)\frac{\dfrac{\mathrm{d}\theta_A^*}{\mathrm{d}t}}{A^*}-\upsilon\frac{\dfrac{\mathrm{d}R^*}{\mathrm{d}t}}{R^*}$$

进一步整理得式(2-82)：

$$\tau(g_H^*+g_{\theta_A}^*)+\upsilon g_R^*=(1-\varepsilon)g_A^* \tag{2-82}$$

同样再根据式(2-54)对其进行一阶求导，可得：

$$\frac{\mathrm{d}g_B}{\mathrm{d}t}=\eta(1-\eta_1)\zeta(\theta_B H)^{\zeta-1}B^{\psi-1}\left(\frac{\mathrm{d}\theta_B}{\mathrm{d}t}H+\frac{\mathrm{d}H}{\mathrm{d}t}\theta_B\right)$$

$$+\eta(1-\eta_1)(\psi-1)(\theta_B H)^{\zeta}B^{\psi-2}\frac{\mathrm{d}B}{\mathrm{d}t}$$

同样再令 $\dfrac{\mathrm{d}g_B}{\mathrm{d}t}=0$，可得：

$$\eta(1-\eta_1)\zeta(\theta_B^*H^*)^{\zeta-1}(B^*)^{\psi-1}\left(\frac{\mathrm{d}\theta_B^*}{\mathrm{d}t}H^*+\frac{\mathrm{d}H^*}{\mathrm{d}t}\theta_B^*\right)$$

$$=\eta(1-\eta_1)(1-\psi)(\theta_B^*H^*)^{\zeta}(B^*)^{\psi-2}\frac{\mathrm{d}B^*}{\mathrm{d}t}$$

对上式两边同时除以 $\eta(1-\eta_1)(\theta_B^*H^*)^{\zeta}(B^*)^{\psi-1}$，可得：

$$\zeta\frac{\dfrac{\mathrm{d}\theta_B^*}{\mathrm{d}t}H^*+\dfrac{\mathrm{d}H^*}{\mathrm{d}t}\theta_B^*}{\theta_B^*H^*}=(1-\psi)\frac{\dfrac{\mathrm{d}B^*}{\mathrm{d}t}}{B^*}$$

进一步整理得式(2-83)：

$$\zeta(g_H^* + g_{\theta_B}^*) = (1-\psi)g_B^* \tag{2-83}$$

同样再根据式(2-55)对其进行一阶求导，可得：

$$\frac{\mathrm{d}g_R}{\mathrm{d}t} = \mu\xi(\theta_R H)^{\xi-1}R^{\omega-1}\left(\frac{\mathrm{d}\theta_R}{\mathrm{d}t}H + \frac{\mathrm{d}H}{\mathrm{d}t}\theta_R\right) + \mu(\omega-1)(\theta_R H)^{\xi}R^{\omega-2}\frac{\mathrm{d}R}{\mathrm{d}t}$$

同样再令 $\dfrac{\mathrm{d}g_R}{\mathrm{d}t}=0$，可得：

$$\mu\xi(\theta_R^* H^*)^{\xi-1}(R^*)^{\omega-1}\left(\frac{\mathrm{d}\theta_R^*}{\mathrm{d}t}H^* + \frac{\mathrm{d}H^*}{\mathrm{d}t}\theta_R^*\right)$$

$$=\mu(1-\omega)(\theta_R^* H^*)^{\xi}(R^*)^{\omega-2}\frac{\mathrm{d}R^*}{\mathrm{d}t}$$

对上式两边同时除以 $\mu(\theta_R^* H^*)^{\xi}(R^*)^{\omega-1}$，可得：

$$\xi\frac{\dfrac{\mathrm{d}\theta_R^*}{\mathrm{d}t}H^* + \dfrac{\mathrm{d}H^*}{\mathrm{d}t}\theta_R^*}{\theta_R^* H^*} = (1-\omega)\frac{\dfrac{\mathrm{d}R^*}{\mathrm{d}t}}{B^*}$$

进一步整理得式(2-84)：

$$\xi(g_H^* + g_{\theta_R}^*) = (1-\omega)g_R^* \tag{2-84}$$

同样再根据式(2-56)对其进行一阶求导，可得：

$$\frac{\mathrm{d}g_H}{\mathrm{d}t} = \phi\left(\frac{\mathrm{d}\theta_Y}{\mathrm{d}t} + \frac{\mathrm{d}\theta_A}{\mathrm{d}t} + \frac{\mathrm{d}\theta_B}{\mathrm{d}t} + \frac{\mathrm{d}\theta_R}{\mathrm{d}t}\right)$$

同样再令 $\dfrac{\mathrm{d}g_H}{\mathrm{d}t}=0$，$\dfrac{\mathrm{d}g_{\theta_Y}}{\mathrm{d}t}=0$，$\dfrac{\mathrm{d}g_{\theta_A}}{\mathrm{d}t}=0$，$\dfrac{\mathrm{d}g_{\theta_B}}{\mathrm{d}t}=0$，$\dfrac{\mathrm{d}g_{\theta_R}}{\mathrm{d}t}=0$，可得：

$$\frac{\mathrm{d}\theta_Y^*}{\mathrm{d}t} + \frac{\mathrm{d}\theta_A^*}{\mathrm{d}t} + \frac{\mathrm{d}\theta_B^*}{\mathrm{d}t} + \frac{\mathrm{d}\theta_R^*}{\mathrm{d}t} = 0$$

$$\frac{\dfrac{\mathrm{d}\theta_Y^*}{\mathrm{d}t}+\dfrac{\mathrm{d}\theta_A^*}{\mathrm{d}t}+\dfrac{\mathrm{d}\theta_B^*}{\mathrm{d}t}+\dfrac{\mathrm{d}\theta_R^*}{\mathrm{d}t}}{\phi(1-\theta_Y^*-\theta_A^*-\theta_B^*-\theta_R^*)-\delta_3}=0$$

$$\frac{\dfrac{\mathrm{d}\theta_Y^*}{\mathrm{d}t}}{\theta_Y^*}=0,\ \frac{\dfrac{\mathrm{d}\theta_A^*}{\mathrm{d}t}}{\theta_A^*}=0,\ \frac{\dfrac{\mathrm{d}\theta_B^*}{\mathrm{d}t}}{\theta_B^*}=0,\ \frac{\dfrac{\mathrm{d}\theta_R^*}{\mathrm{d}t}}{\theta_R^*}=0$$

$$g_{\theta Y}^*=g_{\theta A}^*=g_{\theta B}^*=g_{\theta K}^*=0 \tag{2-85}$$

$$\phi(g_{\theta Y}^*+g_{\theta A}^*+g_{\theta B}^*+g_{\theta R}^*)=0 \tag{2-86}$$

同样再根据式(2-57)可以直接得出：

$$g_Y^*=\alpha g_A^*+\beta g_K^*+\gamma g_H^* \tag{2-87}$$

根据式(2-77)与 $S=Y-C$，可得：

$$g_S^*=g_Y^*=g_C^* \tag{2-88}$$

接着，再根据式(2-59)、式(2-68)和式(2-79)可得：

$$\phi-\delta_3-\rho=\sigma g_C^*-g_Y^*+g_H^*=g_H^*-(1-\sigma)g_Y^* \tag{2-89}$$

再联立(2-81)、(2-87)与(2-88)三式，可得到：

$$g_B^*+g_Y^*=g_K^* \tag{2-90}$$

$$g_Y^*=\frac{1}{1-\beta}(\alpha g_A^*+\beta g_B^*+\gamma g_H^*) \tag{2-91}$$

之后，再联立(2-82)、(2-83)、(2-84)、(2-85)、(2-89)与(2-91)六式，可得：

$$\wp-\delta_3-\rho=g_H^*-\frac{1-\sigma}{1-\beta}\left\{\frac{\alpha[\upsilon\xi+\tau(1-\omega)]}{(1-\omega)(1-\varepsilon)}+\frac{\beta\zeta}{1-\psi}+\gamma\right\}g_H^* \tag{2-92}$$

为使计算更加方便,令:

$$E = \frac{1-\sigma}{1-\beta} \left\{ \frac{\alpha[\upsilon\xi + \tau(1-\omega)]}{(1-\omega)(1-\varepsilon)} + \frac{\beta\zeta}{1-\psi} + \gamma \right\} \tag{2-93}$$

这样便可以得到稳定状态下的 g_H^*、g_Y^*、g_C^*、g_K^*、g_A^*、g_B^*、g_R^*:

$$g_H^* = \frac{\varnothing - \delta_3 - \rho}{1-E} \tag{2-94}$$

$$g_Y^* = \frac{\alpha}{1-\beta}g_A^* + \frac{\beta}{1-\beta}g_B^* + \frac{\beta}{1-\beta}g_H^* = \frac{(\varnothing - \delta_3 - \rho)E}{(1-\sigma)(1-E)} \tag{2-95}$$

$$g_C^* = g_Y^* = \frac{(\varnothing - \delta_3 - \rho)E}{(1-\sigma)(1-E)} \tag{2-96}$$

$$g_K^* = g_Y^* + g_B^* = \frac{[(1-\psi)E + (1-\sigma)\zeta](\varnothing - \delta_3 - \rho)}{(1-\sigma)(1-\psi)(1-E)} \tag{2-97}$$

$$g_A^* = \frac{\upsilon\xi + \tau(1-\omega)}{(1-\omega)(1-\varepsilon)}g_H^* = \frac{[\upsilon\xi + \tau(1-\omega)](\varnothing - \delta_3 - \rho)}{(1-\omega)(1-\varepsilon)(1-E)} \tag{2-98}$$

$$g_B^* = \frac{\zeta}{1-\psi}g_H^* = \frac{\zeta(\varnothing - \delta_3 - \rho)}{(1-\psi)(1-E)} \tag{2-99}$$

$$g_R^* = \frac{\xi}{1-\omega}g_H^* = \frac{\xi(\varnothing - \delta_3 - \rho)}{(1-\omega)(1-E)} \tag{2-100}$$

从公式(2-94)~(2-100)可以看出,经济增长、技术进步、间接融资部门储蓄向投资的转化效率和直接融资部门的融资规模等这些指标,与人力资本部门的工作效率成正比,与人力资本的折旧率成反向关系,与消费者的主观贴现率成反比。

现在,推导经济增长与引进的金融两部门相关的参数之间的关系。

把公式(2-100)代入公式(2-91)中,可得:

$$g_Y^* = \frac{1}{1-\beta}(\alpha g_A^* + \beta g_B^* + \gamma \frac{1-\omega}{\varepsilon} g_R^*) \qquad (2\text{-}101)$$

再把公式(2-52)代入公式(2-87)中,可得:

$$g_Y^* = \alpha g_A^* + \beta \left[\frac{B}{K}(A^\alpha K^\beta (\theta_Y H)^\gamma - C) - (\delta_1 + \delta_2)\right] + \gamma g_H^*$$

$$(2\text{-}102)$$

最后再把公式(2-53)代入公式(2-102)中,可得:

$$g_Y^* = \frac{\alpha \chi \chi_1 (\theta_A H)^\tau A^{\varepsilon-1}}{1-\beta} R^v + \frac{1}{1-\beta}[\beta \eta (1-\eta_1)(\theta_B H)^\zeta B^{\psi-1} + \gamma g_H^*]$$

$$(2\text{-}103)$$

从公式(2-101)可清楚地看出,金融发展(g_B^* 和 g_R^* 的增加)可以促进经济增长(g_Y^* 的增加),金融发展主要是通过两种途径来促进经济增长。第一种途径是提高 g_B^*,主要是通过提高间接融资部门的储蓄向投资转化的效率,来促进经济增长。我们再结合公式(2-102)和公式(2-103)作进一步分析,这里容易形成两种不当的转化,一个实现于金融领域,另一个实现于实体经济领域。实现于金融领域的就是一种形式的储蓄向另一种形式的储蓄的转化 η_1(我们下文提到的金融"脱实向虚"),实现于实体经济领域的就是储蓄向无效投资的转化(我们下文提到的重复投资),这增加了物质资本折旧的转化 δ_2。第二种途径是提高 g_A^*,主要是通过提高直接融资部门的规范程度 χ_1 和运行效率 χ,扩大其融资规模 R 来促进企业技术进步,从而拉动经济增长。

第三节 经济增长模型的模拟分析

为了使模型能模拟中国金融发展驱动经济增长的实际情况，本节借鉴 J.Ruiz（2009）和徐徕（2019）等学者的经验做法，先将模型中涉及的关键参数进行校准，具体设定如表 2-1 所示。

表 2-1 模型中关键参数的校准

参数	σ	ρ	α	β	γ	δ_1	τ	ε	μ
数值	1.50	0.02	0.20	0.50	0.30	0.10	0.40	0.30	0.20
参数	$\o$	ω	δ_3	ξ	ζ	ψ	υ	χ	η
数值	0.12	0.40	0.02	0.60	0.60	0.40	0.30	0.30	0.20

根据表 2-1 关键参数的校准值，不难计算得出各种变量的稳态增长率：$g_Y^*=0.08$，$g_C^*=0.08$，$g_B^*=0.04$，$g_R^*=0.04$，$g_A^*=0.04$，$g_H^*=0.04$，$g_K^*=0.12$。同时，根据表 2-1 各种参数的校准值对模型进行数值模拟，可以得到各变量增长的稳态与关键参数之间的关系，具体情况如表 2-2 所示。

表 2-2 比较静态分析关键参数对经济增长影响

	$\o$	ρ	δ_3	σ	β	ζ	ψ	ω	ξ	υ	τ	ε
g_Y^*	+	−	−		+	+	+	+	+	+	+	+
g_C^*	+	−	−	−	+	+	+	+	+	+	+	+
g_K^*	+	−	−		+	+	+	+	+	+	+	+
g_A^*	+	−	−		+	+	+	+	+	+	+	+
g_H^*	+	−	−									
g_B^*	+	−	−		+							
g_R^*	+	−	−		+	−	−	+	+	−	−	−

从表 2-2 中的正负号来看,除参数 $\varnothing$、β 与各变量增长的稳态呈正相关,参数 ρ、δ_3 和 σ 与各变量增长的稳态都呈负相关外,其他参数对各变量增长的稳态变化方向都不一致。

下面再运用 Stata 15.0 应用软件,采用比较静态分析方法,具体分析直接融资部门和间接融资部门相关参数的变化对经济增长稳态途径的影响。

一、间接融资部门相关参数的变化对稳态增速的影响

（一）参数 ζ、ψ 对稳态经济增速的影响

经过上文的分析,我们清楚地知道,本文关于间接融资部门主要涉及两个相关参数,即间接融资部门投资转换效率的增量对人力资本的弹性 ζ 和间接融资部门投资转换效率的增量对其存量的弹性 ψ。参数 ζ 对稳态经济增速的比较静态模拟分析如图 2-7 所示,参数 ψ 对稳态增速的比较静态模拟分析如图 2-8 所示。

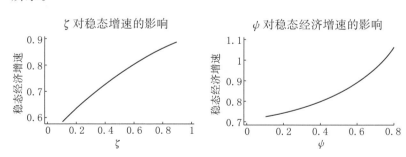

图 2-7　参数 ζ 对稳态经济增速的影响　图 2-8　参数 ψ 对稳态经济增速的影响

在图 2-7 中,参数 ζ 对稳态经济增速呈同方向变化,但是随着稳态经济增速的提高,其稳态增速上升的幅度有减少的趋势。在图 2-8 中,参数 ψ 对稳态经济增速呈同方向变化,但是随着稳态经济增速的提高,其稳态增速上升的幅度有增加的趋势。

（二）参数 ζ、ψ 对稳态技术增速的影响

参数 ζ 和参数 ψ 对稳态技术增速的比较静态模拟分析分别如图 2-9 和图 2-10 所示。在图 2-9 中，参数 ζ 对稳态技术增速呈反方向变化，但是随着稳态技术增速的提高，其稳态增速下降的幅度有减少的趋势。在图 2-10 中，参数 ψ 对稳态技术增速呈反方向变化，但是随着稳态技术增速的提高，其稳态增速下降的幅度有增加的趋势。

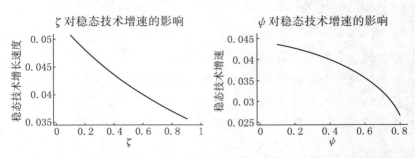

图 2-9　参数 ζ 对稳态技术增速的影响　图 2-10　参数 ψ 对稳态技术增速的影响

（三）参数 ζ、ψ 对稳态资本积累增速的影响

参数 ζ 对稳态资本积累增速的比较静态模拟分析如图 2-11 所示。参数 ψ 对稳态资本积累增速的比较静态模拟分析如图 2-12 所示。

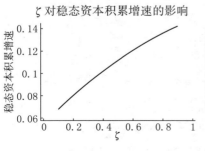

图 2-11　参数 ζ 对稳态资本积累增速的影响

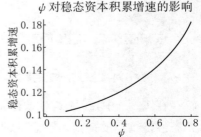

图 2-12　参数 ψ 对稳态资本积累增速的影响

在图 2-11 中，参数 ζ 对稳态资本积累增速呈同方向变化，但是随着稳态资本积累增速的提高，其稳态增速上升的幅度有减少的趋势。在图 2-12 中，参数 ϕ 对稳态资本积累增速呈同方向变化，但是随着稳态经济增速的提高，其稳态增速上升的幅度有增加的趋势。

二、直接融资部门相关参数的变化对稳态增速的影响

显而易见，本文关于直接融资部门的相关参数还包括技术研发对直接融资的弹性 υ、技术研发对人力资本弹性 ξ 以及技术研发对效率弹性 ω。

（一）参数 υ、ξ 和 ω 对稳态经济增速的影响

参数 υ 对稳态经济增速的比较静态模拟分析如图 2-13 所示。参数 ξ 对稳态经济增速的比较静态模拟分析如图 2-14 所示。参数 ω 对稳态经济增速的比较静态模拟分析如图 2-15 所示。

在图 2-13 中，参数 υ 对稳态经济增速呈同方向变化，但是随着稳态经济增速的提高，其稳态经济增速上升的幅度不发生改变。在图 2-14 中，参数 ξ 对稳态经济增速呈同方向变化，但是随着稳态经济增速的提高，其稳态经济增速上升的幅度也不发生改变。在图 2-15 中，参数 ω 对稳态经济增速呈同方向变化，但是随着稳态经济增速的提高，其稳态增速上升的幅度有增加的趋势。

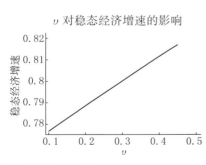

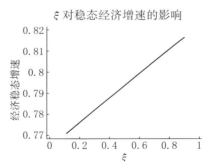

图 2-13 参数 υ 对稳态经济增速的影响　图 2-14 参数 ξ 对稳态经济增速的影响

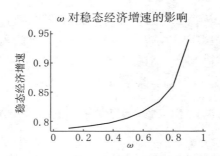

图 2-15 参数 ω 对稳态经济增速的影响

（二）参数 υ、ξ 和 ω 对稳态技术增速的影响

参数 υ 对稳态技术增速的比较静态模拟分析如图 2-16 所示。参数 ξ 对稳态技术增速的比较静态模拟分析如图 2-17 所示。参数 ω 对稳态技术增速的比较静态模拟分析如图 2-18 所示。

在图 2-16 中，参数 υ 对稳态技术增速呈同方向变化，但是随着稳态技术增速的提高，其稳态技术增速上升的幅度不发生改变。在图 2-17 中，参数 ξ 对稳态经济增速呈同方向变化，但是随着稳态经济增速的提高，其稳态技术增速上升的幅度也不发生改变。在图 2-18 中，参数 ω 对稳态技术增速呈同方向变化，但是随着稳态技术增速的提高，其稳态增速上升的幅度有增加的趋势。

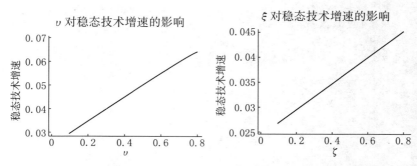

图 2-16 参数 υ 对稳态技术增速的影响　图 2-17 参数 ξ 对稳态技术增速的影响

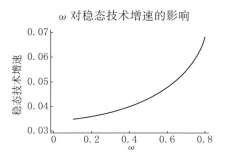

图 2-18 参数 ω 对稳态技术增速的影响

（三）参数 υ、ξ 和 ω 对稳态资本积累增速的影响

参数 υ 对稳态资本积累增速的比较静态模拟分析如图 2-19 所示。参数 ξ 对稳态资本积累增速的比较静态模拟分析如图 2-20 所示。参数 ω 对稳态资本积累增速的比较静态模拟分析如图 2-21 所示。

在图 2-19 中，参数 υ 对稳态资本积累增速呈同方向变化，但是随着稳态资本积累增速的提高，其稳态资本积累增速上升的幅度不发生改变。在图 2-20 中，参数 ξ 对稳态资本积累增速呈同方向变化，但是随着稳态资本积累增速的提高，其稳态资本积累增速

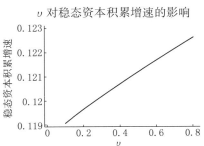

图 2-19 参数 υ 对稳态资本积累增速的影响

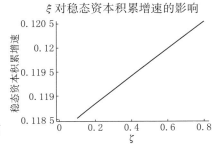

图 2-20 参数 ξ 对稳态资本积累增速的影响

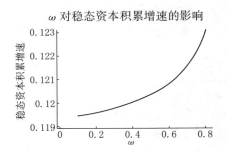

图 2-21　参数 ω 对稳态资本积累增速的影响

上升的幅度也不发生改变。在图 2-21 中，参数 ω 对稳态经济增速成同方向变化，但是随着稳态资本积累增速的提高，其稳态增速上升的幅度有增加的趋势。

三、参数 η_1、δ_2 和 χ_1 的变化对 g_Y^*、g_K^* 和 g_A^* 的影响

（一）参数 η_1、δ_2 和 χ_1 的变化对稳态经济增速的影响

1. η_1 的变化对经济增速的影响

η_1 的变化对经济增速带来水平效应；但能否带来增长效应，视 η_1 是否对 ζ 和 ψ 产生影响而定。如果 η_1 不对 ζ 和 ψ 产生影响，则 η_1 的变化对经济增速没有增长效应；如果 η_1 对 ζ 和 ψ 产生影响，则 η_1 的变化对经济增速就具有增长效应。从公式（2-54）可以清楚看出，η_1 会对 g_B 产生直接的影响，随着 η_1 的增大，g_B 会减小，g_B 再通过公式（2-57）对 g_Y 产生影响，g_B 和 g_Y 呈现正相关，可见，η_1 的变化会对 g_Y 产生增长的水平效应。若 η_1 并不影响其他参数的情况下，结合公式（2-93）和公式（2-95），η_1 并不会影响 g_Y^*，这时，η_1 并不能产生增长效应；根据公式（2-54），若 η_1 只是影响 B，但并不影响 ζ 和 ψ，同样结合公式（2-57）、公式（2-93）和公式（2-95），可以发现 η_1 带来的是水平效应，而不能产生增长

效应。若 η_1 会对 ζ 产生影响,这时既有水平效应,还有增长效应。其增长效应如何,不仅取决于 η_1 对 ζ 产生的影响,还取决于 ζ 对 g_Y^* 产生的影响,两者共同决定增长效应如何变化。若 η_1 会对 ψ 产生影响,这时的产生的增长效应同样也既有水平效应,还有增长效应,其增长效应如何,不仅取决于 η_1 对 ψ 产生的影响,还取决于 ψ 对 g_Y^* 产生的影响,两者共同影响增长效应。

2. δ_2 的变化对经济增速的影响

δ_2 的变化对经济增速带来水平效应,但能否带来增长效应,视 δ_2 是否对 β 和 γ 产生影响而定。如果 δ_2 不对 β 和 γ 产生影响,则 δ_2 的变化对经济增速没有增长效应;如果 δ_2 对 β 和 γ 产生影响,则 δ_2 的变化对经济增速就具有增长效应。从公式(2-52)可以清楚看出,δ_2 会对 g_K 产生直接的影响,随着 δ_2 的增大,g_K 会减小,g_K 再通过公式(2-57)对 g_Y 产生影响,它们呈现正相关,可见,δ_2 的变化会对 g_Y 产生增长的水平效应。若 δ_2 并不影响其他参数的情况下,结合公式(2-93)和公式(2-95),δ_2 并不会影响 g_Y^*,这时,δ_2 并不能产生 g_Y^* 的增长效应;若 δ_2 的变化只是影响 α,但并不影响 β 和 γ,同样结合公式(2-57)、公式(2-93)和公式(2-95),发现 δ_2 带来的同样是水平效应,而不能产生增长效应。若 δ_2 会对 β 和 γ 产生影响,这时既有水平效应,还有增长效应。其增长效应如何,不仅取决于 δ_2 对 β 的影响和 β 对 g_Y^* 产生的影响,还取决于 δ_2 对 γ 产生的影响和 γ 对 g_Y^* 产生的影响。

3. χ_1 的变化对经济增速的影响

χ_1 的变化对经济增速带来水平效应,但能否带来增长效应,视 χ_1 是否对 τ、υ 和 ε 产生影响而定。如果 χ_1 的变化不对 τ、υ 和 ε 产生影响,则 χ_1 的变化对经济增速没有增长效应;如果 χ_1 对 τ、υ 和 ε 产生影响,则 χ_1 的变化对经济增速就具有增长效应。从公式(2-53)可以清楚看出,χ_1 会对 g_A 产生直接的影响,随着

χ_1 的增大，g_A 会增大，g_A 再通过公式（2-57）对 g_Y 产生影响，它们呈现正相关，可见，χ_1 的变化会对 g_Y 产生增长的水平效应。若 χ_1 并不影响其他参数的情况下，结合式（2-93）和式（2-95），χ_1 并不会影响 g_Y^*，这时，χ_1 并不能产生增长效应；若 χ_1 只是影响 A，但并不影响 τ、υ 和 ε，同样结合公式（2-57）、公式（2-93）和公式（2-95），发现 χ_1 带来的只是水平效应，而不能产生增长效应。若 χ_1 会对 τ 产生影响，这时既有水平效应，还有增长效应，其增长效应如何，不仅取决于 χ_1 对 τ 产生的影响，还取决于 τ 对 g_Y^* 产生的影响；若 χ_1 会对 υ 产生影响，这时既有水平效应，还有增长效应，其增长效应如何，不仅取决于 χ_1 对 υ 产生的影响，还取决于 υ 对 g_Y^* 产生的影响；若 χ_1 会对 ε 产生影响，这时既有水平效应，还有增长效应，其增长效应如何，不仅取决于 χ_1 对 ε 产生的影响，还取决于 ε 对 g_Y^* 产生的影响。

（二）参数 χ_1 的变化对稳态技术增速的影响

χ_1 的变化对技术增速带来水平效应，但能否带来增长效应，视 χ_1 是否对 τ、υ 和 ε 产生影响而定。如果 χ_1 的变化不对 τ、υ 和 ε 产生影响，则 χ_1 的变化对稳态技术没有增长效应；如果 χ_1 对 τ、υ 和 ε 产生影响，则 χ_1 的变化对稳态技术具有增长效应。从公式（2-53）可以清楚看出，χ_1 会对 g_A 产生水平效应，若 χ_1 并不影响其他参数的情况下，结合公式（2-93）和公式（2-98），χ_1 并不会影响 g_A^*，这时，χ_1 并不能产生增长效应；若 χ_1 会对 τ 产生影响，这时既有水平效应，还有增长效应，其增长效应如何，取决于 χ_1 对 τ 和 τ 对 g_A^* 产生的共同影响；若 χ_1 会对 υ 产生影响，这时既有水平效应，还有增长效应，其增长效应如何，不仅取决于 χ_1 对 υ 产生的影响，还取决于 υ 对 g_A^* 产生的影响；若 χ_1 会对 ε 产生影响，这时既有水平效应，还有增长效应，其增长效应如何，不仅取决于 χ_1 对 ε 产生的影响，还取决于 ε 对 g_A^* 产生的影响。

（三）参数 δ_2 的变化对稳态资本积累增速的影响

δ_2 的变化对稳态资本积累增速带来水平效应；但能否带来增长效应，视 δ_2 是否对 β 和 γ 的影响而定。如果 δ_2 不对 β 和 γ 的影响，则 δ_2 的变化对稳态资本积累增速没有增长效应；如果 δ_2 对 β 和 γ 产生影响，则 δ_2 的变化对经济增速就具有增长效应。从公式(2-52)可以清楚看出，δ_2 会对 g_K 产生水平效应，若 δ_2 并不影响其他参数的情况下，结合式(2-93)和式(2-97)，δ_2 并不会影响 g_K^*，不会产生 g_K 的增长效应。若 δ_2 只是影响 α，但并不影响 γ 和 β，结合公式(2-52)、公式(2-93)和公式(2-97)，可以发现 δ_2 带来的同样是水平效应，而不能产生增长效应；若 δ_2 会对 γ 和 β 产生影响，这时既有水平效应，还有增长效应，其增长效应如何，不仅取决于 δ_2 对 γ 产生的影响和 γ 对 g_K^* 产生的影响，还取决于决于 δ_2 对 β 产生的影响和 β 对 g_K^* 产生的影响。

四、数值模拟基本结论

由以上分析可知，不同的参数对经济增速、技术增速和资本积累增速产生的影响有所不同。所有参数均产生水平效应，但却不一定均产生增长效应。视此不同，笔者把所有参数划分为两类：第一类参数是一定影响增长效应的参数，包括 ζ、ψ、υ、ξ 和 ω；第二类参数则是不一定影响增长效应的参数，包括 η_1、χ_1 和 δ_2，这些参数是否具有增长效应，视具体情况而定。

对比图 2-7 至图 2-21 我们可以发现，不同的参数对稳态经济增速、技术增速和资本积累增速产生的影响并不是完全相同，存在一定差异。参数 υ、ξ、ω、ζ 和 ψ 对经济增速、技术增速和资本积累增速产生的影响既存在水平效应又存在增长效应。参数 η_1、χ_1 和 δ_2 对经济增长都具有水平效应，但增长效应相对复杂，假若参数 η_1、χ_1 和 δ_2 不会影响相关参数的，即参数 η_1、χ_1 和 δ_2 没有增长效应;假若参数 η_1、χ_1 和 δ_2 会影响相关参数作出相应的改变,即参数 η_1、χ_1 和 δ_2 具有增长效应。

这两类不同的参数,对经济增长产生的影响存在差异。对于第一类参数,笔者将从质量的渠道(技术增速)和数量的渠道(资本积累的增速)予以证明;对于第二类参数,笔者将它们作为引出金融发展驱动经济增长短板的因素予以论证。参数 η_1 和 δ_2,是影响间接融资的两个参数,参数 η_1 从金融"脱实向虚"的视角加以展开,而参数 δ_2 从微观视角"僵尸企业"加以展开。参数 χ_1 从直接融资不规范阶段向规范阶段变化予以论证。在第四章和第五章中,笔者尽力把这些参数与中国的实际情况相结合,从间接融资和直接融资两个视角,进行详尽的实证分析。

第四节　本章小结

本章首先回顾了相关的金融发展理论和内生技术增长理论等经典的理论;并在此基础上,对金融发展、内生增长、企业技术创新和 GDP 增长效率等相关的概念进行进一步界定,回顾了金融发展理论的演进脉络和经济增长理论的演进脉络;随后对金融发展对经济增长的作用机理进行了阐述,并创新性地构建嵌入金融两部门的动态最优化内生经济增长模型,并求出稳态解,构建间接融资和直接融资不同融资方式中金融发展对经济增长作用的理论框架;最后根据稳态解,从中筛选出两大类参数,分析其对经济增速、技术增速和资本积累增速产生的影响,为进一步理论分析金融发展驱动经济增长的机制与效率作铺垫。

第三章
金融发展驱动经济增长的
机制与效率分析

本章将从理论上进一步分析金融发展驱动经济增长作用的机制与效率问题。

第一节　金融发展驱动经济增长作用的机制分析

本节将从间接融资和直接融资两个层面,对金融发展驱动经济增长的机制展开较为深入的理论分析。

一、间接融资驱动经济增长作用机制分析

间接融资是指资金盈余主体与资金短缺主体之间不发生直接关系,而是分别与金融中介机构(商业银行、信托公司、保险公司、农信社等)发生一笔独立的交易,即资金盈余主体通过存款或购买金融中介机构发行的有价证券,将其暂时闲置的资金先行提供给这些金融中介机构,然后再由这些金融中介机构以贷款、贴现等形式,或通过购买资金短缺主体发行的有价证券,把资金提供给资金短缺主体,从而实现资金融通的过程。

从间接融资的视角看,无论依据资金的规模还是占比,商业银行(简称银行,下同)是最具代表性的金融中介机构。因此我们可以大致认为,间接融资主要通过银行部门这一金融中介来进行。

（一）间接融资的特点

在间接融资中，银行部门把社会储蓄转化成投资，进而扩大社会物质资本的投入量来推动经济增长。

间接融资有如下五个特点：

1. 间接性

在间接融资中，资金需求者（资金短缺者）与资金初始供应者（资金盈余者）之间不发生直接借贷关系。资金需求者和初始供应者之间由金融中介发挥桥梁作用，而资金初始供应者与资金需求者却只是各自与金融中介机构发生交易。

2. 低风险性

间接融资的低风险性表现在两个方面：首先，由于间接融资的资金相对集中于金融机构，世界各国对于金融机构的管理一般都较严格，金融机构自身的经营又受到稳健性经营管理原则的约束，加上一些国家还实行了存款保险制度，因此，间接融资的信誉程度较高，风险性便相对较小；其次，间接融资工具（如活期存款、1 年期以下理财产品等）流动性相对较高，不确定性就相对较小，因而风险性就相对较小。

3. 资金可逆性

金融中介的间接融资均属于借贷性融资，无论是银行获取的资金初始供应者（资金盈余者或储蓄者）的存款，还是资金需求者（资金短缺者）获取的银行贷款，到期均必须返还，并支付利息，资金具有可逆性。

4. 银行地位的主动性

在间接融资一般情况下，银行并非是与某一个资金供应者或与某一个资金需求者之间一对一的对应性中介，而是一方面面对资金供应者群体，另一方面面对资金需求者群体的综合性中介，在这里，银行始终居于融资中心、信贷中心，处于主动地位，而广大的资金供应者和资金需求者,则处于被动地位。

5. 信贷资金配给性

对于资金需求者而言,资金贷给谁不贷给谁,贷款的定价,并非由资金的初始供应者决定,而是很大程度上甚至基本上由银行决定,这样就产生了银行信贷资金的配给性。银行信贷资金配给性意味着,银行会根据自身经济效益的驱动来决定信贷资金流向。这可能会加剧区域间经济增长不平衡。因为银行信贷的资金发放情况往往和各区域的经济发展水平有关,区域经济发展水平越高(例如中国东部地区),其获得的银行贷款资金配给就越多,就越有利于当地经济的增长,由此良性循环;反之,区域经济发展水平越低(例如中国西部地区),其获得的银行贷款资金配给就越少,就越不利于当地经济的增长,由此恶性循环。同样道理,银行信贷资金配给性会导致不同企业的良性或恶性循环。

(二)间接融资数量型驱动机制促进内生增长

间接融资数量型作用机制主要是指银行通过资本积累的渠道促进经济增长。正如前文模型中指出,这一机制主要是通过银行增加贷款规模的方法,将储蓄转化为投资,这样就可以扩大物质投入来推动经济增长。Shaw(1973)早期的研究已经得出了类似的结论,他认为物质资本的积累和提高资本配置效率能有效促进经济增长。

间接融资对经济增长的数量型作用机制主要体现在四个方面:

1. 银行吸收储蓄然后转化为投资

银行通过吸收社会闲散资金,将其变成银行储蓄存款,然后再把它们贷给企业,转化为投资。正如韩廷春(2002)指出,现代经济社会,储蓄主体并非一定是投资主体,资金的需求方通过金融中介机构或者金融市场筹集资金进行生产。但是由于信息不对称和交易成本的存在,资金的供给方很难直接找到资金的需求方,资金的需求方也很难找到资金的供给方,银行作为融资的中介,把社会上大量的闲散资金集中起来,贷给需要资金的企业进行生产。

2. 银行部门的工作效率影响储蓄—投资的转化率

银行将吸收来的储蓄存款向贷款投资的转化过程中,会受到多种因素的影响,并不能把所有的储蓄全部转化成投资。那么,多大比例的储蓄转化成投资,除了受银行利率的影响以外,在金融日益市场化的今天,还与银行工作人员的工作效率有关。银行把接受来的储蓄存款,最终还是要发放出去,形成贷款。银行发放贷款需要特别小心谨慎,要去甄别和考察贷款对象的资质,这需要银行工作人员的努力,否则,发放出去的贷款,容易形成呆账和坏账。当然,银行工作人员的工作效率又受到银行经营管理体制的重大影响。

3. 银行部门通过操控信贷资金的数量来降低风险

经济主体的存款、贷款、取款和还款之间存在很大的时间差,或者说,储蓄转化为投资的过程是一个跨期交易的过程。跨期交易必定会带来各种风险,储蓄主体面临到期收不回来的信用风险,或者途中遇到通货膨胀、购买力下降的风险,投资主体可能面临投资项目失败的风险,投资者向低效率的项目进行过度投资的风险。银行作为供求双方的中介,比任何一方都具有规模和信息上的优势,因而在减少风险的同时,一定程度上提高了储蓄向投资的转化。

4. 银行部门选择资质较好的企业发放贷款,来提高储蓄向投资转化效率

银行部门的发展壮大显著地减少了因信息不对称带来的资金信息成本和交易费用,使得那些具有发展前景的企业都能得到

充足的资金来进行生产和发展，提高了储蓄向投资转化的效率，提高了生产性企业的物质资本的积累，为下一阶段的贷款、生产和资本再积累的良性循环奠定了基础。

（三）间接融资质量型驱动机制促进内生增长

间接融资质量型作用机制主要是指银行通过企业技术创新的渠道促进经济增长。也如前文模型中指出，这一渠道主要是通过银行增加贷款支持企业技术创新的方法，改进产品质量，生产出社会满意的产品，为经济的持续稳定增长提供长久的动力。

金融市场一个重要功能就是克服逆向选择和道德风险带来的问题，从而降低企业外部融资成本。而高效的金融系统可能会促进企业创新水平的提高。因此，一个发达金融市场和高效金融系统能在一定程度上，缓解银行和企业之间的代理问题（Rajan，1998）。

一般说来，在银行业发展之初，其市场化水平不高，在信息不对称的道德风险的作用下，其生产资本等各种要素趋向稀缺。而企业创新一般都具有高风险的特点，银行业在追求自身利益最大化的动机影响下，一般不愿意为其主动提供贷款。因而在竞争不充分的条件下，金融资源主要流向短期的、回报率较高的投资项目，对风险性创新项目的融资，其挤出效应十分明显。

当银行业发展到一定程度后，其市场化水平明显提高，银行系统的信息揭示机制，在一定程度上缓解了因信息不对称带来的道德风险和逆向选择问题，降低了企业的外部融资成本，化解了企业创新项目的融资困境，促进了企业创新活动向前发展（Laeven et al.，2014）。银行业市场化方向的发展，进一步促进了金融机构的投资向企业创新项目倾斜，显著地降低了代理成本，促进了企业创新活动向前发展。同时，在金融体系改革和银行业的发展进程中，相关的法律和制度得到进一步完善，使企业的创新活动融资变得更加便利。银行业发展能促进企业进行技术创新，其核心在于它不仅降低了信息获取的成本，而且对投资项目能进行有效的评估、筛选和监督（Greenwood，1990）。随着银行搜集信息能力的提高，进一步改善了信贷资源配置的效率，促进了经济持续稳定的增长。此外，银行中介识别有成长潜力的企业的成本也比较低。这些因素致使企业技术创新成为间接融资影响经济增长的重要渠道。

二、直接融资驱动经济增长机制分析

（一）直接融资的经济功能分析

直接融资是资金盈余者通过协议直接将资金提供给资金短缺者使用，中间不经过金融中介机构，或者在金融市场直接购买资金短缺者的有价证券。直接融资具有若干重大功能，其对市场经济的有效运行作用巨大。本文把直接融资的经济功能概括为五个方面。

1. 促进社会储蓄向投资转化

直接融资过程，实际上就是社会闲散资金积聚在一起的过程。资金短缺的企业通过发行股票或债券，获得所需资金，再投入到生产中，即实现了储蓄向投资的转化。在这个转化过程中，股息和银行利息发挥着重要的价格机制作用。股息越高，越有利于股票市场融资，银行利息越高，越不利于市场融资。

另外，资金需求者动员储蓄，也是需要花费成本的，这些成本包括交易成本和克服信息不对称所需要的成本。交易成本是指从不同的储蓄者那里积聚资金所需要的费用。克服信息不对称所需要的成本是指使储蓄者暂时放弃资金的控制权并让其感到安全所需要的成本。

2. 降低或分散各种相关的风险

经济主体在从事经济活动时，会遇到各种风险，如流动性风险、经营性风险和财务风险。直接融资的发展能够起到降低和分散风险的作用。下面从三个方面加以分析。

（1）降低微观经济主体的风险

① 降低微观经济主体流动性风险

微观经济主体流动性风险是指微观经济主体能将资产迅速变现而不遭受损失的程度。这样就不难理解，真实财产的流动性要比证券流动性差的原由。资产不能迅速变现有相当一部分原因，是来自资产转换过程中的不确定性和信息不对称性。直接融资市场的发展，就不需要花时间和成本来寻找交易的对象，只需在二级市场或流通市场，将持有的股票和债券出售获得现金。Levine（1993）认为股票市场能创造流动性来降低风险，促进经济增长。

② 分散企业经营性风险

企业经营性风险指企业在生产经营过程中，其商品的供应、生产、销售各个环节受不确定性因素的影响，产生企业资金运动迟滞，从而导致企业价值的变动。随着企业间竞争的加剧，企业面临的经营性风险也会加剧。在直接融资场合，企业管理者能通过股票市场融资方式，成功地分散企业的经营性风险，并转嫁给每个股票投资者。

③ 降低企业财务风险

企业财务风险是指企业财务发生损失的可能性。它贯穿于整个生产经营过程，具体包括筹资风险、投资风险、资金回收风险和收益分配风险四个方面。直接融资的发展，无论是债券融资，还是股票融资，都能起到改善企业的资本结构作用，从而达到降低企业财务风险的目的。

④ 转移或分散投资风险

投资风险是投资主体为实现其投资目的，而对未来经营活动和财务活动可能造成的亏损或破产,所承担的风险。投资者可以通过直接融资,在金融市场购买或者出售股票或者债券转移投资者的风险。同样,投资者也可以购买多种股票和债券,建立自己的投资组合来达到分散投资风险的目的。

(2) 分散国家金融体系的风险

中国是以银行为主导的金融体系国家,发展直接融资可以在相当程度上降低银行风险。从中国的融资体系来看,银行信贷占据整个社会信用总量的 80%,直接融资份额不到 20%。很明显可以看出,这种融资结构很不合理,给中国的金融体系带来严重的系统性风险。具体说来主要表现在两个方面:一方面,中国企业直接融资数量明显不足,企业的资本结构很难优化,导致企业面临很大的财务风险;另一方面,中国企业的负债绝大多数是银行贷款,一旦经济环境发生变化,导致企业经济困难,企业还不起银行贷款,从而会导致出现大量的不良贷款,加大了金融体系的风险。

(3) 直接融资分散风险能促进经济内生增长渠道

直接融资分散风险促进经济增长的渠道有两条,一条是资本的积累,另一条是促进企业技术进步。资本的积累的途径一般是通过资源的优化配置来实现经济增长。在一般情况下,风险和收益成正向关系。这种高风险的项目通过直接融资达到了分散风险的同时,又获得了较好的收益。促进企业技术进步的途径可以从两个视角来分析,一个视角是劳动分工,另一个视角是企业创新。从劳动分工方面来看,更高的劳动生产率一般需要更精密的劳动分工,更精密的劳动分工往往又需要有更高级、更专业化的劳动技术参与。技术专业化程度越高,一般来说,技术风险也就越高。而直接融资市场提供的各种证券组合,使得人们在分散风险的同时,又得到更专业化的技术服务。企业要获得技术进步,来得到更高、更长久的利润,就必须要进行企业技术创新,而企业技术创新同样也具有很大的风险。然而，直接融资市场上，多样化创新项目的投资组合，在分散风险的同时，又获得了长期的资金支持企业技术创新。

3. 通过信息披露优化公司治理

投资者能够通过直接融资市场，获得大量有关公司发展的信息，投资者再根据自己所掌握的信息，进行股票或债券交易。市场上的投资者所收集到的信息都将通过市场的价格机制反映出来。在利好信息的指引下，投资者会购买股票，从而股票的价格上升；在不利好信息的指引下，投资者出售股票，股价下跌。在这样的一种投资者"用脚投票"的价格机制影响下，公司也不得不接受市场的监督，优化公司的治理。股票融资优化公司治理具体体现在以下三个方面：

（1）有效地监督企业管理者

对企业管理而言，企业管理者是代理人，是企业的内部人，对企业的经营状况方面的信息，了如指掌。而投资者是委托人，是企业的外部人，对企业的经营状况方面的信息，需要通过外在环境或自身的努力来获得。在现代委托代理的关系中，委托人与代理人追求目标存在差异。委托人以自己的财富最大化为目标，而代理人则追求自己的工资津贴收入、奢侈消费和闲暇时间最大化为目标，这必然使两者在利益上产生冲突。在没有有效的制度安排下，代理人很可能在维护自己利益的前提下，最终会选择损害委托人的利益的行为。而直接融资市场的这种信息披露机制，可以在一定程度上缓解这种冲突。在投资者"用脚投票"方式监督下，企业管理者会选择为投资者的利益服务。

（2）能有效采取股权激励措施，使管理者和投资者利益趋同

为缓解投资者和管理者在利益上的冲突，在考虑管理者的薪酬报酬时，可以在其报酬中加入股票期权等市场工具，让管理者

的报酬和股票价格相挂钩。股票价格上涨,管理者报酬提高;股票价格下跌,管理者报酬减少。在股票融资市场上,若股票的价格能反映出企业的价值,则采取股权激励的措施就能使管理者的利益和投资者的利益趋同,共同使得企业价值最大化。

(3)更加有利于公司进行重组

随着直接融资市场的发展,公司重组也变得越来容易实现,如果公司想扩大业务范围,也容易在市场上找到自己相对满意的公司,实行兼并。同样公司经营业绩不理想,也很容易被业绩较好的公司所接管。由于直接市场相对成熟,通过信息披露机制,在双方都比较了解的情况下,企业很容易达成协议。通过债券市场的评级机构,很容易评价出企业经营状况和信用等级。在公司重组后,落后企业的管理体制也容易被先进的管理体制所取代,落后企业的管理者被先进企业的管理者所取代。这样被兼并的威胁使得企业的管理者不得不努力经营,提高企业的盈利水平,优化治理。

4. 促进资源优化配置,推动产业结构升级

直接融资支持产业结构升级就是直接融资支持产业选择、产业结构合理化和产业结构高级化的过程,而直接融资进行产业选择是实现融资对产业结构合理化和产业高级化的基础,产业结构的合理化又是产业高级化的基础,产业结构达到合理化后,又必须经过企业技术创新,提高产品附加值,使产业由资源推动型向技术创新驱动型方向迈进。因此,要实现产业结构升级达到产业结构高级化过程,需要进行三次金融资源优化配置支持。

(1)直接融资第一次优化配置,支持产业选择

直接融资第一次优化配置是通过资本市场准入政策,来优化产业政策的选择。具体来说,就是国家通过法律规定股票和企业债券公开上市发行的条件,不符合产业结构调整方向的行业和企

业,就不允许其上市募集资金。这样就保证了直接融资市场上的金融资源,流向那些符合产业调整方向的企业或行业,实现了金融第一次支持产业结构的调整。

（2）直接融资第二次优化配置,支持产业结构的合理化过程

直接融资支持产业结构的合理化过程,主要体现在直接融资市场的资金募集、信息披露和并购重组等功能上,它们能引导产业结构向合理化方向发展。下文笔者结合产业结构的动态存量转换和动态增量的发展两个视角,针对直接融资对产业结构合理化的支持的三个方面展开分析。

① 资金募集对产业结构合理化的支持

那些有发展前景产业的企业很容易在证券市场的一级市场上公开发行股票,募集资金,以支持其发展壮大,从而实现产业增量发展。那些没有发展前景产业的企业,因难以获得资金支持,迫使其放弃没有发展前景产业的生产,转向有发展前景产业生产,实现产业存量转化的发展。有发展前景产业在发展初期,其风险和收益不相匹配,因间接融资不愿意承担风险而进行直接融资,而募集资金具有分散风险的特点,为有发展前景产业的初期发展提供支持。

② 直接融资的信息披露引导产业结构的合理化

直接融资二级市场的信息披露制度,使得投资者可以了解到企业的生产经营状况和年度收益和利润情况。投资者自然就愿意把资金投向有发展前景产业企业,没有发展前景产业企业很难得到资金。这样夕阳产业也不得不放弃生产,向有发展前景产业转移,实现产业的合理化。

③ 资本市场并购重组功能推进产业结构合理化

二级市场的股权交易能帮助企业进行并购重组,一旦有发展前景企业缺乏资金,很容易成为大企业收购方的收购目标,随后就可以投入生产,一起获得优质的回报,没有发展前景产业企业,

面临产业盈利能力的压力，在被收购的情况下，不得不转向有发展前景产业进行生产。在股权流通的情况下，企业的并购重组更加有利于实现产业结构的合理化。

（3）直接融资第三次优化配置，支持产业结构的高级化过程

低水平产值的产业结构往往是依靠资源驱动的，而高水平产值的产业结构往往是依赖技术创新驱动，也只有依赖技术创新才能实现由低产值的产业结构向高产值的产业结构迈进。因此，研究直接融资支持产业结构高级化过程，主要就是研究直接融资支持技术发展的过程。从技术的发展过程来看，它一般要经历种子期、成长期、扩张期和成熟期四个阶段。种子期是指产品技术还处在研究或实验阶段；成长期是指产品技术开始投入市场并初步得到市场认可的阶段；扩张期是指产品技术得到市场普遍认可，迅速扩大市场份额的阶段；成熟期是指市场上竞争对手大量的出现，产品的利润开始下滑到社会平均利润水平。直接融资支持产业结构的高级化过程，实际上就是依赖直接融资支持企业技术创新的过程。

直接融资支持技术创新过程，应结合企业技术创新的不同发展阶段来进行分析。在高新技术应用的初级阶段即种子期阶段和成长期阶段，这时的高新技术项目一般都有很高的风险，但是如果高新技术项目一旦获得成功，将会带来巨额的回报。这将会吸引风险博弈基金通过直接金融市场，进入该领域，再将众多的风险投资基金集合起来，然后将其科学地分配到不同的高新技术项目中去。这一过程就是风险投资机制，其经济原理是高风险和高收益相伴随，再根据组合投资分散风险的原则来募集资金。它的高风险性特征就是间接融资无法进入的原因。这种风险投资基金以政府募集资金为主导，再辅之以社会资金，明显带有政策性直接融资的性质。在高新技术应用的中后期阶段即扩张期阶

段和成熟期阶段,高新技术项目已经得到社会普遍认可,进入大规模生产阶段,政府一方面可以提供信用担保,让这些使用高新技术的企业顺利在金融市场发行债券募集资金,然后进行大规模地生产;另一方面,也可以设立创业板市场,让其募集足够资金扩大高新技术项目的大规模生产。

5. 有利于利率市场化改革

中国金融供给侧改革正在紧锣密鼓地向前推进,利率作为资本的价格,其合理化与市场化对中国的金融供给侧改革的重要性不言而喻。中国自 1996 年银行同业拆借利率放开开始,一直在稳步推进利率市场化改革;党的十八大召开后,利率市场化改革再次引起社会各界的关注。2013 年,贷款利率管制全面取消;2015 年,存款利率管制全面取消,名义上这似乎是完成了利率市场化,但实际上距离真正意义上的利率市场化还相差甚远,真正意义上的利率市场化必须要有健全的利率形成和调控机制,让利率在资源市场配置中真正发挥资本的价格作用。作为直接融资载体的资本市场发展促进了利率市场化,减少了利率的波动对经济增长的直接影响。当前国家经济发展正处在向经济新常态全面过渡的转型时期,难免存在着资金短缺和信贷配给制并存的局面,利率市场化改革,可摆脱因管制而使利率过高的现象。利率过高难免带来投机行为;利率的过度频繁波动可能危及金融的稳定运行,而资本市场的发展将有助于金融市场的稳定。直接融资市场的发展会导致大量金融资本出现,使企业获取资金的渠道增多,实际投资对利率的敏感性降低,即投资对利率的弹性减弱。因此,直接融资市场的发展,在稳定金融发展的同时,也有助于经济稳定发展。

(二)直接融资数量型驱动机制促进内生增长

直接融资数量型作用机制主要是指资本市场通过资本积累

的渠道促进经济增长。该渠道促进经济增长是以 Gurley John G. 和 Shaw E.S.(1955)的债务积累假说为基础,从资本市场收集资金投资到大项目中去,这就解决了投资项目不可分的问题,从而促进了资本的积累,使经济得以增长。

资本市场的发展对资本积累的总量、速度和效率都有比较重要的影响,其可以促进储蓄率和储蓄—投资的转化效率的提高,从而推动经济的长期增长。

1. 资本市场的发展能有效地动员储蓄,促进了资本积累与经济增长

企业能在发达的资本市场以较低廉的成本筹集资金,进行资本的积累,迅速扩大生产,以促进经济增长。家庭也可以以保险的形式应付各种市场冲击,分散风险,高效发达的资本市场具有较强大的动员储蓄的能力。

2. 资本市场的发展能有效地分散流动性风险,促进资本积累与经济增长

在发达的资本市场上,家庭能通过改变其消费行为和投资行为来分散流动性风险。下面就这两方面加以简单分析:①在家庭消费行为方面,资本市场的发展使得家庭财富管理更加便利,在各种金融资产之间的转换速率和便利程度都大大提高(Levine,1997),从而促进了经济增长;②在家庭投资行为方面,一般家庭都是风险厌恶型,如果没有资本市场的组合投资来分散风险,他们都将资金投向流动性资产,高风险高收益的项目便无法进行融资。

同样道理,资本市场的发展能帮助企业有效地分散流动性风险。这种分散经济主体的流动性风险增加了生产性投资在整个储蓄中的比重。资本市场的发展为生产性投资提供了稳定的来源,避免生产性投资提前变现,促进了资本的积累,进而促进了经

济增长。

3. 资本市场的发展加快了利率市场化进程，促进了资本积累与经济增长

资本市场的发展使得市场存在各种不同的金融工具，这些金融工具在时间期限、流动性和面临的风险等方面都存在各种差异。而随着资本市场上利率市场化进程的加快，各种不同性质投资的供给和需求，都能在市场上得到满足，如高收益投资项目的不可分性和投资机会与能力分布的不均衡性等，最终使得资本由收益率低的项目向收益率高的项目发生转移，从而提高储蓄—投资的转化率。

（三）直接融资质量型驱动机制促进内生增长

直接融资质量型作用机制主要是指资本市场通过企业技术创新的渠道促进经济增长。企业技术创新投资不足，从本质上看，就是企业技术创新活动的不确定性和高额的交易成本。资本市场的高度发展能较好地适应企业技术创新的外部环境要求，大大降低其交易费用，激励投资者对创新企业的投资。

企业的技术创新过程是个不完全风险契约过程，在企业技术创新的不同阶段，其面临的不确定性和交易成本的表现形式不近相同。在企业技术创新的前期，在信息成本的影响下，存在收益的不确定性；在企业技术创新的中期，在检查成本的影响下，存在代理合约履行的不确定性；在企业技术创新的后期，在转让成本的影响下，存在投资回收的不确定性。

下文将根据企业技术创新三个时期的不确定性风险，分别从信息揭示与传递、项目监督与治理和风险分散与分担的视角，分析资本市场是如何支持企业技术创新的。

资本市场融资促进企业技术创新的机制模型如图 3-1 所示。

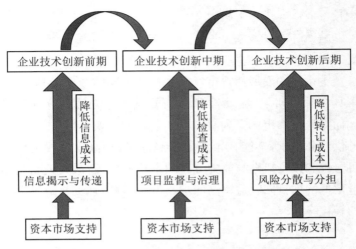

图3-1 资本市场融资支持企业技术创新机制

1. 信息成本与资本市场的信息揭示机制

信息作为一种生产要素,对现代化经济建设发挥着举足轻重的作用。资本市场具有信息传递和显示企业技术创新的功能,资本的供求关系通过其价格和非价格的因素反映出来。投资者充分利用资本市场信息揭示功能,对企业技术创新的特点、所有权结构和成功的概率加以了解和掌握,并迅速进行传播。在具有流动性资本市场上,当其规模变得越大,投资者越有动力去获取信息。因为其规模越大,流动性越强,投资者通过信息获取的收益就越大。这样,在市场价格机制的作用下,资本市场上所体现出来的信息,如投资者的交易行为和市场价格,反映了众多投资者对投资项目的评价。如果信息一旦被揭示,投资者就能迅速根据这些信息,对自己的投资行为作出恰当的投资决策。这样就进一步提高了投资者的投资效率,优化了资源配置效率,使得企业技术创新得到稳定的投资资金支持。

　　为进一步描述资本市场驱动企业技术创新的信息揭示机制，本文采用 Allen(1990，1993)的研究模型加以说明。

　　模型的假设：(1)第 i 家企业有若干个技术项目可供选择；(2)每个可供选择的项目，具有的技术含量各不相同，而且项目的选择会影响到企业价值；(3)第 i 家企业在获取信息 b_i 的情况下，采取带有 a_i 技术的项目，则企业价值由其选择项目而定，即 $V_i = V[a_i(b_i)]$。

　　由于企业所掌握的信息 b_i 是不完全的，和真实信息 B 之间是有偏差的，这个偏差用一个白噪音来表示，即 $b_i = B + e_i$，e_i 为白噪音，其期望值为 0。在企业掌握的信息和真实自然信息有偏差的影响下，企业选择后的真实价值和可能的最大价值之间存在较大的偏差。具体情况，如图 3-2 所示。

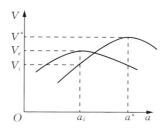

图 3-2　资本市场企业的信息与项目的选择

　　图 3-2 中，第 i 家企业，在拥有信息 b_i 情况下，采用了技术项目 a_i，获得了企业价值为 V_i，V_e 是预期获得的最大企业价值，V^* 是由全部信息 B 采用项目 a^* 所决定的真实最高企业价值水平。采用项目的偏差和拥有信息的偏差，导致这两条曲线不能重合。由于企业拥有的信息 b_i 与真实信息 B 之间的偏差，反映了 V_i 和 V_e 之间的差距。企业在不完全信息的条件下，选择了并非理想的项目，导致了企业维持低效的生产水平，而资本市场的发

展缩小这两条曲线的差异。当企业的市场价值与实际的价值发生偏离,就会形成一个相关的信息集,投资者就会花费一定的成本去寻找这些信息集,再利用这些信息调整自己的投资决策。一旦投资者发现自己购买的股票的价值被高估,投资者就会选择选择"用脚投票",在市场上进行抛售;若投资者发现自己购买的价值被低估,则购入股票,投资者发现若是企业管理者经营失误,就会选择"用手投票"或者其他收购方式进行整顿。投资者的交易行为反映了其对企业信息的掌握情况,大量的投资者所掌握的信息引起市场的波动,使得企业掌握的信息逐渐向真实自然信息趋近,这样,资本市场的信息披露优化了资源配置,促进了企业技术进步。

2. 检查成本与资本市场融资的项目治理机制

企业实现技术创新,涉及的经济主体颇多,如投资者、企业家和技术人员等。投资者购买股票是一个典型的不完全契约合约,在企业家和投资者签订合约生效后,就需要对企业技术创新过程实行检查与监督,实行检查与监督就需要成本。而资本市场的发展使得检查与监督企业家的创新成本进一步降低,投资者的"用手投票"与"用脚投票"的运行机制,迫使企业的创新项目进展情况要向市场进行信息披露,这样企业接受市场的监督,优化了企业治理。

3. 转让成本与资本市场风险分散的机制

投资项目只有加快其周转速度,才能提高投资效益,在企业技术创新的后期,最大困难在于创新技术资产转让。创新技术资产是一个高风险的资产,一般来说都是分散到众多的投资者身上,方可以减少和避免高风险给投资者带来严重后果。如果高新技术投资集中在一个或几个投资者身上,其产生的后果,投资者恐怕难以承担。资本市场让众多的投资者投资高新技术投资项目,分散了投资项目风险,使得单个经济主体承担的风险大幅度下降,这样,众多的投资者就有可能把资金投入到高风险项目上来,保证了企业技术创新的顺利进行。另外,技术投资风险的流动性来自资产变现的不确定性,而技术创新资产的专用性,增加了其流动性风险,而资本市场的发展降低了风险投资资产的流动性,降低了信息成本和交易成本。股票市场能降低或规避流动性风险,其直接原因是股票本身具有流动性,能随时在市场上迅速变现,来解决流动性问题。正是因为股票市场的存在,使得企业技术创新生产性资本,不会为满足其流动性而被减少或清算。

三、间接融资与直接融资驱动经济增长作用比较分析

本章前面两节分别介绍了间接融资与直接融资对经济增长的作用机制,这两种融资方式对经济增长的促进作用有一定的相似性,但是从本质上看还是存在很大的区别。为进一步探索它们之间的差异,本文从经营成本和信息不对称两个方面来进行比较分析。

(一)基于经营成本的比较分析

笔者借鉴借鉴陈双(2012)的分析方法,对间接融资方式和直接融资方式的经营成本进行分析。模型的基本假定包括:(1)企业的融资可以通过间接融资进行也可以通过直接融资进行,其中,直接融资比重占所有融资的比重为 λ;(2)金融机构在经营过程中产生成本,且它包括固定成本和可变成本两部分;(3)金融机构的经营具有规模经济效应。

金融机构经营的固定成本 E,代表这家金融机构经营的最小成本,它也从另一个侧面表示其规模经济,其原因是因为金融机构的业务量越大(其规模越大),平均固定成本就越低。可变成本是随着金融机构业务量变化而变化的成本,可以表示为:

$$VC = \sum_{i=1}^{z_t} c_i b_t \tag{3-1}$$

式(3-1)中，b_t 为每笔业务的融资量，c_i 为第 i 笔业务的经营成本占总融资额的比例，z_t 为该金融机构承担的融资业务项目的总数。

间接融资金融机构在经营业务时，需要对信贷资金负责，若借款人不能按时归还贷款，所带来的资金损失，则由金融机构承担，因此，金融机构在贷款前和贷款过程中，必须对贷款人的资质和贷款的具体项目进行严格的审查和监督，而进行这些审查和监督需要投入大量的成本。

直接融资金融机构在经营业务时，并不需要对股票或者债券等有价证券的承销或包销负责，也不需要对整个融资过程中资金的安全进行严格的审查和监督，因而就不需要严格的审查和监督成本，诚然发行有价证券也需要成本，但其代价远小于间接融资的审查和监督成本。

在此作进一步假定，间接融资业务的边际经营成本为 c_x，直接融资业务的边际经营成本为 c_z，并且假定每笔融资业务数额相同为 b_t，则通过间接融资所需要的可变资本成本为：

$$MVC_x = c_x b_t \tag{3-2}$$

通过直接融资所需要的可变资本成本为：

$$MVC_z = c_z b_t \tag{3-3}$$

在 $c_x > c_z$ 的情况下，可以得出：$MVC_x > MVC_z$，再根据假定(1)直接融资比重占所有融资的比重为 λ，则可以得出：

$$VC = [\lambda c_z + (1-\lambda)c_x] z_t b_t \tag{3-4}$$

在这家金融机构的经营总成本为：

$$TC = E + [\lambda c_z + (1-\lambda)c_x]z_t b_t \qquad (3\text{-}5)$$

在金融机构经营成本既定的情况下，随着 λ 的增大，$\lambda c_z + (1-\lambda)c_x$ 会变小，而 b_t 和 E 又不变，则 z_t 会增大，即同样的金融资本驱动经济增长的效果会增加。

（二）基于信息不对称的比较分析

在上一小节，在理想的条件下，我们对直接融资和间接融资内生作用的经营成本进行了比较分析。但在现实生活中，信息不对称问题在企业的融资问题上也是普遍存在的，其对经济主体的选择和均衡结果都会产生一定的影响，为使研究与现实更加接近，本节从信息不对称的视角继续对直接融资和间接融资的内生作用进行比较。

信息经济学指出，经济社会存在的信息不对称问题易导致道德风险和逆向选择。在间接融资方式中，银行作为融资的中介，能够起到很好的监督作用，有效地避免因信息不对称而产生的道德风险和逆向选择问题。因为单个投资者不可能监督到借款人是如何投资和如何进行生产的，银行可以代表众多的投资者对借款人进行监管。这样就避免了单个投资者对企业的重复监管，节省了大量的监管成本，使得监管企业的行为在现实生活中变得更易实现，从而使间接融资能有效地解决因信息不对称引来的道德风险和逆向选择问题。相反，直接融资反而不能有效解决信息不对称性问题，导致经济增长效率低下，对经济的增长不利。

1. 基本博弈条件

假设经济体系中，参与博弈方包括企业、直接融资机构、间接融资机构（银行）和投资者。投资者拥有资金可以参与直接融资，直接购买公司的股票或者债券，也可以参与间接融资，把钱存入银行获得利息，由银行家选择企业，然后收取手续费 a，还可以把资金投向安全资产，获得 γ 的收益。企业家没有多余的资金，只能经营一个投资项目,但是有两种类型的项目可供其选择。它们分别是 G 类型项目和 B 类型项目。

G 类型项目的投资成功率为 G,投资成功后获得的收益为 r,投资失败的收益为 0。企业家不能从该项目中获得个人利益。B 类型项目的投资成功率为 b,投资成功后获得的收益也为 r,同时,企业家获得私人收益 B,$B>0$,投资失败的收益为 0。且 G 类型项目的投资成功率大于 B 类型项目的投资成功率,即 $G>b$,只有 G 类型项目产生净现值为正,即

$$rb+B<\gamma<rG \tag{3-6}$$

恒成立。

对企业而言,企业家可以自行选择 G 项目,或是 B 项目,这是企业的私人信息,也就是说在信息不对称的条件下,投资者并不能直接观测到企业家选择哪个项目。但是在间接融资方式下,通过金融中介银行,投资者才可以对企业实行监管,并且银行监管需要成本 c;在直接融资方式下,通过立法强制企业家公开其与经营相关的信息,投资者也可以对企业实现预期;如果不存在公开信息法规,企业公布的相关经营信息是不可信的。

金融市场具有完全竞争性,即投资者是选择直接融资还是间接融资,可以实现零成本相互转化。

根据上述假设,我们用博弈树刻画上述博弈过程,如图 3-3 所示。

这是个非完全信息动态博弈,具有信号博弈的基本特征。

2. 投资者、金融机构和企业的策略

(1) 投资者的策略

投资者可以选择直接融资策略、间接融资策略或安全资产策略。

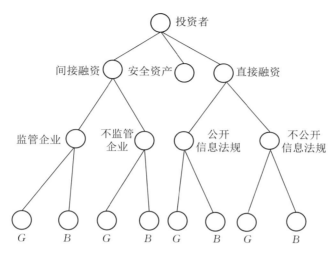

图 3-3 不同融资方式的不完全信息动态博弈模型

（2）金融机构的策略

如果投资者选择了间接融资，银行可能会有监管企业和不监管企业两种策略。

如果投资者选择了直接融资，直接融资市场上有两种情况：公开信息法规和不公开信息法规。

（3）企业家的策略

如果银行选择了监管，企业家有 G 策略和 B 策略；如果银行选择了不监管，企业家有 G 策略和 B 策略。

直接融资市场上要求公开信息法规，企业家有 G 策略和 B 策略；直接融资市场上不要求公开信息法规，企业家有 G 策略和 B 策略。

3. 博弈均衡状态分析

企业家选择 B 策略，因为 B 策略对企业家而言，是上策略，能够获得私人物品，G 策略是下策略，因为企业不能得到私人物品。而对投资者而言,G 策略是上策略,因为其投资收益高,B 策略是下策略,获得的收益低。

当投资者选择间接融资时,银行如果选择监管,企业家必定选择 G 项目,如果选择对自己有利的 B 项目,银行不会贷款给企业,融资活动不能顺利开展;如果银行选择不监管,企业家选择 B 项目,投资者得不到相应的高回报,必定不会选择间接融资,投资活动无法继续。因此,这一策略的纳什均衡为银行选择监管,企业选择 G 项目,但是这策略的一个缺点,是银行需要付出一定监管成本 c。

当投资者选择直接融资时,直接融资市场有公开信息法规约束时,企业不得不选择 G 项目,如果选择 B 项目,则投资者不会购买企业的有价证券,企业无法获得项目融资。假若企业公布的经营信息是假的,企业将会受到相关法律法规的制裁。相反,如果资本市场没有公开信息法规的约束,企业家一定会选择 B 项目,投资者最后不会选择投资。这一策略的纳什均衡是在资本市场公开信息法规,企业选择 G 项目。

比较直接融资和间接融资的纳什均衡结果,不难发现融资最后结果都是企业选择 G 项目,经济得以持续增长。不同的是间接融资需要支付一定的监管成本 c,而直接融资并不需要,这样看来,直接融资对经济增长似乎更加有效。但是直接融资市场需要公开信息法规的约束,也就是说需要有健全的法律法规和规章制度来保障。

四、金融发展驱动经济增长的阶段性机制分析

经济增长的阶段性变化不仅体现了经济增长动力的变化,还体现了经济结构与其要素的变化。金融资本作为生产活动的一种重要的生产要素,其也是随着经济发展的阶段变化,有着不同

的服务形式和作用机制。在不同的经济发展阶段，不同融资方式对经济增长的渠道效果可能不一样。

根据第二章分析的第一类参数，以下笔者将从质量的渠道（技术进步）和数量的渠道（资本积累），进一步对金融发展驱动经济增长的两种机制（后文简称为数量型驱动机制和质量型驱动机制）进行分析。在经济发展的初期阶段，经济发展水平、金融发展水平和技术发展水平都比较低，金融发展驱动经济增长的机制主要是通过资本积累的渠道，即数量型驱动机制，来促进经济增长；随着经济由初级向高级阶段的迈进，金融作用经济增长的渠道也发生了根本性的变化，技术也显得越来越重要，金融发展驱动经济增长的机制主要通过技术进步的渠道，即质量型驱动机制，来促进经济增长。

在经济发展的不同阶段，各种要素的禀赋存在着巨大差异，因而适合经济增长的最佳比例也在不断发生变化。在经济发展的初级阶段，劳动力一般比较丰富，而资本相对稀缺，技术水平也相对落后，这时，经济体一般发展劳动密集型产业具有比较优势，在技术上采用模仿和引进的方法，在资金方面，尽量减少资金约束，扩大资本积累，通过数量型经济增长渠道，促进经济增长。Aghion（2005）研究认为金融发展驱动经济增长，随着一国的国民收入水平和经济发展阶段的变化而变化。从金融的经济功能来看，金融通过促进资本积累和技术进步，达到长期经济增长的目的，但在经济发展初级阶段，促进资本积累的作用机制即数量型驱动机制，相对来说更加重要。在经济发展初级阶段，商品的社会总供给小于商品的总需求，只要商品能生产出来，一般来说都能带动经济增长，而制约商品生产的瓶颈是资本的稀缺，由于市场竞争不激烈，较低的技术或者模仿别人的技术相对来说也较容易满足。随着经济逐渐向高级阶段进化，简单扩大生产虽然能增加总供给,但是不能满足人们的有效需求,只能形成过剩的产能,因此,要满足人们的有效需求,必须要求生产领域生产高质量的产品,要生产高质量的产品就要求生产领域必须提高生产技术。这样,数量型的增长渠道在经济发展到高级阶段,很难达到预期效果,质量型的增长渠道就是其发展的必经之路。

在经济发展的初级阶段,政府采用干预性措施使得资本快速积累,通过数量型驱动机制较好地促进了经济增长。但是随着经济由初级向更高级阶段迈进,政府再采用措施使得资本快速积累,其效果大打折扣,不仅不能促进经济增长,有时反过来成为阻碍经济前进的动力,甚至造成部分行业和企业出现产能过剩,这时候,技术进步就显得更加重要,就需要政府采用激励技术进步的措施,来促进经济增长。产生这种现象的原因主要体现在以下几个方面。第一,经济创新主体地位难以体现。当经济迈入高级阶段,经济体需要技术创新来促进其发展,而此时,政府仍采用资本积累的渠道横加干预,使得资金很难流向那些真正创新的主体,市场也难以生产出市场所需要的高质量的产品,这样造成创新主体地位的缺失,从而从根本上阻碍了金融发展驱动经济增长质量渠道。第二,政府不当的宏观经济政策阻碍创新发展。企业技术对经济增长产生的作用,主要通过两种机制产生影响,一种是技术模仿与吸收,另一种是研究与开发。政府的不当干预往往导致金融抑制,既不利于技术模仿与吸收,同样也不利于研究与开发。为进一步说明此观点,笔者以研究与开发为例加以分析和说明。随着经济向高级阶段演进,生产技术逐渐由劳动密集型转向资本密集型,生产对金融的支持依赖性变得更大,企业技术创新机制也由技术模仿与吸收转向研究与开发,同样也需要相应的金融体制进行变革以与之相适应。在经济发展的初级阶段形成的一套金融体系安排，产生的各种金融抑制，使得资本能快速形成积累，在当时具有一定的合理性和可行性，但是随着经济现代化进程的加快，如果还继续维持原来的金融抑制模式，可能会导致经济陷入"非趋同的陷阱"（Acemoglu，2006）。

那种具有潜在的盈利性、高生产率的高新技术，可能会因原有的金融安排（这里指金融抑制）而不能很好地转化成现实的生产力。为此，本文提出两点假设。

假设 1：在经济发展的初级阶段，数量型驱动机制较好地促进了经济增长。

假设 2：在经济发展的高级阶段，质量型驱动机制较好地促进了经济增长。

第二节　金融发展驱动经济增长作用的效率分析

本节将首先借鉴国际学术界传统的做法，立足当代经济学理论前沿，对经济增长效率的度量作出理论分析；然后融入本文第二章嵌入两个金融部门的动态最优化内生增长理论模型提炼出的两类参数，分析金融发展驱动经济增长作用的效率；最后，分析中国金融资源错配对经济增长的影响。

一、金融发展驱动经济增长效率的理论分析

这里，立足当代经济学理论前沿，对经济增长效率的度量作出理论分析，具体而言，对全要素生产率的度量进行理论分析。

（一）经济增长效率的度量

如前述，度量经济增长效率的最好指标是全要素生产率。下文将对全要素生产率的测算进行理论分析。

索罗残值法是一种测算全要素生产率的传统方法，这种方法

最为关键的假设是生产者都能实现其最优生产率,他们把投入要素以外的因素都归结为技术进步(technological progress)。Farrell(1957)认为这一假设不完全符合现实,现实生产与投入—产出的技术边界有一定差距,不可能达到这一边界,并且首次提出技术效率的前沿测定方法。这一方法的提出,就立即得到理论界的广泛认可,并很快成为效率测度的基础。随后,Aigner 和Chu(1968)建立了前沿生产函数模型,将生产效率分为技术前沿和技术效率,前者刻画前沿投入—产出边界,后者刻画实际生产和前沿生产技术的差异。

所谓生产前沿是指在一定时期内,在生产技术不变的条件下,各种不同比例的要素投入,所对应的最大产出。一般地,生产前沿用生产函数来表示。根据生产函数具体形式的已知情况,前沿分析法分为带有参数的前沿分析法和非参数前沿分析法,带有参数的前沿分析法又可分为确定性前沿分析和随机前沿分析(Stochastic Frontier Analysis,简称 SFA),非参数前沿分析法以数据包络分析(Data Envelope Analysis,简称 DEA)为代表。带有参数的前沿分析法最显著的特点是,通过确定前沿生产函数的参数来确定生产前沿面,针对不同的研究对象,所确定的生产函数存在一定差异,技术效率的测度也有明确的方向性,而非参数方法不需要确定参数,只需求解线性规划,来确定生产前沿面,此方法简便易行,并且得到应用广泛。带有参数的前沿分析法依赖于生产函数的选择,如 Cobb-Douglas 生产函数、Translog 生产函数等。

目前,这两种方法广泛应用于社会各个领域,但是在使用过程中,也存在着一些问题。我们不能简单地评判哪一种方法更优,必须根据实际情况,作出具体分析。

1. 确定性前沿分析

Afriat 和 Aigner 等分别提出了各自的确定性前沿模型,在不考虑随机因素影响的情况下,求解前沿生产函数,直接采用线性规划的方法计算生产的前沿面,确定性前沿生产函数把最优产出和平均产出的全部误差,归结为一个单侧的误差项生产非效率 ε。

确定性前沿模型为:

$$Y = f(X)\exp(-u) \tag{3-7}$$

其中 $u \geqslant 0$,因而 $\exp(-u)$ 介于 0 和 1 之间,反映了生产函数的非效率程度,也就是实际产出与最大产出之间的距离。其参数都是通过计算得到的,而不是估计的,因而无统计上的解释。由于确定性前沿模型把所有可能产生影响的随机因素,都作为技术无效率来进行测定,这使得其技术效率测定结果与实际的效率水平有一定的偏差。

2. 随机前沿分析法

在实际应用中,前沿面的确定 SFA 被称为"统计方法"或"参数方法",即采用计量模型,对前沿生产函数的参数进行统计估计,并在此基础上,对技术效率进行测定;为了消除确定性前沿模型的这一缺陷,Battese 等(1995)、Chow 等(2002)和傅晓霞等(2006)各自建立随机前沿模型,对模型进行了分析,提高了技术效率测定的精确性。

随机前沿分析是前沿分析中参数方法的典型代表,即需要确定生产前沿的具体形式。与非参数方法相比,它的最大优点是考虑了随机因素对产出的影响。随机前沿分析要解决的问题是要度量 n 个决策单元 T 期的技术效率(TE),每个决策单元都是 m 种投入和一种产出。对于该面板数据问题,SFA 最常用的模型基本组成如下:

$$\ln y_{it} = \ln f(x_{it}, \beta) + v_{it} + u_{it} (i = 1, 2, \cdots, n, t = 1, 2, \cdots, T) \tag{3-8}$$

其中,y_{it} 表示产出,x_{it} 表示投入,β 表示模型的参数,在此模型中又将随机误差项 ε_{it} 分成两项:一项为 v_{it},表示统计误差项,又称随机误差项;另一项为 u_{it},表示为非效率误差项,又称非负误差项。由于确定性前沿,没有考虑生产活动中存在的随机误差(测量误差和其他统计噪音)的来源,所有偏离前沿生产的其他因素,都被假定为技术无效,这里 $\ln f(x_{it},\beta)+v_{it}$ 为随机前沿生产函数,实际产出的对数以 $\ln f(x_{it},\beta)+v_{it}$ 为上限,统计误差项 v_{it} 可正可负,随机前沿产出围绕着这确定部分 $f(x_{it},\beta)$ 上下波动,u_{it}(非负)代表着生产效率或管理效率,服从半正态分布。

模型具体假设如下:

(1)统计误差项 $v_{it}\in \text{iid } N(0,\sigma^2)$,主要是由不可控因素引起,如自然灾害,天气等因素;

(2)非负误差项 $u_{it}\in \text{iid } N(0,\sigma^2)$,取截断正态分布(除去正态分布小于 0 的部分),且 u_{it} 和 v_{it} 是独立同分布;

(3)v_{it},u_{it} 和解释变量 x_{it} 相互独立。

因而可以进一步推出:

$$TE_{it}=\exp(-u_{it}) \tag{3-9}$$

$$u_{it}=\exp[-\eta\times(t-T)]\times u_i \tag{3-10}$$

$$\gamma=\frac{\sigma_u^2}{\sigma_v^2+\sigma_u^2} \tag{3-11}$$

在公式(3-9)中,$TE_{it}=\exp(-u_{it})$ 表示第 i 个决策单元在 t 时期的经济增长效率值。当 $u_{it}=0$ 时,$TE_{it}=1$ 表示决策单元经济增长处在有效技术状态。该决策单元刚好处在生产前沿面上;当 $u_{it}>0$ 时,则 $0<TE_{it}<1$,表明该决策单元存在技术无效率,此时该决策单元位于生产前沿面之下。

在公式(3-10)中,描述了时间因素对 u_{it} 的作用。当待估的参

数 $\eta>0$ 时，$\exp[-\eta*(t-T)]$ 下降速度递增，即经济增长效率以递增的速率下降；当 $\eta<0$ 时，上升速度递增，即经济增长效率以递增的速率增加；当 $\eta=0$，经济增长效率无时间变化趋势。

在公式（3-11）中，γ 表示非负误差项的方差占随机误差项方差与非负误差项方差和的比例。其值在 0 到 1 之间，表明误差项的来源在生产非效率与统计误差间的分配，当 γ 接近于 1 时，这说明模型中的误差主要来源于增长非效率 u_{it}，也即此时该决策单元的实际产出与前沿产出之间的差距，主要来源于技术非效率所引起的损失；当 γ 接近于 0 时，则说明实际产出与前沿产出之间的差距，主要来自统计误差等外部影响因素。如果 $\gamma=0$，则表示 $\sigma_u^2 \rightarrow 0$，进一步地可以推理得误差项 $\varepsilon_{it}=v_{it}$。在统计检验中，若 $\gamma=0$ 这一原假设被接受，即说明所有测算的该决策单元的生产点，均位于生产前沿曲线上，此时则无需使用 SFA 技术来分析，直接运用最小二乘方法即可。若 $\gamma=0$ 这一原假设被拒绝，则一般采用最大似然法。接下来我们选择科布—道格拉斯生产函数作为具体例子，同时结合图 3-4 来进一步描述随机前沿模型。

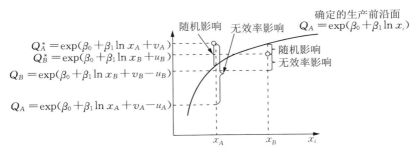

图 3-4　SFA 的技术效率图

图 3-4 中显示了由科布—道格拉斯生产函数确定的前沿面为：

$$Q_i^* = \exp(\beta_0 + \beta_1 \ln x_i) \qquad (3\text{-}12)$$

而由前沿面函数可知随机前沿模型为：

$$Q_i^* = \exp(\beta_0 + \beta_1 \ln x_i + v_i + u_i) \tag{3-13}$$

A，B 两点分别表示随机效应为正和为负的两种情况。A 点随机误差项为正，则随机误差项 v_i 为正数，生产的前沿面函数上升到：

$$Q_A^* = \exp(\beta_0 + \beta_1 \ln x_A + v_A) \tag{3-14}$$

这样，样本的技术效率为：

$$TE_A = \frac{Q_A}{Q_A^*} = \frac{\exp(\beta_0 + \beta_1 \ln x_A + v_A - u_A)}{\exp(\beta_0 + \beta_1 \ln x_A + v_A)} \tag{3-15}$$

B 点随机误差项为负，则随机误差项 v_A 为负数，生产的前沿面函数下降到：

$$Q_B^* = \exp(\beta_0 + \beta_1 \ln x_B + u_B) \tag{3-16}$$

这样，样本的技术效率为：

$$TE_B = \frac{Q_B}{Q_B^*} = \frac{\exp(\beta_0 + \beta_1 \ln x_A + v_B - u_B)}{\exp(\beta_0 + \beta_1 \ln x_B + u_B)} \tag{3-17}$$

3. 数据包络分析法（DEA 模型分析）

在实际应用中，数据包络分析是一种采用非参数形式求前沿效率常用的方法。A. Charnes 和 W. W. Cooper（1978）采用线性规划技术，直接根据投入和产出数据，进行计算，来确定生产前沿面测定技术效率，而不需要已知生产前沿函数的具体形式。

该方法实施过程如下：首先是要确定决策单元（DMU），而这个决策单元必须是同一类型的部门或单位；其次再通过决策单元的投入与产出来确定生产有效的前沿面；最后计算其技术效率。具体说来，决策单元的投入通过其输入数据来衡量，决策单元的输出通过其输出数据来衡量。这些输入数据主要体现在决策单元在从事某种生产活动中所投入的各种要素的数量，如投入资金、原料等，而输出数据主要体现在决策单元通过这些要素投入所获得的成果和产出，如产品产量、收入金额等。然后再根据这些决策单元的输入和输出数据，构造生产有效的前沿面，最后通过考察每个决策单元离此前沿面的距离，来计算该决策单元的投入产出的效率如何，即技术效率。

（二）金融发展驱动经济增长的效率分析

与发达国家不同，发展中国家的经济体有其特质，因此，我们在使用传统理论框架，对发展中国家的金融发展和经济增长关系分析之时，就需要充分考虑这些发展中国家经济体的特质。McKinnon 和 Shaw（1973）在考察了大量发展中国家的经济发展进程后发现，发展中国家普遍存在金融市场落后、货币化程度低和政府对金融的干预过度等问题。充分的竞争很难体现在金融市场上，这样导致信贷资金配置的扭曲，使得原本稀缺的资金流向某些投资回报率并不高的项目上，而大量投资回报率较高的项目，急需资金，却无法获得足够的资金。在银行主导的融资模式下，银行将信贷资金投放给公共部门或大型企业，而大量中小企业很难在金融市场进行正常融资，只能以较高的利率从非正式金融机构获得贷款。同时，在低利率政策和政府对资金投向干预的情况下，通货膨胀率处于较高水平，使得实际利率为负，极大地打击了居民储蓄的积极性，而公共部门或大型企业却能获得充足的资金，并且是以较低的价格获取，从而扭曲了金融市场上资金价格，利率无法在金融市场上发挥其价格机制的职能，无法真实地把资金配置到真正稀缺的企业中去。这种"二元结构"问题，在广大发展中国家的金融体系中，当然也包括中国的金融体系，却长期存在。由于这种金融抑制的存在，大大抑制了经济增长的效率。为提高经济效率,发展中国家应该实行金融深化政策,提高实际利率,达到消除金融抑制的目的。

发展中国家由于市场机制不完善,经济中存在金融垄断,信贷资金配置效率低下,严重地影响了经济的长期稳定增长。因此,发展中国家仍需要政府进行选择性的干预,打破金融垄断,发展金融宽化,促进经济长期稳定增长。依照金融约束理论,金融部门在政府选择性干预下,金融深化得到发展,而不是阻碍。这样可以使市场正常运作。政府对银行业的竞争限制,也并不意味着完全否定银行进入市场,在一国经济进行金融深化的初期,新市场或许并不满足于一家银行开展业务,需要更多的银行为其提供服务。因此,发展中国家在进行金融深化的同时,也要注重金融宽化方向的发展,鼓励建立多元化的金融机构,提供多样化的金融服务,构建完善的市场机制,使不同类型的金融机构可以在市场上展开充分竞争,最终达到促进经济长期稳定增长的目的。

近些年来,中国在金融深化和金融宽化的改革方面也取得了一定成效。首先,金融垄断在一定程度上被打破;其次,多层次、广覆盖、有差异的金融机构得到发展;第三,个性化、差异化、定制化的金融产品得到开发。这些改革措施为中小企业、农户和社区提供了特色金融服务,也完善了金融市场竞争机制,使得资金的价格利率发挥了其重要的作用,更好地满足了各种不同类型和层次的经济单位对金融服务的需求。

从图3-5,我们可以看出,直接融资不需要经过中间的食利阶层,资金由投资者直接流向需要资金的企业,大大地降低了企业筹集资金的成本,增加了企业的盈利空间,企业就能运用筹集的资金进行技术创新,而间接融资在资金供给方垄断的情况下,企业很难以较低的成本获得生产资金,即便通过多方途径获得信贷资金后,资金使用成本大大提高,失去了技术创新的动力,只能维持简单的生产。

　　下面我们结合图 3-5,从直接融资和间接融资两个方面,根据金融发展参数的变化驱动经济增长产生的影响,对金融发展驱动经济增长的效率予以分析。

　　首先分析间接融资市场。间接融资驱动经济增长的过程相对复杂。根据公式(2-32),随着参数 η_1 的增大,会导致更多的资金转化成虚拟资本,虚拟资本虽然也有部分投向实体企业,但终究是分流了储蓄直接向实体经济投资转化的资金,更有部分资金回流到个人收入部分,不能转化成投资,实体企业可用资本减少,产出降低,经济增长率下降,金融发展驱动经济增长的效率降低。反之,若 η_1 降低,则金融发展驱动经济增长的效率可以提高。不过,当前中国,由于虚拟经济利润率过高,金融资源更容易向虚拟经济转移,此时伴随着金融资源"脱实向虚"。根据公式(2-31),随着参数 δ_2 的增大,会导致企业可用的物资资本下降,产出下降,经济增长率下降,金融发展驱动经济增长的效率降低。反之,若 δ_2 降低,则金融发展驱动经济增长的效率可以提高。不过,在中国当前,受政府部门的干预,银行储蓄在向投资转化的过程中,信贷资金的配置效率降低,大量信贷资金投向产能过剩行业,微观领域极容易形成"僵尸企业"。根据公式(2-32),随着参数 ζ、ϕ 的增大,会导致储蓄—投资转化效率的提高,金融发展驱动经济增长的效率提高;反之,若参数 ζ、ϕ 下降,则金融发展驱动经济增长的效率下降。

　　再分析直接融资市场。根据公式(2-33),随着参数 ξ 和 ω 的增大,会导致直接融资的资本规模增大,促使产出提高,经济增长率提高,金融发展驱动经济增长的效率提高。反之,参数 ξ 和 ω 的下降,则金融发展驱动经济增长的效率下降。根据公式

(2-34)，随着参数 χ_1 和 υ 的增大，会导致企业技术水平的提高，同样的资本投入形成更多产出，金融发展驱动经济增长的效率提高。反之，若参数 χ_1 和 υ 下降，则金融发展驱动经济增长的效率下降。

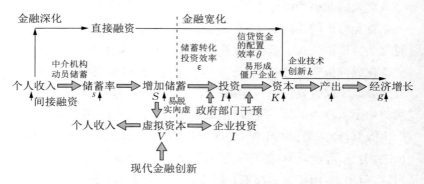

图 3-5　金融发展驱动经济增长过程中的机制图

二、金融资源错配与经济增长

根据第二章的理论模型框架分析的第二类参数 η_1、χ_1 和 δ_2，参数 η_1 和 δ_2 是间接融资驱动经济增长的两个参数，χ_1 是直接融资市场驱动经济增长的参数。参数 η_1 的增大，会导致储蓄向投资转化的减少，直接后果就是金融"脱实向虚"的问题。参数 δ_2 的增大，直接的原因，产能过剩，其微观表现就是"僵尸企业"大量产生。在本节，笔者就金融"脱实向虚"和"僵尸企业"形成这两个问题，先作理论分析，在第四章实证章节中，将结合中国实际国情就这两个问题展开实证分析。

（一）金融资源易倾向于"脱实向虚"

所谓资金脱实向虚是指资金过度流入虚拟经济部门，而导致实体经济部门缺乏资金从事生产活动。中国经济中的生产资金已经过早地向"脱实向虚"阶段迈进。在资金脱实向虚的表现方面，宏观层面是资金大量流向虚拟经济领域，而实体经济领域资金紧张，货币总量增长较快，经济增速下降且下行压力较大；微观层面是资产价格快速上涨，与商品价格较低甚至负增长相背离。中国的资金"脱实向虚"在金融领域和非金融领域，机构和个人层面都有所体现，具体表现为：实体经济领域开展股权、证券投资和委托贷款规模快速增加，金融领域资金空转以及资金投向房地产业增多，个人的资产配置也快速向虚拟经济领域扩展。具体说来，资金的流向如图 3-6 所示。

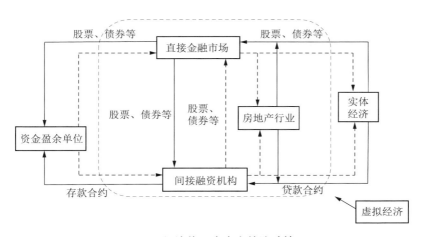

图 3-6　经济体系中资金的流动情况

从图 3-6 中，我们可以清楚地看出，资金在虚线框内构成一个循环系统，不必经过虚线外的实体经济。这样，实体经济得不到资金支持，自然不利于实体经济的转型升级，也严重地影响实体企业的正常运转，实体经济下行，而实体经济的下行又反作用于金融领域，侵蚀金融机构抵御风险的能力，使得金融领域的信用风险加大。

那资金为什么走虚线构成一个循环，而不走实线循环呢？马克思在《资本论》第三卷中指出"利息不外是利润即剩余价值的一部分",是职能资本家支付给货币资本家的一部分利润。虚拟资本也是一种资本,在完全竞争条件下,资本的价格就是利息率,而利息是利润的一部分,利息率的上限就是平均利润率,也就是实体经济的平均利润率。具体到某一行业或某一金融产品的个别收益率可能会高于实体经济平均利润率;但从宏观总体来看,由于等量资本要求获得等量利润,伴随着部门之间利润平均化的过程,虚拟经济的平均收益率不会高于实体经济的平均利润率,也就不会出现资金脱实向虚的现象。然而,为何近些年中国出现了资金"脱实向虚"的现象呢?其根本的原因是虚拟经济领域处于垄断状态,不能根据市场来定价,资本必定是逐利的,在虚拟经济高额的垄断利润的引诱下,必定向其集中。根据马克思利润分割理论,借贷资本家得利息,职能资本家得平均利润,借贷资本家和职能资本家共同分割剩余价值,两者共同合作,扩大再生产就可以继续,如果借贷资本分割更多,必定是职能资本家不生产,而把职能资本转化为借贷资本。这样我们不难理解**金融来源于经济,必定要为经济服务;反过来,如果金融领域只顾自身发展(脱实向虚),不与实体经济相结合,金融就可能反噬经济增长的成果。**

（二）实体经济易出现"僵尸企业"

当经济进入高级阶段,不注重技术水平的提高,仍采用扩大金融规模刺激经济,在微观领域难免会导致企业信贷失衡和产生效率异质性。这样,在实体经济领域,企业较易形成僵尸。

本节将从信贷失衡和企业效率异质性两个方面,探讨"僵尸企业"的识别标准,试图能够更为及时地,或者说带有一定预见性地识别"僵尸企业",从而利于中国有效地降低"僵尸企业"的处置成本。

模型的基本框架采用了垄断竞争市场的理论经典假定前提,企业生产的是具有一定差别但又可以相互替代的产品。企业的融资能力和生产成本也存在差别,金融市场存在着一定程度的分割,正规金融市场和非正规金融市场共存。此外本文还假定银行由于受到政府干预,并不能完全按最大化原则从事贷款业务。本文关注的企业是全要素生产率极低甚至为负的企业,是远低于行业、地区的平均全要素生产率的企业。

笔者认为,关于"僵尸企业"的识别,有两个重要概念必须首先界定:一是信贷失衡,一是企业效率异质性。

信贷失衡可界定为:正规金融的所有制歧视、规模歧视所带来的对同行业不同企业贷款利率水平的差异状况。

企业效率异质性可界定为:同行业内企业全要素生产率(投入产出效率)的高低变化幅度。

现具体展开本文的理论分析:

1. 信贷失衡促成"僵尸企业"

若信贷市场失衡,银行源源不断地提供低于市场平均水平的利率,则易促成"僵尸企业",参见图 3-7。

如图 3-7(a)所示,P^* 为市场价格,当企业处于关闭停业点状态时,企业损失的是固定成本 $S_{P^*ABP_1}$,即总收益 $S_{P^*AQ^*O}$ 与总成本 $S_{P_1BQ^*O}$ 的差;若此时信贷失衡,银行提供低于市场利率的贷款,企业的平均生产成本降低,即企业 AC 曲线降为 AC_0 曲线,企业总成本降为 $S_{P_0DQ^*O}$,企业损失 $S_{P_1BDP_0}$,企业此时不愿退出市场,因为 $S_{P^*ABP_1} \geqslant S_{P_1BDP_0}$,退出市场的损失更大,企业选择不退出市场而形成"僵尸企业"。由于这种信贷失衡形成的补贴并不是市场配置的结果,而是银行人为造成的,整个行业的成本并没有下降,反而是造成行业的供给增加,进而造成市场价格进一步下降,即 P^* 往下降,总收益 $S_{P^*AQ^*O}$ 进一步缩小,在信贷持续失衡的情况下,银行再补贴以降低该企业的成本来止损,由此陷入恶性循环中。

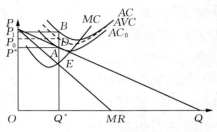

（a）垄断竞争企业关闭停业与信贷失衡

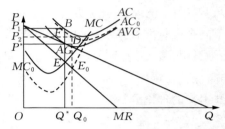

（b）垄断竞争企业关闭停业与生产效率异质性

图 3-7 "僵尸企业"形成分析图

这里成本的变化主要是指企业融资成本的变化,也就是企业利息支出 r_0 的变化,又取决于企业的外部融资能力 ω 和金融分割程度 ζ。这里金融市场的分割是指正规金融市场与非正规金融市场的分离程度,即 $\zeta = (r_H - r_L)/r_L$,r_H 表示企业在非正规金融市场的利率,r_L 表示企业在正规金融市场的利率,则企业在金融市场融资的利率 r_0 满足:

$$r_0(\omega, \zeta) = r_L\{1 + [1 - \rho(\omega)]\zeta\} \tag{3-18}$$

这里 $\rho(\omega)$ 反映的是企业在融资能力为 ω 的情况下从正规金融市场获得贷款的概率,$0 < \rho(\omega) < 1$ 且 $\partial\rho/\partial\omega > 0$。不难发现,企业在金融市场的融资成本 $r_0(\omega, \zeta)$ 在正规金融市场利率 r_L 不变的情况下,随企业外部融资能力 ω 增大而减小,随金融市场分割

程度 ζ 增大而增大。r_0 除了受企业的融资能力影响外,还受投资者对企业融资能力敏感度的影响,如果投资者对企业融资能力不敏感,即便两个企业融资能力差异很大,r_0 也变化不大。

这里引入银行认可的企业融资能力的 ω',$\omega'=\omega^\alpha$,α 用来衡量银行对企业融资能力敏感程度,$0\leqslant\alpha\leqslant1$,此外,本文假定 ω 服从帕累托分布,参数为 τ,则其概率密度函数为:

$$\varphi(\omega,\tau)=\tau\omega^{-\tau-1},\ 1\leqslant\omega \tag{3-19}$$

那么,银行认可的企业融资能力 ω' 也将服从帕累托分布,参数为 θ,则其概率密度函数为:

$$\varphi(\omega',\theta)=\frac{1}{\theta}(\omega')^{\frac{1}{\theta}-1},\ 1\leqslant\omega'\leqslant\infty \tag{3-20}$$

由以上两式可知,$\theta=\dfrac{\alpha}{\tau}$,$\ln(\omega')$ 的标准差 θ 体现了信贷失衡程度,与银行对企业融资能力的敏感度 α 和企业外部融资能力差异程度 $\dfrac{1}{\tau}$ 均为正相关。

在其他因素均不变的情况下,由于某些企业与银行有着千丝万缕的关系,造成所获银行贷款利率的人为降低,即信贷失衡,会带来企业平均成本的下降;很显然那些平时贷款利率波动较大的企业,更有可能获得较低利率的信贷,造成其该退出市场时不会退出市场,继续维持低效生产,成为潜在的"僵尸企业"。为此,本文提出**假设 3:在行业内企业数目、金融市场利率、企业融资能力既定的情况下,"僵尸企业"的数量与信贷失衡程度正相关。**

2. 企业效率异质性促成"僵尸企业"

在同一个行业内,若企业效率异质性增大,则往往导致企业盲目扩大规模,这会加剧产能过剩,进而易促成"僵尸企业",参见

图 3-7 中(b)。

如图 3-7 中(b)所示,企业初始均衡点为 E 点,此时,企业处于关闭停业点的状态,退出市场和不退出市场,损失均为固定成本。若由于某种原因使得生产效率一时增加,导致平均成本、边际成本同时下降,均衡点变为 E_0,均衡产量由 Q^* 暂时增加到 Q_0,比较退出和不退出的成本,企业显然会选择不退出。因为不退出只损失成本 $S_{P^*GDP_2}$,比退出少损失 $S_{P_1P_2FB}-S_{FAGD}$。这样,企业效率一时的增加会导致企业产生扩大生产规模的冲动,当行业内有若干企业出现此种状况时,整个行业便将形成过剩产能,产能过剩导致 P^* 下降,这些企业将面临亏损,成为潜在"僵尸企业";一旦企业生产效率转而下降,这些企业便会沦落为现实的"僵尸企业"。

这里进一步细致分析企业生产效率的变化幅度即效率异质性对"僵尸企业"形成产生的影响。在同一行业内,那些全要素生产率波动不大的企业,对未来发展的期望值相对不高,一旦企业达到关闭停业点时,往往会选择停业。而那些全要素生产率变化幅度大的企业,或者说企业效率异质性强的企业,往往会因一时生产率提高,即便达到关闭停业点仍选择暂时不退出市场,甚至在亏损幅度减小的一时假象下,进一步扩大企业生产规模,从而导致整个行业产能过剩,产品价格下降;面对下降的产品价格,一旦生产率出现逆转,企业的利润空间进一步缩小,或者说亏损更加严重,当亏损超过固定成本时,还不关闭停业,就可能逐渐沦落为"僵尸企业"。这样又提出**假设 4:在行业内企业数目、金融市场利率、企业融资能力既定的情况下,"僵尸企业"的形成与企业的效率异质性正相关。**

第三节　本章小结

本章对金融发展驱动经济增长的机制与效率展开了较为细

致的理论分析。分析区分间接融资视角和直接融资视角展开，每一个视角又细分成数量的渠道和质量的渠道来探讨；运用博弈论等方法对间接融资与直接融资之于内生经济增长的作用进行比较，并分析了金融对经济增长的阶段性作用机制的不同。最后，对金融发展驱动经济增长作用的效率展开了理论分析。本章揭示了，在经济发展初级阶段，间接融资通过数量的渠道，使得物质资本迅速积累，促进经济内生增长，到经济发展到一定阶段后，需要通过直接融资促进企业技术进步，通过质量的渠道促进经济内生增长。本章还推演出两大类若干重要参数对金融发展驱动经济增长的效率的作用性质，并进一步在中国国情下，从理论上推论了这些参数的取值特点必然导致中国出现金融资源易"脱实向虚"和实体经济易出现"僵尸企业"。

第四章
中国金融发展驱动经济增长的机制与
效率实证分析:间接融资视角

从第二章的理论框架中,我们清楚地知道**金融主要是通过两种途径来驱动经济增长**。第一种途径是提高 g_B^*,主要是通过提高间接融资部门的储蓄向投资转化的效率,以此来促进经济增长。第二种途径是提高 g_A^*,主要是通过提高直接融资部门的规范程度 χ_1 和运行效率 χ,扩大其融资规模 R 来促进企业技术进步,从而拉动经济增长。

本章将着眼于金融通过第一种途径促进经济增长,即提高 g_B^*,其中主要是通过提高间接融资部门的储蓄向投资转化的效率,即提高 g_Y^*,来实证分析中国金融发展驱动经济增长的机制与效率。本章是以间接融资为研究视角。

第一节　中国间接融资作用机制
促进经济增长实证分析

改革开放以来,作为中国间接融资体系中最主要的金融中介机构——商业银行,身负重任,积极发挥金融中介职能,为中国资本的快速积累起到了较好的支撑作用,有力地支持了国民经济的发展。在本节中,笔者采用宏、微观数据,实证分析中国间接融资的数量型作用机制和质量型作用机制,是如何促进经济的内生增长的。

一、模型的设定与数据说明

(一)模型的设定

依据第二章理论模型的基本结论,本节采用中国工业企业数据实证检验间接融资进行资本的积累和企业技术创新,对经济内生增长的影响。

为检验理论模型的主要结论,笔者借鉴刘培森的建模方法构建如下回归方程:

$$value\_add_{irt} = \beta_0 + \beta_1 finance_{rt} + \beta_2 tech_{rt} + \theta X_{irt} + \varepsilon_{irt} \quad (4\text{-}1)$$

$$tech_{rt} = \alpha_0 + \alpha_1 finance_{rt} + \theta X_{irt} + \varepsilon_{irt} \qquad (4\text{-}2)$$

式中,i 表示第 i 个企业,r 表示第 r 个地区,t 表示年份,ε_{irt} 表示随机误差项。β_1,β_2,α_1 为要估计的主要解释变量的系数矩阵,θ 为控制变量的系数矩阵,为解决内生性问题,在对模型进行估计时,对企业特征的变量作滞后一期处理。

(二)数据与变量说明

由于受数据库数据的可得性和适用性限制,中国企业层面的数据采用中国工业企业数据库 1997—2007 年的数据。处理方法借鉴聂辉华(2012)的做法:(1)企业的营业状态只保留"营业"选项,"停业""筹建""撤销""其他"和缺失等项全部删除;(2)删除工业总产值、固定资产合计、流动资产合计、负债合计、产品销售收入为负数的项;(3)删除平均从业人员小于 8 的项;(4)删除资产负债率大于 1 和总资产小于固定资产的项;(5)对缺乏工业增加值的年份,采用工业增加值=产品销售额-年初存货+年末存货-工业中间投入+增值税来进行计算。

省级金融市场数据主要来源于国家统计局网站、中经网统计数据库、同花顺 iFinD 数据库、《新中国六十周年统计资料汇编》,

以及相关年度的《中国统计年鉴》《中国科技统计年鉴》《中国金融年鉴》和各省市的统计年鉴。

各变量的名称、符号和定义如表 4-1 所示。

表 4-1　间接融资驱动经济增长实证分析变量定义

变量类型	变量名称	变量符号	变量定义
被解释变量	工业增加值	*value_add*	工业增加值取自然对数
	专利申报	*tech*	各省专利申报数量取自然对数
解释变量	企业年所用资本	*fin_cap*	企业当年所用流动资本＋固定资本折旧
	各省各类贷款规模	*loan*	各省各类贷款余额取自然对数
	各省各类贷款规模增量	$\Delta loan$	各省各类贷款余额增量取自然对数
控制变量	企业规模	*size*	资产总额取自然对数
	资产负债率	*leverage*	企业负债总额与资产总额的比值
	流动资产	*current*	流动资产与总资产的比值
	无形资产	*intangible*	无形资产与总资产的比值
	营业利润率	*profit*	营业利润与全部业务收入的比值
	有效增值税率	*addtax*	企业应缴增值税与企业增加值的比值
	所得税	*incometax*	企业应交所得税与企业利税总额的比值

变量的选取尽量具有代表性和可获得性。回归方程(4-1)式中，被解释变量经济增长采用企业的工业增加值来表示，然后对其取自然对数，表示各变量对企业产出产生的影响；回归方程(4-2)式中，被解释变量企业技术创新采用企业的专利申报数量来表示，然后对其取自然对数，表示各变量对企业专利产出产生的影响。

解释变量金融发展 *fin_cap* 采用宏微观相结合的方法，具体采用 2 个变量来表示:(1)企业年所用资本,为企业每年实际生产所耗用的资本数量;(2)各省各类贷款规模,为各省各类贷款取自然对数。

控制变量全部采用企业层面的指标,具体包括企业规模、资产负债率、流动资产、无形资产、营业利润率、有效增值税率和所得税等。其中,企业规模用企业总资产取自然对数来表示;资产负债率用企业负债总额与资产总额的比值来表示;流动资产用流动资产与总资产的比值来表示;无形资产用无形资产与总资产的比值来比表示;营业利润率用营业利润与全部业务收入的比值来表示;有效增值税率用企业应缴增值税与企业增加值的比值来表示;所得税用企业应交所得税与企业利税总额的比值来表示。

二、实证结果与分析

通过混合模型、固定效应和随机效应的比较,根据 F 值来判断,固定效应优于混合效应;根据豪斯曼检验来看,仍为固定效应优于随机效应,但采用固定效应依然存在异方差和序列相关的问题,因而本节采用 stata 命令对其进行修正,以消除异方差和序列相关产生的影响,如表 4-2 所示。

表 4-2　固定效应修正对比表

	(1) fe	(2) fe_scc	(3) fe_scc_lag1
loan	0.177***	0.177*	0.177*
	(0.021)	(0.074)	(0.077)
tech	0.254*	0.254	0.254
	(0.127)	(0.417)	(0.432)

（续表）

	(1) fe	(2) fe_scc	(3) fe_scc_lag1
$\Delta loan$	-0.268^{***}	-0.268^{***}	-0.268^{***}
	(0.024)	(0.052)	(0.057)
fin_cap	0.035^{***}	0.035^{***}	0.035^{***}
	(0.003)	(0.004)	(0.004)
$size$	0.817^{***}	0.817^{***}	0.817^{***}
	(0.009)	(0.014)	(0.013)
$leverage$	-0.449^{***}	-0.449^{***}	-0.449^{***}
	(0.027)	(0.048)	(0.045)
$current$	0.785^{***}	0.785^{***}	0.785^{***}
	(0.035)	(0.057)	(0.061)
$intangible$	-0.034	-0.034	-0.034
	(0.078)	(0.182)	(0.180)
$profit$	0.003^{***}	0.003^{***}	0.003^{***}
	(0.001)	(0.001)	(0.001)
$addtax$	-0.035^{***}	-0.035^{**}	-0.035^{**}
	(0.001)	(0.011)	(0.011)
$incometax$	0.003	0.003^{**}	0.003^{**}
	(0.003)	(0.001)	(0.001)
$\_cons$	-2.002^{***}	-2.002^{***}	-2.002^{***}
	(0.145)	(0.378)	(0.359)
N	33 535	33 535	33 535
R^2	0.403		
corr	0.203		

注释：表中括号内的数据为标准误差；表中小数保留三位小数；*、**、*** 分别表示统计量在 10%、5% 和 1% 的水平上显著。

表 4-2 中，模型 1 是原固定效应，模型 2 是对原固定效应存在的异方差进行修正，模型 3 是在模型 2 的基础上进行序列相关的修正。反映间接融资的资本积累的主要解释变量 $loan$ 和 $\Delta loan$

的系数在这 3 个模型中都没有发生变化,只是 $loan$ 的显著性水平由 1％的显著变为 10％的显著,其主要经济含义并未发生根本变化。各类贷款的增加对经济增长起促进作用,但贷款增量的增加对经济增长起负面作用。其他控制变量的变化在此不作讨论。

(一)间接融资资本积累对经济增长的作用

表 4-3 采用工业企业数据库和省级数据进行分析。具体说来,这里首先对 1997—2007 年工业企业数据库数据进行三次匹配,其中第一次是根据企业代码进行匹配,第二次是根据企业名称进行匹配,第三次是根据省地县码＋电话号码进行匹配,形成 1997—2007 企业微观层面的面板数据;其次再根据省地县码数据嵌入省级指标,形成一个宏微观结合的面板数据;最后再进行异方差和序列相关修正的固定效应回归,回归方程采用方程 4-1,回归结果如表 4-3 所示。

表 4-3 中,模型 1 至模型 7 都反映出主要解释变量 $loan$,$tech$,fin_cap 和 $\Delta loan$ 对 $value\_add$ 的影响方向没有发生变化,说明主要解释变量对被解释变量 $value\_add$ 具有一定的稳健性。其中,模型 1 中 $loan$ 的系数是 0.401,并且在 1％的显著性水平下显著,说明各省贷款规模的增加有利于企业工业增加值提高,其背后的经济原理也不难理解,说明各省的贷款规模越大,企业的工业增加值就越多。$\Delta loan$ 的系数是 -0.444,且在 1％的显著性水平下显著,说明随着各省贷款规模的扩大,其增量带来的企业工业增加值的影响是负向的。fin_cap 是企业自身投入的资本量,它的系数是 0.185,且在 1％的显著性水平下显著,说明企业自身投入资本量越大,工业增加值就越大。$tech$ 的系数 0.645,但不显著。从模型 2 到模型 7,逐渐增加企业的一些相关指标作为控制变量,其结果表现出和模型 1 相似的结果。由此验证我们前面提出的假设 1。

表 4-3 间接融资资本积累对经济增长的作用研究

变量	模型 1	模型 2	模型 3	模型 4	模型 5	模型 6	模型 7
$loan$	0.401***	0.192**	0.194**	0.174**	0.175**	0.172**	0.177***
	(0.080)	(0.079)	(0.080)	(0.077)	(0.077)	(0.078)	(0.077)
fin_cap	0.185***	0.049***	0.051***	0.035***	0.035***	0.035***	0.035***
	(0.018)	(0.005)	(0.005)	(0.004)	(0.004)	(0.004)	(0.004)
$tech$	0.645	0.048 8***	0.457	0.284	0.286	0.291	0.254
	(0.472)	(0.481)	(0.479)	(0.436)	(0.443)	(0.446)	(0.431)
$\Delta loan$	−0.444***	−0.308***	−0.306***	−0.270***	−0.270***	−0.271***	−0.268***
	(0.041)	(0.051)	(0.052)	(0.058)	(0.058)	(0.059)	(0.057)
$size$		0.789***	0.723***	0.817***	0.817***	0.818***	0.817***
		(0.013)	(0.013)	(0.012)	(0.012)	(0.012)	(0.013)
$leverage$			−0.369***	−0.450***	−0.450***	−0.448***	−0.449***
			(0.044)	(0.043)	(0.043)	(0.044)	(0.045)
$current$				0.786***	0.782***	0.785***	0.785***
				(0.067)	(0.064)	(0.063)	(0.061)
$intangible$					−0.062	−0.062	−0.034
					(0.190)	(0.190)	(0.180)

（续表）

变量	模型 1	模型 2	模型 3	模型 4	模型 5	模型 6	模型 7
profit						0.003***	0.003***
						(0.001)	(0.001)
addtax							−0.035***
							(0.011)
incometax							0.003***
							(0.001)
_cons	3.599***	−2.287***	−2.105***	−2.064***	−2.064***	−2.067***	−2.002***
	(0.455)	(0.437)	(0.422)	(0.353)	(0.356)	(0.361)	(0.359)
Num_obs	33 888	33 888	33 888	33 888	33 888	33 846	33 535
R-squared	0.202	0.373	0.377	0.387	0.387	0.387	0.403
Prob>F	0.000	0.000	0.000	0.000	0.000	0.000	0.000

注释:表中括号内的数据为标准误差;表中小数保留三位小数;*、**、***分别表示统计量在 10%、5% 和 1% 的水平上显著。

（二）间接融资资本积累对企业技术创新作用

现进一步考察间接融资资本积累对企业技术创新的影响。由于我们研究的这 11 年间工业企业数据库中没有合适的、统一的指标来衡量企业技术创新,在此引入各省的专利申报数量作为企业技术创新的代理变量。回归方程采用方程 4-2,回归结果如表 4-4 所示。

表 4-4 中,模型 1 至模型 7 都反映出主要解释变量 $loan$,fin_cap 和 $\Delta loan$ 对 $tech$ 的影响方向始终保持不变,说明主要解释变量对被解释变量 $tech$,具有一定的稳健性。其中,模型 1 中 $loan$ 的系数是0.153,并且在 1‰ 的显著性水平下显著,说明各省贷款规模的增加有利于省企业技术创新。$\Delta loan$ 的系数是 -0.071,且在 1‰的显著性水平下显著,说明随着各省贷款规模的扩大,其与企业技术创新的影响是负向关系。fin_cap 是企业自身投入的资本量,是微观数据,对宏观各省专利申报的影响不显著。从模型 2 至模型 7,逐渐增加企业的一些相关指标作为控制变量,其结果表现出和模型 1 相似的结果。这进一步验证了我们前面提出的假设 1。

三、稳健性检验

（一）间接融资对经济增长作用的稳健性检验

本小节是间接融资对经济增长作用的实证部分的稳健性检验,是基于中国 31 个省市 1997—2017 年间的面板数据,探讨间接融资市场资本积累对经济增长的作用。

借鉴黄智淋和董志勇(2013)建立面板门限模型,以通货膨胀率($inflation_{it}$)作为门限变量,设定 δ_i 间接融资资本积累(fd_{it})对经济增长($lgdp$)作用的面板门限模型为:

表 4-4　间接融资资本积累对企业技术创新的影响研究

变量	模型 1	模型 2	模型 3	模型 4	模型 5	模型 6	模型 7
$loan$	0.153^{***}	0.152^{**}	0.153^{**}	0.152^{**}	0.152^{**}	0.152^{**}	0.152^{**}
	(0.004)	(0.004)	(0.004)	(0.003)	(0.003)	(0.003)	(0.003)
fin_cap	0.000	0.000	-0.000	-0.000	-0.000^{*}	-0.000^{*}	-0.000
	(0.000)	(0.016)	(0.000)	(0.000)	(0.000)	(0.000)	(0.000)
$\Delta loan$	-0.071^{***}	-0.071^{***}	-0.074^{***}	-0.072^{***}	-0.072^{***}	-0.073^{***}	-0.073^{***}
	(0.016)	(0.016)	(0.016)	(0.016)	(0.016)	(0.016)	(0.016)
$inflation$		-0.039	-0.039^{*}	-0.038	-0.038	-0.038	-0.038
		(0.023)	(0.023)	(0.023)	(0.023)	(0.023)	(0.024)
$size$			0.001	0.002	0.002	0.001	0.002
			(0.002)	(0.001)	(0.001)	(0.002)	(0.001)
$leverage$				-0.006^{**}	-0.006^{**}	-0.006^{**}	-0.006^{**}
				(0.002)	(0.002)	(0.002)	(0.002)
$current$				0.017^{**}	0.018^{**}	0.018^{**}	0.018^{**}
				(0.008)	(0.008)	(0.008)	(0.008)
$intangible$					0.013	0.013	0.014
					(0.013)	(0.013)	(0.013)

（续表）

变量	模型 1	模型 2	模型 3	模型 4	模型 5	模型 6	模型 7
profit						0.000	0.000
						(0.000)	(0.000)
addtax							0.000 ***
							(0.000)
incometax							0.000
							(0.000)
_cons	0.859 ***	0.888 ***	0.880 ***	0.879 ***	0.879 ***	0.879 ***	0.878 ***
	(0.037)	(0.047)	(0.046)	(0.046)	(0.046)	(0.046)	(0.046)
Num_obs	34 471	34 471	34 471	34 471	34 471	34 429	34 098
R-squared	0.880	0.880	0.880	0.880	0.881	0.881	0.881
Prob>F	0.000	0.000	0.000	0.000	0.000	0.000	0.000

注释：表中括号内的数据为标准误差；表中小数保留三位小数；*、**、*** 分别表示统计量在 10%、5% 和 1% 的水平上显著。

$$lgdp_{it} = \delta_i + \alpha_1 fd_{it} I(inflation_{it} \leqslant \gamma) +$$
$$\alpha_2 fd_{it} I(inflation_{it} > \gamma) + \omega Z_{it} + e_{it} \qquad (4\text{-}3)$$

其中,i 表示第 i 个省份($1 \leqslant i \leqslant 31$),$t$ 表示年份($1997 \leqslant i \leqslant 2017$),$\delta_i$ 为 31 个省份固定效应,e_{it} 为残差项,服从零均值和同方差假设。$I(\cdot)$ 为指标函数,当括号成立时,其取值为 1,不成立时,其取值为 0,这样门限变量和门限值就将所有观测值划分成两个区制,即高通货膨胀区制($inflation_{it} > \gamma$)和低高通货膨胀区制($inflation_{it} \leqslant \gamma$),其对应的系数分别 α_2 和 α_1,Z_{it} 为控制变量,包括最终消费率($consume$),固定资产投资占 GDP 比重($investment$),进出口总额占 GDP 比重($open$),政府的财政支出占 GDP 比重($fiscal$)。为解决内生性问题,解释变量都选择滞后一期作为工具变量。

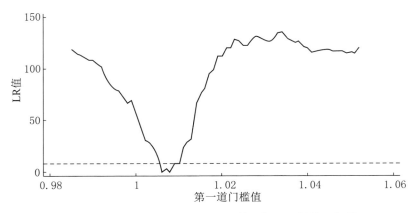

图 4-1　间接融资对经济增长作用的面板门限置信区间图

我们首先对间接融资资本积累与经济增长之间的门限值进行分析。图 4-1 和表 4-5 Panel A 的门限分析结果表明:间接融资资本积累与经济增长之间的关系存在非线性的通货膨胀率门限效应。具体而言,当控制变量仅是最终消费率时(模型 1),它们两者之间既存在斜率门限效应,同时也存在截距门限效应。其中,斜率门限值($\hat{\gamma}$)为 1.008,其 99% 的置信区间为 $[1.007, 1.009]$,将样本分成两部分,一部分是低通货膨胀率区制($inflation_{it} \leqslant \gamma$),另一部分是高通货膨胀率区制($inflation_{it} > \gamma$),样本数分别为 164 和 487。截距门限值($\hat{\delta}$)为 10.791,且在 1% 的显著性水平下显著。依次添加政府的财政支出占 GDP 比重($fiscal_{it}$)、进出口总额占 GDP 比重($open_{it}$)、固定资产投资占 GDP 比重($investment_{it}$)等控制变量,结果同样表明了间接融资资本的积累与经济增长之间的关系存在非线性的通货膨胀门限效应。

表 4-5　间接融资资本积累对经济增长作用的稳健性检验

金融发展方程	模型 1	模型 2	模型 3	模型 4
Panel A:门限估计				
$\hat{\gamma}$	1.008***	1.008***	1.008***	1.008***
置信区间	$[1.007, 1.009]$	$[1.007, 1.009]$	$[1.007, 1.009]$	$[1.006, 1.009]$
$\hat{\delta}$	10.791***	9.898***	9.940***	8.094***
	(0.201)	(0.182)	(0.186)	(0.204)
Panel B:间接融资资本积累对经济增长的影响				
$\hat{\alpha}_1$	0.826***	0.407***	0.397***	0.203***
	(0.092)	(0.083)	(0.084)	(0.073)
$\hat{\alpha}_2$	1.430***	0.830***	0.827***	0.492***
	(0.080)	(0.079)	(0.079)	(0.072)
Panel C:控制变量对增长的影响				
$Consume_{it}$	−6.252***	−5.045***	−5.018***	−2.317***
	(0.309)	(0.276)	(0.277)	(0.302)
$fiscal_{it}$		3.724***	3.723***	1.767***
		(0.274)	(0.247)	(0.252)
$open_{it}$			−182.588	−166.447
			(161.889)	(139.573)

（续表）

金融发展方程	模型 1	模型 2	模型 3	模型 4
$investment_{it}$				1.639***
				(0.112)
$inflation_{it} \leqslant \hat{\gamma}$ 样本数	164	164	164	164
$inflation_{it} > \hat{\gamma}$ 样本数	487	487	487	487

注释:表中括号内的数据为标准误差;表中小数保留三位小数;*、**、*** 分别表示统计量在 10%、5% 和 1% 的水平上显著。

其次,分析间接融资资本积累对经济增长的影响。从表 4-5 Panel B 中可以看出,间接融资资本积累对经济增长的影响因通货膨胀水平不同而产生差异,在模型 1 中,在低通货膨胀区制下($inflation_{it} \leqslant \gamma$),间接融资资本积累对经济增长的系数 $\hat{\alpha_1}$ 为 0.826,且在 1% 的显著性水平下显著,在高通货膨胀区制下($inflation_{it} > \gamma$),间接融资资本积累对经济增长的系数 $\hat{\alpha_2}$ 为 1.430,且在 1% 的显著性水平下显著,这说明中国经济在通货膨胀水平高的时候,经济相对过热,各方条件有利于经济增长。但是不管是哪种区制的通货膨胀水平,都体现了间接融资资本积累促进了经济增长,在此验证了我们前面提出的结论。在依次增加控制变量的情况下,模型 2 至模型 4 的 $\hat{\alpha_1}$ 和 $\hat{\alpha_2}$ 的值虽然有所变化,但它们都是正数,并且均在 1% 的显著性水平下显著,进一步支持了我们要论证的结论:**间接融资资本积累有利于经济增长。**

（二）间接融资对企业技术创新作用的稳健性检验

本小节是间接融资对企业技术创新的实证部分的稳健性检验,是基于中国 31 个省市 1997—2017 年间的面板数据,探讨间接融资市场资本积累对企业技术创新的作用。这里模型采用与上文相似的处理办法,设定 δ_i 间接融资资本的积累(fd_{it})对企业技术创新($tech_{it}$)作用的面板门限模型为：

$$tech_{it} = \delta_i + \alpha_1 fd_{it} I(inflation_{it} \leqslant \gamma) + \\ \alpha_2 fd_{it} I(inflation_{it} \geqslant \gamma) + \o Z_{it} + e_{it} \quad (4\text{-}4)$$

$tech_{it}$为企业技术创新的代理变量，其他解释指标的含义和上文完全相同，此处不再重复。

首先，分析间接融资资本的积累与企业技术创新之间的门限值。图 4-2 和表 4-6 Panel A 的门限分析结果表明：间接融资资本积累与企业技术创新之间的关系存在非线性的通货膨胀率门限效应。具体而言，当控制变量仅是最终消费时（模型 1），它们两者之间既存在斜率门限效应，同时也存在截距门限效应。其中，斜率门限值($\hat{\gamma}$)为 1.008，其 99% 的置信区间为[1.065，1.009]，将样本分成两部分，一部分是低通货膨胀率区制($inflation_{it} \leqslant \gamma$)，另一部分是高通货膨胀率区制($inflation_{it} > \gamma$)，样本数分别为 163 和 457。截距门限值($\hat{\delta}$)为 11.026，且在 1% 的显著性水平下显著。依次添加，政府的财政支出占 GDP 比重($fiscal$)，进出口总额占 GDP 比重($open$)，固定资产投资占 GDP 比重($investment$)等控制变量，结果同样表明了间接融资资本积累与企业技术创新之间的关系存在非线性的通货膨胀门限效应。

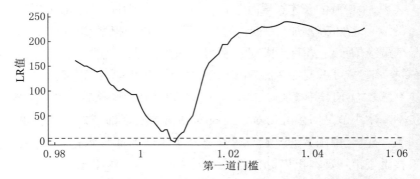

图 4-2　间接融资对企业技术创新作用的面板门限置信区间图

表 4-6　间接融资资本积累对企业技术创新的影响稳健性检验

金融发展方程	模型 1	模型 2	模型 3	模型 4
Panel A:门限估计				
$\hat{\gamma}$	1.008***	1.008***	1.008***	1.010***
置信区间	[1.065，1.009]	[1.065，1.009]	[1.007，1.009]	[1.007，1.011]
$\hat{\delta}$	11.026***	9.898***	9.940***	8.094***
	(0.287)	(0.182)	(0.186)	(0.204)
Panel B:间接融资资本积累对企业技术创新的影响				
$\hat{\alpha}_1$	1.474***	0.407***	0.397***	0.796***
	(0.130)	(0.083)	(0.084)	(0.116)
$\hat{\alpha}_2$	2.293***	0.830***	0.827***	1.206***
	(0.113)	(0.079)	(0.079)	(0.115)
Panel C:控制变量对企业技术创新的影响				
$Consume_{it}$	−7.825 8***	−6.785***	−6.723***	−2.950***
	(0.440)	(0.429)	(0.431)	(0.472)
$fiscal_{it}$		3.644***	3.638***	0.975**
		(0.404)	(0.403)	(0.407)
$open_{it}$			−357.630	−285.256
			(292.967)	(221.444)
$investment_{it}$				2.365***
				(0.173)
$inflation_{it} \leqslant \hat{\gamma}$ 样本数	163	163	163	189
$inflation_{it} > \hat{\gamma}$ 样本数	457	457	457	431

注释:表中括号内的数据为标准误差;表中小数保留三位小数;*、**、*** 分别表示统计量在 10%、5% 和 1% 的水平上显著。

其次,分析间接融资资本积累对企业技术创新的影响。从表 4-6 Panel B 中可以看出,间接融资资本积累对企业技术创新的影响因通货膨胀水平不同而产生差异,在模型 1 中,在低通货膨胀区制下（$inflation_{it} \leqslant \gamma$），间接融资资本积累对企业技术创新的系数$\hat{\alpha}_1$为1.474，且在1%的显著性水平下显著，在高通货膨胀区制下（$inflation_{it} > \gamma$），间接融资资本的积累对经济增长的系数$\hat{\alpha}_2$为2.293，且在1%的显著性水平下显著，这说明中国经济在通货膨胀水平高的时候，经济相对过热，各方条件有利于企业技术创新。但是不管哪种区制的通货膨胀水平，都体现了间接融资资本的积累促进了企业技术创新，在此验证了我们前面提出的结论。在依次增加控制变量的情况下，模型2至模型4的$\hat{\alpha}_1$和$\hat{\alpha}_2$值虽然有所变化，但它们都是正数，并且均在1%的显著性水平下显著，进一步支持了我们要论证的结论：**间接融资资本积累有利于企业技术创新**。

四、进一步稳健性检验

（一）间接融资对经济增长作用的进一步稳健性检验

这一节采用各省市银行部门的各项贷款与存款余额之和占当年名义GDP的比重衡量间接融资资本积累，考虑到内生性等方面的问题，把各项贷款与存款余额之和占上一年名义GDP的比重作为工具变量，代替各项贷款与存款余额之和占当年名义GDP的比重这一指标，考察间接融资资本积累对经济增长作用非线性关系的稳健性。结果见表4-7。

表4-7　间接融资资本积累对经济增长的影响的进一步稳健性检验

	模型1	模型2	模型3	模型4
Panel A：门限估计				
$\hat{\gamma}$	1.008***	1.008***	1.008***	1.008***
置信区间	[1.007，1.009]	[1.007，1.009]	[1.007，1.009]	[1.006，1.009]
$\hat{\delta}$	9.979***	9.693***	9.940***	8.094***
	(0.177)	(0.172)	(0.186)	(0.204)

（续表）

	模型 1	模型 2	模型 3	模型 4
Panel B:间接融资本积累对经济增长的影响				
$\hat{\alpha}_1$	0.648***	0.446***	0.397***	0.338***
	(0.037)	(0.043)	(0.084)	(0.037)
$\hat{\alpha}_2$	0.836***	0.606***	0.827***	0.455***
	(0.031)	(0.040)	(0.079)	(0.036)
Panel C:控制变量对经济增长的影响				
$Consume_{it}$	−6.131***	−5.429***	−5.401***	−2.859***
	(0.258)	(0.259)	(0.259)	(0.278)
$fiscal_{it}$		2.266***	2.261***	0.599***
		(0.273)	(0.273)	(0.257)
$open_{it}$			−220.627	−193.335
			(150.711)	(128.645)
$investment_{it}$				1.542***
				(0.102)
$inflation_{it} \leqslant \hat{\gamma}$ 样本数	164	164	164	164
$inflation_{it} > \hat{\gamma}$ 样本数	487	487	487	487

注释:表中括号内的数据为标准误差;表中小数保留三位小数;*、**、*** 分别表示统计量在 10%、5% 和 1% 的水平上显著。

首先,对门限值的稳健性进行分析。从表 4-7 的 Panel A 部分来看,斜率门限值($\hat{\gamma}$)为 1.008,其 99% 的置信区间为[1.007,1.009],与表 4-5 的 Panel A 部分完全相同;再从截距门限值来看,尽管数值和表 4-5 的 Panel A 部分达不到完全相同,但其符号和显著性却是一致的。以上说明间接融资本积累对经济增长的门限划分还是较为稳健的。

其次,分析间接融资本积累对经济增长作用的稳健性。从表 4-7 Panel B 来看,从模型 1 至模型 4,我们均可以看出,无论是低通货膨胀区制,还是高通货膨胀区制,资本积累对经济增长的影响都是正向且显著的,说明间接融资资本积累促进经济增长这一结论是稳健的。

(二)间接融资对企业技术创新作用的进一步稳健性检验

首先,对门限值的稳健性进行分析。从表 4-8 的 Panel A 部分来看,模型 1 斜率门限值($\hat{\gamma}$)为 1.008,其 99% 的置信区间为 [1.007, 1.009],与表 4-6 的 Panel A 部分完全相同;再从截距门限值来看,尽管数值和表 4-6 的 Panel A 部分达不到完全相同,但其符号和显著性却是一致的。以上说明间接融资资本积累对企业技术创新的门限划分还是较为稳健的。

其次,分析间接融资资本积累对企业技术创新作用的稳健性。从表 4-8 Panel B 来看,从模型 1 至模型 4,我们均可以看出,无论是低通货膨胀区制,还是高通货膨胀区制,资本积累对企业技术创新的影响都是正向且显著的,说明间接融资资本积累促进企业技术创新这一结论是稳健的。

表 4-8　间接融资资本积累对企业技术创新的影响进一步稳健性检验

	模型 1	模型 2	模型 3	模型 4
Panel A:门限估计				
$\hat{\gamma}$	1.008***	1.008***	1.008***	1.010***
置信区间	[1.007, 1.009]	[1.065, 1.009]	[1.065, 1.009]	[1.008, 1.011]
$\hat{\delta}$	8.940***	8.799***	8.846***	6.723***
	(0.266)	(0.263)	(0.270)	(0.276)
Panel B:间接融资资本积累对企业技术创新的影响				
$\hat{\alpha}_1$	3.336***	2.932***	2.910***	2.496***
	(0.037)	(0.187)	(0.190)	(0.267)
$\hat{\alpha}_2$	4.267***	3.769***	3.757***	3.086***
	(0.143)	(0.179)	(0.179)	(0.036)

（续表）

	模型 1	模型 2	模型 3	模型 4
Panel C:控制变量对企业技术创新的影响				
$Consume_{it}$	-6.173^{***}	-5.884^{***}	-5.859^{***}	-2.757^{***}
	(0.361)	(0.361)	(0.363)	(0.384)
$fiscal_{it}$		1.705^{***}	1.710^{***}	0.570
		(0.377)	(0.377)	(0.365)
$open_{it}$			-168.120	-131.518
			(219.852)	(190.042)
$investment_{it}$				2.090^{***}
				(0.148)
$inflation_{it} \leqslant \hat{\gamma}$ 样本数	163	163	163	189
$inflation_{it} > \hat{\gamma}$ 样本数	457	457	457	431

注释:表中括号内的数据为标准误差;表中小数保留三位小数;*、**、*** 分别表示统计量在 10%、5% 和 1% 的水平上显著。

第二节　中国间接融资驱动经济增长效率的实证分析

一、模型的设定与数据说明

（一）模型的设定

根据 Battese 和 Coelli(1995)模型的基本原理,运用对数型柯布—道格拉斯生产函数,对 2001—2015 年期间中国 31 省经济增长效率及其间接融资发展影响因素进行测算。具体构建的 SFA 模型如下:

$$\ln y_{it} = \ln f(x_{it}, \alpha) + v_{it} + u_{it} \tag{4-5}$$

$$T_{it} = \exp(-u_{it}) \tag{4-6}$$

$$u_{it} = \exp[-\eta(t-T)]u_i \tag{4-7}$$

$$\gamma = \frac{\sigma_u^2}{\sigma_u^2 + \sigma_v^2} \tag{4-8}$$

$$TE_{it} = \alpha_0 + \alpha_1(loan/gdp)_{it} + AX + \mu_{it} \tag{4-9}$$

在公式(4-9)中，TE_{it} 为第 i 省在 t 期的经济增长效率；α_0 为待估的常数项；α_1 为间接融资对经济增长效率的影响系数，其中，$loan$ 为间接融资额，gdp 为经济增长；A 为控制变量系数矩阵，X 为控制变量；式(4-5)到式(4-8)含义同前。另外，具体生产函数选择柯布—道格拉斯生产函数，即 $y = k^\theta l^\phi$，θ 为资本份额，ϕ 为劳动份额，k 为资本存量投入，l 为劳动投入。

（二）数据说明

本节采用全国 31 个省(市)2001—2015 年面板数据进行实证分析，数据主要来源于国家统计局网站、中经网统计数据库、同花顺 iFinD 数据库、《新中国六十周年统计资料汇编》，以及相关年度的《中国统计年鉴》《中国科技统计年鉴》《中国金融年鉴》、各省市的统计年鉴和中国劳动经济数据库。因本节采用的数据以 2001 年为起始年份，为计算方便，把 2001 年作为基年进行运算。

本节对数据的统计分析和模型的实证估计均使用 Stata15.0 统计软件。

（三）变量选择

1. 被解释变量

经济增长效率(TE)：各省实际生产中的 GDP 与随机前沿 GDP 的比值加 1 取自然对数。

GDP(gdp)：各省实际生产中的 GDP 取自然对数。

2. 解释变量

间接融资额($loan$)：采用各省各项贷款融资额与 GDP 的比加 1 取自然对数。

资本存量(k)：各省年度资本存量取自然对数。

借鉴张军等（2002）和王春宇（2018）的估算方法，采用永续盘存法对中国各省的年均固定资本存量进行了估计。$K_{it} = K_{it-1}(1 - \delta_{it}) + I_{it}$，其中，$K_{it}$ 表示第 i 个省在第 t 年度的资本存量，I_{it} 表示第 i 个省区在第 t 年度的全社会固定资本形成总额，以各年全社会固定资产投资额按当年的交付使用率计算得出，δ_{it} 为经济折旧率。测算中国各省资本存量需要确定 4 个关键因素：基年资本存量的确定、固定资产投资价格指数的确定、当年投资的取舍、折旧额或折旧率的确定。

劳动力（l）：各省年末从业人员取自然对数。

3. 控制变量

本节主要有三个控制变量：

固定资产投资($invest\_fix$)：各省固定资产投资与 GDP 之比加 1 取自然对数。

研发费用($R\&D$)：采用 R&D 费用的自然对数值。

开放度($open$)：采用进出口总额与 GDP 之比加 1 取自然对数。

各变量及定义归纳于表 4-9。

表 4-9　间接融资驱动经济增长效率各变量选取和定义

变量	基本定义	度量方式
被解释变量	经济增长效率(TE_{it})	ln(1＋各省实际生产中的 GDP 与随机前沿 GDP 的比值)
	GDP(gdp)	各省实际生产中的 GDP 自然对数

（续表）

变量	基本定义	度量方式
解释变量	间接融资额（$loan$）	ln(1＋各省贷款融资额/GDP)
	年均资本存量（k_{it}）	各省年资本存量自然对数
	年均从业人数（l_{it}）	各省年从业人员数自然对数
	专利技术市场交易额（Tec_market_{it}）	ln(1＋各省专利技术市场交易额/GDP)
控制变量	固定资产投资（$invest\_fix$）	ln(1＋各省固定资产投资/GDP)
	研发费用（$R\&D$）	各省 R&D 费用自然对数
	开放度（$open$）	ln(1＋各省进出口总额/GDP)

表 4-10 对间接融资驱动经济增长效率相关变量作了初步描述性统计。这些变量观测的观测值均为 465，GDP 均值为 8.827，最大值为 11.196，最小值为 4.936；间接融资均值为 0.148，最大值 0.508，最小值为 0.074；经济增长效率值均值为 0.571，最大值 0.934，最小值为 0.309。

表 4-10　2001—2015 年间接融资驱动经济增长效率描述性统计

变量	最大值	最小值	平均值	标准差	观测值
GDP	11.196	4.936	8.827	1.186	465
L	8.800	4.839	7.468	0.917	465
K	12.218	6.201	9.642	1.216	465
loan	0.508	0.074	0.148	0.079	465
TE	0.934	0.309	0.571	0.126	465

二、实证结果与分析

首先，我们用公式(4-7)对 SFA 模型的时间因素作简要分析。当 η 的估计值非常接近 0 时，可以施加约束条件，这时时变模型退化成不变模型，在表 4-11 中，模型 3 结果和模型 1 的结果完全相同。在模型 1 中, $\gamma = 0.9766$, 表明误差项中有 97.66% 来自技术非效率的影响。在模型 2 中, $\gamma = 0.7265$, 表明误差项有 72.65% 来自非技术的影响。这里 $\eta = 0.010$ 表明这 15 年来中国经济增长的效率以递增的速度减小。

表 4-11　中国经济增长效率(SFA)

	模型 1 xtsfa_ti	模型 2 xtsfa_tvd	模型 3 xtsfa_tvd_eta0
k	0.721***	0.221***	0.721***
	(0.010)	(0.024)	(0.010)
l	0.470***	0.232*	0.470***
	(0.056)	(0.116)	(0.056)
_cons	−1.049**	15.802***	−1.049**
	(0.329)	(3.769)	(0.329)
lnsigma2	−2.647***	−1.066**	−2.647***
	(0.258)	(0.406)	(0.258)
ilgtgamma	0.977**	0.7265***	0.977**
	(0.373)	(0.439)	(0.373)
mu	0.581***	10.127***	0.581***
	(0.132)	(2.878)	(0.132)
eta		0.010***	0.000
		(0.002)	(.)
N	465	465	465
l	200.1106	359.7481	200.1106

注释:表中括号内的数据为标准误差;表中小数保留三位小数; * 、 ** 、 *** 分别表示统计量在 10% 、 5% 和 1% 的水平上显著。

（一）间接融资对经济增长效率的影响与稳健性检验

从表 4-12 中,我们可以看出,模型 1 $loan_{it}$ 的系数为 0.2243,并且在 1% 的条件下显著,表明中国各省的间接融资规模对经济增长效率的提高,起到了正向作用,说明银行贷款每上涨 1%,经济增长效率增加 0.224 3%。这与 Rioja 和 Valev(2004)的观点相同,发展中国家主要靠资本积累对经济增长效率起作用。模型 2 在模型 1 的基础上,加入专利技术市场交易额作为控制变量,$loan_{it}$ 的系数为 0.229 0,且在 1% 的条件下显著,**说明间接融资对经济增长效率的影响是稳健的**。模型 3 在模型 2 的基础上加入研发费用,模型 4 又在模型 3 基础上加入固定资产投资,模型 5 用进出口总额替换模型 4 的研发费用。模型 3 至模型 5 对这些控制变量的增加与替换,依旧没有改变模型 1 的观点。

表 4-12　间接融资对经济增长效率的影响与稳健性检验(OLS)

	模型 1	模型 2	模型 3	模型 4	模型 5
$loan_{it}$	0.224 3***	0.229 0***	0.191 6***	0.264 1***	0.124 9***
	(0.045 2)	(0.046 7)	(0.047 9)	(0.044 4)	(0.045 6)
Tec_market_{it}		0.009 0*	0.017 9***	−0.014 5***	0.177 8
		(0.002 4)	(0.003 5)	(0.003 6)	(0.024 6)
$R\&D_{it}$			0.012 4***	−0.008 8***	
			(0.003 2)	(0.003 3)	
$invest\_fix_{it}$				−0.150 3***	−0.004 5*
				(0.024 4)	(0.002 5)
$open_{it}$					−0.007 9
					(0.029 8)
$Constant_{ie}$	0.415 5***	0.385 3***	0.532 0	0.552 5***	0.403 6***
	(0.006 8)	(0.010 8)	(0.038 7)	(0.040 1)	(0.015 0)
R^2	0.050 7	0.095 4	0.117 3	0.178 4	0.356 3
$F\text{-}state$	24.660 0	19.850 0	17.300 0	30.010 0	39.120 0
$Prob > F$	0.000 0	0.000 0	0.000 0	0.000 0	0.000 0
样本数	465	465	465	465	465

注释:表中括号内的数据为标准误差;表中小数保留四位小数;*、**、*** 分别表示统计量 10%、5% 和 1% 的水平上显著。

（二）进一步稳健性检验

为进一步说明间接融资对经济增长效率是稳健的,我们把主要解释变量 loan 替换成 fin_lev,即用各省贷款总额与各项存款余额总和与各省 GDP 之比替换各省贷款增加额与 GDP 之比。其他控制变量的变化完全同表 4-12。其运行结果如表 4-13 所示。

表 4-13　间接融资驱动经济增长效率的进一步稳健性检验(OLS)

	模型 1	模型 2	模型 3	模型 4	模型 5
fin_lev_{it}	0.157 4***	0.147 7***	0.137 2***	0.141 7***	0.077 2***
	(0.010 4)	(0.014 0)	(0.014 3)	(0.015 6)	(0.014 0)
Tec_market_{it}		0.003 4	0.012 4***	0.010 4***	−0.006 7***
		(0.002 6)	(0.003 8)	(0.003 9)	(0.002 5)
$R\&D_{it}$			−0.012 2***	−0.010 1***	
			(0.003 1)	(0.003 1)	
$invest\_fix_{it}$				−0.121 7***	−0.001 2
				(0.023 4)	(0.027 2)
$open_{it}$					0.169 8***
					(0.024 3)
$Constant_{ie}$	0.416 7***	0.407 5***	0.546 6***	0.581 2***	0.412 7***
	(0.004 1)	(0.008 4)	(0.357 7)	(0.037 0)	(0.015 6)
R^2	0.142 0	0.149 9	0.171 4	0.214 3	0.368 7
F-state	228.130 0	109.95	77.080 0	64.550 0	70.88
$Prob>F$	0.000 0	0.000 0	0.000 0	0.000 0	0.000 0
样本数	465	465	465	465	465

注释:表中括号内的数据为标准误差;表中小数保留四位小数;＊、＊＊、＊＊＊分别表示统计量 10%、5%和 1%的水平上显著。

把表 4-13 与表 4-12 进行对比,其运行的结果是一致的,间接融资对经济增长效率的影响均为正向且显著,这一结果再一次得到稳健的证明。

第三节 中国间接融资驱动经济 增长面临的两个短板

金融供给侧改革必须围绕金融发展驱动经济增长的短板展开,中国金融体系目前又是以间接融资为主,因此,对于这一部分,本文将对中国间接金融发展驱动经济增长的两块短板,加以详细展开,并作为重点分析。

一、金融资源倾向脱实向虚

毋庸置疑,金融业作为服务业重要的子行业,作为国民经济机体负责"输血"的行业,其健康发展是中国经济发展和转型的一个必要环节,但金融业的发展必须植根于实体经济,与实体经济发展相适应。脱离实体经济基础的金融膨胀,不可避免地将形成大量金融泡沫,阻碍资源在高效率行业的配置,对实体部门的人力资本产生挤出效应,从而影响经济转型。本小节将剖析中国间接融资驱动经济增长第一块短板——金融资源倾向"脱实向虚"等相关问题。

(一)中国实体经济与虚拟经济的构成

简而言之,实体经济是指各种产品和服务的生产和流通等经济活动;虚拟经济是指与虚拟资本活动有关的经济活动。为进一步理解实体经济和虚拟经济范畴,我们借鉴黄群慧(2017)的做法,从产业视角来划分:实体经济包括第一产业、第二产业和除金融业和房地产业以外的第三产业;因为虚拟资本活动主要是以金融系统为依托的运动,因此在中国现阶段虚拟经济主要是指房地产业和金融业。实体经济的分类相对复杂,大致上可将其划分为三个层次,如图 4-3 所示。实体经济的第一层次,也是最核心的层次,即为制造业,可理解为狭义的实体经济,用 R_0 表示;实体经济的

第二个层次包括 R_0 和制造业以外的工业、农业和建筑业,是实体经济的主体,是传统意义上的实体经济,用 R_1 表示;实体经济的第三个层次包括 R_1、批发零售、住宿餐饮和除金融和房地产以外的所有第三产业,用 R_2 表示,是广义的实体经济。R_2 和金融、房地产共同构成整个国民经济,也就是实体经济与虚拟经济的加总。当然它们两者之间相互依赖和相互制约,不可偏颇,虚拟经济一方面促进实体经济的发展,另一方面虚拟经济的膨胀又会抑制实体经济的发展;反过来,一个健康的实体在自身增大的同时,虚拟经济的体量也会增大。下文结合虚拟经济来分析中国实体经济的变化和发展趋势。

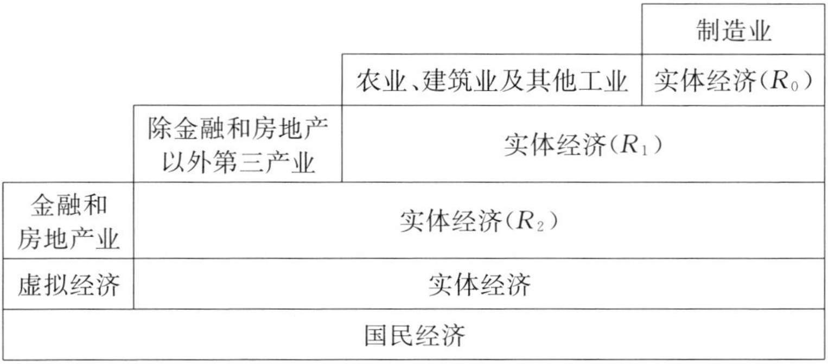

			制造业
		农业、建筑业及其他工业	实体经济(R_0)
	除金融和房地产以外第三产业	实体经济(R_1)	
金融和房地产业	实体经济(R_2)		
虚拟经济	实体经济		
国民经济			

图 4-3　产业视角的国民经济分类图

资料来源:中国工业经济,黄群慧制作。

1. 基于全国 1978—2022 年实体经济与虚拟经济数据分析

(1)中国实体经济与虚拟经济总体变化趋势分析

党的十九大报告指出:中国特色的社会主义已经进入新时代,中国经济已由高速发展转向高质量发展阶段。在这种时代背景下,追求高质量发展,进一步认识实体经济的发展就显得十分重要。实体经济与虚拟经济共同构成整个国民经济。它们彼此之间相互促进和相互制约,切不可偏废。对一定经济体而言,实体经济比例过大或过小,都不利于经济高质量增长,虚拟经济道理亦同。

中国自 1978 年十一届三中全会实行改革开放以来,实体经济发生明显变化,人们生活水平日益提高,经济总量也位列世界第二,仅次于美国。然而,近几年来,中国经济在全球金融化的影响下,经济领域也出现了金融化的趋势,虚拟经济抬头,特别是房价快速上涨和影子银行的加速扩张,挤占了实体经济的发展。罗富政(2019)认为现在虚拟经济产生虹吸效应,使货币供给过度流向虚拟经济部门,导致实体经济和虚拟经济两部门货币供给出现结构性失衡。当前实体经济较难获得金融资金的支持,其生产成本较大,挤占企业的利润。虚拟经济部门对央行的超发货币产生了虹吸现象,掩盖了潜在的通胀风险,使得表面上虚、实经济两部门看似协调发展,货币政策保持"稳健中性"。为进一步深入认识此问题,下面我们结合表 4-14 来具体分析全国 1978—2022 年实体经济与虚拟经济的总体变化特征和发展趋势。

表 4-14　1978—2022 年全国实体经济与虚拟经济的总体变化

年份	国民经济(亿元)	虚拟经济(亿元)	虚拟同比增长率(%)	虚拟经济占国民经济比重(%)	实体经济(亿元)	实体同比增长率(%)	实体经济占国民经济比重(%)
1978	3 679	156		4.24	3 523		95.76
1979	4 101	162	3.85	3.95	3 938	11.78	96.03
1980	4 588	182	12.35	3.97	4 405	11.86	96.01
1981	4 936	192	5.49	3.89	4 744	7.70	96.11
1982	5 373	241	25.52	4.49	5 132	8.18	95.51
1983	6 021	291	20.75	4.83	5 730	11.65	95.17
1984	7 276	393	35.05	5.40	6 886	20.17	94.64
1985	9 099	509	29.52	5.59	8 590	24.75	94.41
1986	10 376	699	37.33	6.74	9 677	12.65	93.26

（续表）

年份	国民经济（亿元）	虚拟经济（亿元）	虚拟同比增长率（%）	虚拟经济占国民经济比重（%）	实体经济（亿元）	实体同比增长率（%）	实体经济占国民经济比重（%）
1987	12 175	889	27.18	7.30	11 286	16.63	92.70
1988	15 180	1 132	27.33	7.46	14 048	24.47	92.54
1989	17 180	1 646	45.41	9.58	15 534	10.58	90.42
1990	18 873	1 806	9.72	9.57	17 067	9.87	90.43
1991	22 006	1 958	8.42	8.90	20 047	17.46	91.10
1992	27 195	2 583	31.92	9.50	24 612	22.77	90.50
1993	35 673	3 282	27.06	9.20	32 391	31.61	90.80
1994	48 638	4 466	36.08	9.18	44 172	36.37	90.82
1995	61 340	5 564	24.59	9.07	55 776	26.27	90.93
1996	71 814	6 316	13.52	8.79	65 498	17.43	91.21
1997	79 715	7 097	12.37	8.90	72 618	10.87	91.10
1998	85 196	7 749	9.19	9.10	77 447	6.65	90.90
1999	90 564	8 167	5.39	9.02	82 398	6.39	90.98
2000	100 280	8 985	10.02	8.96	91 295	10.80	91.04
2001	110 863	9 910	10.29	8.94	100 953	10.58	91.06
2002	121 717	10 893	9.92	8.95	110 824	9.78	91.05
2003	137 422	12 207	12.06	8.88	125 215	12.99	91.12
2004	161 840	13 761	12.73	8.50	148 079	18.26	91.50
2005	187 319	15 986	16.17	8.53	171 333	15.70	91.47
2006	219 439	20 322	27.12	9.26	199 116	16.22	90.74
2007	270 232	28 983	42.62	10.73	241 249	21.16	89.27
2008	319 516	33 052	14.04	10.34	286 463	18.74	89.66
2009	349 081	40 765	23.34	11.68	308 316	7.63	88.32
2010	413 030	49 250	20.81	11.92	363 780	17.99	88.08
2011	489 301	58 847	19.49	12.03	430 454	18.33	87.97
2012	540 367	66 437	12.90	12.29	473 931	10.10	87.71

（续表）

年份	国民经济（亿元）	虚拟经济（亿元）	虚拟同比增长率（%）	虚拟经济占国民经济比重（%）	实体经济（亿元）	实体同比增长率（%）	实体经济占国民经济比重（%）
2013	595 244	77 179	16.17	12.97	518 066	9.31	87.03
2014	643 974	84 666	9.70	13.15	559 308	7.96	86.85
2015	689 052	99 574	17.61	14.45	589 479	5.39	85.55
2016	743 586	109 313	9.78	14.70	634 273	7.60	85.30
2017	832 035	121 930	11.54	14.65	710 105	11.96	85.35
2018	919 281	135 233	10.91	14.71	784 048	10.41	85.29
2019	986 515	146 695	8.48	14.87	839 820	7.11	85.13
2020	1 013 567	157 043	7.05	15.49	856 524	1.99	84.51
2021	1 149 237	167 524	6.67	14.58	981 713	14.62	85.42
2022	1 210 207	170 632	1.86	14.10	1 039 575	5.89	85.90

资料来源：数据由作者根据国家统计局网站原始数据整理计算得出。

结合表 4-14，我们首先分析中国经济发展规模。中国的国民经济、实体经济和虚拟经济规模都在逐年增加。国民经济总量由 1978 年的 3 679 亿元增加到 2022 年的 1 210 207 亿元，增长了近 328 倍之多；实体经济由 1978 年的 3 523 亿元增加到 2022 年的 1 039 575 亿元，增长了 294 倍之多；虚拟经济则由 1978 年的 156 亿元增加到 2022 年的 170 632 亿元，增长了近 1 093 倍。其次再分析中国经济增长率状况。1978—2022 年中国实体经济年均增长14.01%。然后从发展阶段层面来看，1984—1988 年，实体经济发展较快，平均增长速度超过 18%，这是显然的，在此期间，中国大力推进城市经济体制改革，短期成效相当显著，大大刺激了实体经济发展；1991—1996 年实体经济又是高速发展期，是受到邓小平同志南巡谈话的激励后，中国开始了大力发展社会主义市场经济体制的征程;2003—2008 年实体经济的高速发展,在于中国成功加入WTO,享受更多开放国门的红利的机遇;2010—2011 年实体经济的高速发展则主要与中国为应对国际金融危机的"四万亿"刺激政策有关。中国虚拟经济则年均增长 19.28%,其中以 1989 年为最高,达到 45.41%,以 2022 年为最低,为 1.86%,比 1979 年 3.85%还低1.99 个百分点,这是因为受国内外双重因素影响,国内疫情导致楼市低迷,甚至部分城市房价出现下跌,国外俄乌战争的爆发,导致经济出现逆全球化趋势。虚拟经济高位发展的阶段可分为五个时期:1982—1989 年、1992—1995 年、2005—2007 年、2009—2018 年。不过近 5 年出现持续下跌趋势,特别是 2022 年,基本与上年持平。但基本可以说,近 40 年来,多数年份里,中国虚拟经济的增长与波动态势大致上与实体经济一致,然而到了最近几年,实体经济、虚拟经济增速都下滑明显,但虚拟经济比重仍旧持续高位。

最后从实体经济和虚拟经济占国民经济的比重这一指标变化情况展开分析。实体经济占整个国民经济比重总体呈波动下降的态势,1978 年中国实体经济大约占国民经济的 95.76%,到2016 年这一比值下降到 85.30%;另一方面,虚拟经济却出现了上升的趋势,1978 年虚拟经济在国民经济中的比值为 4.24%左右,到 2016 年这一比值上升到 14.70%。从分阶段来看,2006 年以前,虚拟经济占比一直相对较为稳定,都处于 10%以内,2006 年以后,随着房价与影子银行的兴起,虚拟经济占国民经济的比重迅速扩大,且每年都超过了 10%,发展到 2020 年,竟达到 15.49%。

综上所述,随着中国社会经济的不断发展,实体经济和虚拟经济都出现不断壮大的态势。从整体上看,实体经济和虚拟经济相互影响、相互促进。但是到了 2006 年以后虚拟经济发展势头过猛,出现了挤占实体经济发展的现象。

(2)中国实体经济与虚拟经济结构变化趋势分析

根据黄群慧(2017)产业结构视角的定义,我们结合 1978—

2022 年数据分析实体经济和虚拟经济产业结构变化特征。图 4-4 显示了中国实体经济在 1978—2022 年的变化趋势,从三大产业占实体经济的比例来看,第二产业较为稳定,在 45％左右波动;在 1984 年前,第一产业所占实体经济比重较为稳定,波动幅度不大,维持在 30％左右,而进入 1984 年后,除极个别年份有所反弹外,呈现出非常明显的下降趋势,由 1984 年的 33.34％下降到 2022 年的 8.50％;而实体经济的第三产业相比第一产业,正好出现一个相反的趋势,在 1984 年前也是处于一个相对稳定的状态,除极个别年份有所反弹外,呈现出非常明显的上升趋势,由 1984 年的 21.28％上升到 2022 年的 45.02％,实体经济的经济结构得到明显改善。

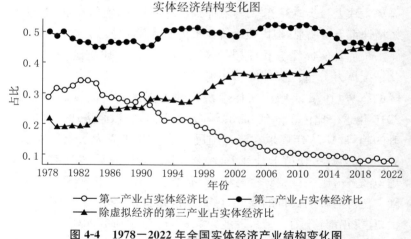

图 4-4　1978－2022 年全国实体经济产业结构变化图

注释:数据由作者根据国家统计局网站原始数据整理计算得出。

　　下面我们结合图 4-5 来分析中国改革开放以来虚拟经济的结构变化,根据前面对虚拟经济的定义,显然金融业占虚拟经济的比重与房产占虚拟经济的比重正好相反,它们之间显然是存在此消彼长的关系。我们只需要分析房地产业占虚拟经济之比的变化趋势,就可以预测金融业占虚拟经济的变化趋势。从整体上看,金融业占虚拟经济的比重要高于房地产占虚拟经济的比重,只有1978—1981年和2003—2006年间房产占虚拟经济的比重略高于金融业,具体参见图4-5。

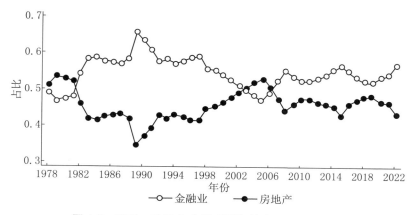

图4-5　1978－2022年全国虚拟经济产业结构变化图
注释:数据由作者根据国家统计局网站原始数据整理计算得出。

2. 全国三大区域实体经济与虚拟经济总量的空间趋势分析

在数据可得性的基础上,本节根据中国的传统三大经济区域,即东部发达地区、中部地区和西部欠发达地区,采用2005—2016年全国31个省市的面板数据对实体经济的空间区域分布与区域差异、实体经济占GDP的比率,以及实体经济的增长率等相关指标进行分析。

为了更加深入地探讨中国近十年来"脱实向虚"经济发展事实,本文从东、中、西部三大经济区域的视角,分析中国实体经济和虚拟经济的空间趋势特征。表4-15和表4-16反映了2005年和2016年中国各省实体经济和虚拟经济总量的空间分布情况。从表4-15和表4-16我们可以看出,中国三大经济区域实体经济差异非常明显,东部地区的实体经济明显高于中部地区的实体经济,而中部地区的实体经济又明显高于西部地区的实体经济。2005 年东部发达省份实体经济规模的均值为 8 999 亿元,中部地区省份实体经济规模的均值为 5 905 亿元,而西部欠发达省份实体经济规模的均值为 2 658 亿元。2016 年东部发达省份实体经济规模的均值为 30 784 亿元,中部地区省份实体经济规模的均值为 24 076 亿元,而西部欠发达省份实体经济规模的均值为 11 664 亿元。同样地,虚拟经济也表现出和实体经济相同的区域分布特征。东部地区的虚拟经济明显高于中部地区的虚拟经济,而中部地区的虚拟经济又明显高于西部地区的虚拟经济。2005 年东部发达省份虚拟经济规模的均值为 827 亿元,中部地区省份虚拟经济规模的均值为 331 亿元,而西部欠发达省份虚拟经济规模的均值为 182 亿元。2016 年东部发达省份虚拟经济规模的均值为 4 801 亿元,中部地区省份虚拟经济规模的均值为 2 698 亿元,而西部欠发达省份虚拟经济规模的均值为 1 405 亿元。

表 4-15　2005 年全国三大经济区域实体经济与虚拟经济的总体变化

东部	虚拟经济（亿元）	实体经济（亿元）	中部	虚拟经济（亿元）	实体经济（亿元）	西部	虚拟经济（亿元）	实体经济（亿元）
北京	1 292	5 678	山西	229	4 002	内蒙古	166	3 739
天津	288	3 618	安徽	332	5 018	广西	2 556	3 729
河北	503	9 505	江西	241	3 815	重庆	237	3 231
辽宁	457	7 591	河南	480	10 108	四川	548	6 837
吉林	196	3 424	湖北	344	6 246	贵州	151	1 855
黑龙江	197	5 317	湖南	358	6 238	云南	276	3 187
上海	1 352	7 896				西藏	17	232
江苏	1 293	17 305				陕西	203	3 731
浙江	1 371	12 047				甘肃	109	1 825

（续表）

东部	虚拟经济（亿元）	实体经济（亿元）	中部	虚拟经济（亿元）	实体经济（亿元）	西部	虚拟经济（亿元）	实体经济（亿元）
福建	501	6 054				青海	34	509
山东	1 121	17 246				宁夏	55	558
广东	2 130	20 428				新疆	136	2 468
海南	46	873						
均值	827	8 999		331	5 905		182	2 658

资料来源:数据由作者根据国家统计局网站原始数据整理计算得出。

表 4-16　2016 年全国三大经济区域实体经济与虚拟经济的总体变化

东部	虚拟经济（亿元）	实体经济（亿元）	中部	虚拟经济（亿元）	实体经济（亿元）	西部	虚拟经济（亿元）	实体经济（亿元）
北京	5 944	19 726	山西	1 906	11 144	内蒙古	1 446	16 682
天津	2 599	15 286	安徽	2 571	21 837	广西	1 886	16 432
河北	3 220	28 851	江西	1 802	16 697	重庆	2 569	15 172
辽宁	2 867	19 380	河南	4 147	36 325	四川	4 246	28 689
吉林	1 136	13 641	湖北	3 610	29 055	贵州	939	10 838
黑龙江	1 518	13 868	湖南	2 152	29 399	云南	1 397	13 392
上海	6 891	21 287				西藏	127	1 025
江苏	10 304	67 085				陕西	1 929	17 471
浙江	5 658	41 594				甘肃	767	6 433
福建	3 136	25 675				青海	302	2 271
山东	6 138	61 887				宁夏	387	2 782
广东	12 366	68 498				新疆	872	8 777
海南	632	3 421						
均值	4 801	30 784		2 698	24 076		1 405	11 664

资料来源:数据由作者根据国家统计局网站原始数据整理计算得出。

东部地区经济发展基础好,人口众多,自然条件好,物产丰富,适合社会化大生产的条件,另外,东部地区改革的力度更大,对外开放的程度也更高,这些自然和社会的因素,共同导致东部地区无论是实体经济发展还是虚拟经济发展都快于中部以及西部地区。

(二)金融资金对实体经济支持匮乏

为发挥金融体系推动企业技术创新与促进经济高质量增长的作用,金融体系应进一步深化发展,促进企业降低融资成本,增强金融体系服务于技术创新,以达到实体经济增长的目的。然而,当前中国金融体系的安排,在支持企业技术创新方面,还存在诸多问题:金融配置资源严重扭曲,如期限错配、结构错配与方向错配,造成大量不良资产、闲置资产堆积;中国当前以银行信贷为主的融资结构,难以满足经济结构转型升级过程中的企业技术创新的要求和对多样化金融服务的需求,不能有效地实现增长的目的。面对这些问题,应进一步深化金融体系改革,调整金融体系结构,促进资源流动,达到资源优化的目的,使企业进一步革新生产技术,推动中国经济结构转型升级,生产人们需要的产品,以此支持经济高增长。

在中国,金融对实体经济支持不够、资金"脱实向虚"等问题,"十一五"期间就已出现,到 2015 年以后,尤为突出。在 2015 年和 2016 年这两年,大量文献讨论金融领域"脱实向虚"的问题,大量的金融资金注入股票市场和房地产市场,而与此同时很多急需资金的领域和行业,比如一些贫困地区农业和小微企业得不到相应的资金支持。由上表 4-14 可以看出,2015 年全国虚拟经济占 GDP 竟达到 14.45%,2016 年继续攀升,达到 14.70%。从虚拟经济绝对值来看,在 2016 年突破 10 万亿元大关,达到 109 313 亿元。反之,实体经济自 2008 年以来一直呈下降的态势,到 2016 年,实体经济只占整个国民经济的 85.3%

左右。根据同花顺的统计显示,在 2017 年 1—8 月份,全国已有
826 家上市公司购买理财产品,购买总金额达到 7 430 亿元。和
上一年同期相比,理财产品购买的金额和上市公司的数量均大
幅度增加。在这样的融资环境下,金融与实体经济相对分裂,资
金在金融领域空转。

（三）金融资源大量流向房地产市场

1998 年中国实行住房商品化改革以后,房地产逐渐成为国民
经济的支柱产业。2003 年以后,中国房地产市场的发展迅速步入
快车道,各城市房地产价格不断攀高,到 2013 年底,中国房价出
现了明显的泡沫。房地产行业是个特殊的行业,与之相关的产业
有 50 多个。房价的上涨,同时也带动了相关产业的发展,这对
GDP 的增长功不可没,但是另一方面也促使金融资源大量地涌向
房地产市场。在利润的驱动下,大量的金融资源购买影子银行的
房地产类集合信托产品,将资金注入房地产市场。2002—2017 年
全国社会融资规模情况见表 4-17。

表 4-17　2002—2017 年全国社会融资规模情况表

年份	社会融资规模（亿元）	人民币贷款规模（亿元）	股票融资规模（亿元）	房地产投资规模（亿元）	人民币贷款规模与社会融资比（%）	股票融资规模与社会融资比（%）	房产投资与社会融资比（%）
2002	20 112	18 475	628	7 791	91.86	3.12	38.74
2003	34 113	27 652	559	10 154	81.06	1.64	29.77
2004	28 629	22 673	673	13 159	79.20	2.35	45.96
2005	30 008	23 544	339	15 909	78.46	1.13	53.02
2006	42 696	31 523	1 536	19 423	73.83	3.60	45.49
2007	59 663	36 323	4 333	25 289	60.88	7.26	42.39
2008	69 802	49 041	3 324	31 203	70.26	4.76	44.70

年份	社会融资规模（亿元）	人民币贷款规模（亿元）	股票融资规模（亿元）	房地产投资规模（亿元）	人民币贷款规模与社会融资比（%）	股票融资规模与社会融资比（%）	房产投资与社会融资比（%）
2009	139 104	95 942	3 350	36 242	68.97	2.41	26.05
2010	140 191	79 451	5 786	48 259	56.67	4.13	34.42
2011	128 286	74 715	4 377	61 797	58.24	3.41	48.17
2012	157 631	82 038	2 508	71 804	52.04	1.59	45.55
2013	173 169	88 916	2 219	86 013	51.35	1.28	49.67
2014	158 761	97 452	4 350	95 036	61.38	2.74	59.86
2015	154 063	112 693	7 590	95 979	73.15	4.93	62.30
2016	178 159	124 372	12 416	102 581	69.81	6.97	57.58
2017	194 445	138 432	8 759	109 799	71.19	4.50	56.47

数据来源：中宏产业研究平台。

由表 4-17 可见，中国房地产投资的规模总体上自 2002 年以来不断攀高，到 2017 年达到了 109 799 亿元。尽管社会融资规模自 2002 年以来也一直在扩大，由 2002 年 20 112 亿元扩大到 2017 年的 194 445 亿元，但是房地产投资与社会融资比还是呈上升趋势，由 2002 年的 38.74% 上升到 2017 年的 56.47%。房地产投资的体量超过整个社会融资规模的一半。很显然，相较于人民币贷款融资规模和股票融资规模，房地产融资规模扩张过快。

（四）货币超发，资金在金融体系内部空转

我们首先对中美两国的货币化率这一指标进行横向比较。2018 年末，中国广义货币 M2 余额为 182.7 万亿元，GDP 为 90.0 万亿元，GDP 同比增长 6.6%，CPI 同比上涨 2.1%，M2 增速保持在 8%，货币化率 M2/GDP 为 203%；而美国 2018 年末广义货

币 M2 余额为 14.5 万亿美元,GDP 为 21.2 万亿美元,货币化率
M2/GDP 仅 68%。这意味着,每产出 1 单位 GDP,中国发行的货
币供应量是美国的 2.99 倍,近 3 倍。显然,与美国比较,中国货币
大量超发。

事实上,20 世纪 90 年代以来,中国历年的货币化率都远远高
于美国。图 4-6 显示了 2000—2018 年中国与美国货币化率即
M2/GDP 的对比。

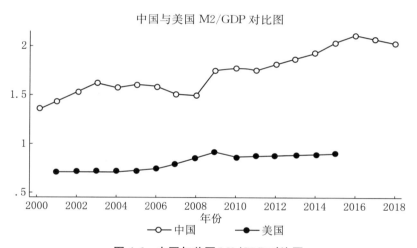

中国与美国 M2/GDP 对比图

图 4-6　中国与美国 M2/GDP 对比图

然后,我们再对中国货币化率的变动进行纵向比较。1985
年,中国 GDP 为 9 098.9 亿元,广义货币 M2 余额为 5 178.9 亿元,
货币化率为 56.9%;而到了 2018 年,中国 GDP 为 90.0 万亿元,广
义货币 M2 余额为 182.7 万亿元,货币化率为 203%,货币化率上
升速度非常快。换句话说,对比实体经济的增长,货币超发过快。

中国货币明显超发,但是通胀率却除个别年份异常外总体较为
稳定,未发生过高通胀,特别是 2014 年以来,年通胀率从未超过 3%。

货币大量超发,通胀率却并不高,那么货币资金去哪了? 答案之一是:大量资金在金融体系内空转。

资金空转是指由于经济、金融体制和机制的扭曲,导致金融体系存在较大套利空间,货币发出之后,其交易只在银行同业市场或金融机构之间发生,而不进入实体经济。近年来,中国经济体的大环境是"金融热,实体冷",这为货币空转创造了现实的条件,而货币超发更是一剂猛药,加剧了货币空转。

资金空转是金融系统玩的一种资金积累数字游戏,对实体经济的贡献并不明显。具体体现在以下几个方面:

1. 商业银行现行的盈利模式,导致其资金配置功能弱化,不能有效服务实体经济

目前,中国的利率市场化程度尚未成熟,银行利润八成以上还是靠存贷利差,可见中国的商业银行依靠传统存贷业务,就能够正常经营,从而形成了重短期利益、厌短期风险的经营观念,把大量的资金集中投放给大型企业。在软预算约束下这些大型企业又将这笔资金投入信托、房地产等高风险、高收益领域,成为银行表外业务的主要参与者,这样大量资金滞留金融领域,而并未进入实体经济进行生产,造成货币空转。

2. 中小企业融资条件有限,难以获得银行贷款

中小企业融资结构单一,银行贷款是其主要的融资渠道。但由于自身融资条件有限,与中小企业匹配的中小金融机构数量不足,导致中小企业很难与银行建立紧密的银企关系,从而使银行资金游离于中小型以及新兴产业的企业之外,致使大量银行资金"空转"而无法进入实体经济。商业银行等金融机构对利润的追逐所导致的资金套利,以及众多企业的融资瓶颈所导致的融资难,使得大量资金通过理财产品、票据贴现等所谓的影子银行业务进入房地产、政府融资平台等高风险、高收益领域。

3. 影子银行成为资金空转的重要渠道，加大了潜在的风险

影子银行诞生之时，似乎可以弥补传统银行服务的短板，但实际运行却并非如此，影子银行潜藏的问题日渐暴露。在信息披露不透明、存在监管套利空间和中国的双轨制利率结构等因素影响下，影子银行成为中国资金空转的重要传导渠道，加大了经济与金融的潜在风险。

中国资金空转通过影子银行有两条主要传导途径。一条途径是通过融资性票据实现货币空转。信用承兑和贴现融资曾在应对危机和维持宏观经济稳健运行，发挥了重要作用，但随后不久这些融资性票据就进入了资金空转的轨道，损害了实体经济。企业将自有资金存入银行形成存款，同时开出承兑汇票以银行存款作为保证金，拿汇票到其他银行进行贴现，然后继续作为保证金，再次开出承兑汇票，通过不断重复这一过程，实现资金的空转。这种循环往复的操作，造成票据市场的虚假繁荣，但这种贴现资金并没有真正进入实体经济进行生产，而只是在企业的银行账户上进行空转。资金通过融资性票据空转，一方面，承兑银行可以通过企业的保证金增加存款规模，企业将承兑后的资金作为保证金，开立承兑汇票，再次增加存款规模，如此往复。同样，通过再贴现和转贴现可以扩大贷款规模、降低不良资产率。因此，融资性票据业务模式很受中小银行欢迎，再加上同业拆借利率高于贴现率，企业也积极参与融资性票据形式的货币空转。另一条途径是通过表外借贷平台实现货币空转。那些脱离银行资产负债表的表外借贷平台及信用工具，也是影子银行的重要组成部分。表外借贷平台实现资金空转指资金经过不同金融机构以及不同金融产品等多个环节后，绕开"偏冷"的实体经济，进入高利润行业及投机性领域如房地产、矿产领域等，以赚取更高收益。中国房地产类集合信托产品是在各类信托产品中收益最高的，最

高的收益率达到 10.16％,最低收益率为 9.01％,平均收益率为 9.55％,远远超过银行存款利率水平。因此,货币空转通过表外借贷平台传导的规模更大,隐藏的风险更高。

二、实体经济易出现"僵尸企业"

为什么中国迄今金融深化未能很好地促进经济高质量增长? 为什么中国迄今企业的技术创新未能蔚然成风并以此促进企业成长进而带来国民经济的高质量增长? 从供给侧审视,我们不难发现,一个极为重要的原因,是中国供给侧存在着大量的"僵尸企业"。由于"僵尸企业"的存在,极大地阻碍了中国金融深化与经济高质量增长的匹配,也极大地阻碍了中国金融资源对科技型企业的有效支持,导致了中国经济增长的质量不高。本节将剖析中国金融发展作用经济增长的另一短板——"僵尸企业"的形成,然后进一步探讨如何及时、准确地识别"僵尸企业"。

(一)中国"僵尸企业"的现状

什么是"僵尸企业"? "僵尸企业"的定义在学界和业界有多种版本,但学界较权威的定义是由经济学家彼得·科伊提出的:他认为"僵尸企业"是指那些无望恢复生气,但由于获得放贷者或政府的支持而免于倒闭的负债企业。业界较权威的定义则是由时任工信部副部长冯飞提出的:他认为所谓"僵尸企业"是指已停产、半停产、连年亏损、资不抵债,主要靠政府补贴和银行续贷维持经营的企业。这两种定义在表述虽有一点差异,但内涵却是一致的。本文把"僵尸企业"定义为:依靠自身经营无法存续,但由于获得政府或其他债权人的支持而免于倒闭的企业。

"僵尸企业"对一国国民经济的危害甚重。当今社会,即使在欧美各国"僵尸企业"也并不罕见,但"僵尸企业"如果比例过高、数量过大,则会对一国带来灾难性的影响。如日本,在 1995—

2002 年间,"僵尸企业"占比总体呈上升趋势,2002 年达到 10%
左右(Fukuda 和 Nakamura,2011),Chakraborty 和 Peek(2012)、
Kawai 和 Morgen(2013)的研究均发现,"僵尸企业"的广泛存在
是日本在 20 世纪 90 年代后遭遇"失去的十年"极为重要的
因素。

在中国,当前"僵尸企业"的规模和占比值得高度警惕。中国
人民大学国家发展与战略研究院于 2016 年曾披露研究报告《中
国僵尸企业研究报告——现状、原因和对策》,该报告披露,基于
1998—2013 年中国工业企业数据库(包含约 80 万家企业和 360 万
个观测值)的研究,"僵尸企业"在 2000 年数量出现高峰,规模以上
企业中"僵尸企业"达 4 万家,占规模以上企业比约 27%;2005—
2013 年间,"僵尸企业"的比例有所下降,均值降至 7.51%;但遗憾的
是,2012 年以后,"僵尸企业"数量和比例又呈上升趋势。很显然,
"僵尸企业"显著地挤出了非"僵尸企业"的投资,低效地占用了资金
和劳动力等资源,降低了供给质量(谭语嫣等,2017)。

在中国,"僵尸企业"主要是国有企业,其身后有各级政府的
"背书",因而无论其如何效益低下、经营亏损,甚至巨亏,银行信
贷对其总是高度倾斜。

回顾经济学史上相关的经济增长理论,经济增长的渠道大致
有两条,一条是数量增长渠道,以扩大金融规模→经济增长为途
径。这条渠道认为资本的积累是经济增长的核心,以索罗模型和
AK 模型为代表。另一条是质量增长渠道,以金融深化→企业技
术创新→经济高质量增长为途径。这条途径认为资本积累和创
新是同一过程的两个方面,而不是两个不同的驱动因素共同促进
经济增长。"僵尸企业"是实体经济体内的毒瘤,"僵尸企业"的存
在,会逼迫一国国民经济走上数量增长的渠道。信贷失衡是"僵
尸企业"野蛮生长的天然土壤,扩大金融规模为"僵尸企业"创造

了很多"吸血"的机会,而"僵尸企业"作为实体经济体系内的毒瘤,严重影响了金融深化、企业技术创新和经济增长三者之间的健康关系,是三者关系失衡的关键症结所在。"僵尸企业"与金融领域有交集,必定产生企业的信贷失衡,因"僵尸企业"有很强的吸血功能,占用大量的金融资源;"僵尸企业"又与大力发展技术创新的科技型、成长型企业没有交集,因为其"吸血"功能可保其即便维持低效的生产率,利用吸收来的金融资源生产技术含量低的产品,造成产能过剩,也照样"坐享其成",活得滋润,前无压力,后无动力,不屑于大搞技术创新,这样其自己也不可能成为技术创新型企业,同时又由于其对资金尤其是银行信贷资金的"虹吸"效应,加重了广大科技型中小企业的"资金荒",使广大科技型中小企业成长受挫。

综上,"僵尸企业"是导致中国金融深化、企业技术创新与经济高质量增长之间失衡的关键症结所在。2017 中央工作会议强调:在推进供给侧结构性改革中,在继续抓好"三去一降一补"、深化简政放权、优化服务的工作中,要把处置"僵尸企业"作为重要抓手,引领化解过剩产能。

既然如此,对"僵尸企业"的及时识别和有效处置,首先是及时识别,已成为中国在供给侧结构性改革和由高速增长向高质量发展转变过程中的重要环节。

(二)"僵尸企业"的识别

1."僵尸企业"的识别方法

就"僵尸企业"的识别而言,进入本世纪以来,国内外学术界已经进行过探讨。Caballero,Hoshi 和 Kashyap(2008)率先提出了一种识别"僵尸企业"的"CHK 方法"。按照该方法,如果一个企业为债务支付的利息非常低,甚至低于市场最低利率所对应的利息,则可判断该企业与银行之间的借贷关系是非正常的,该企业很可能属于依靠银行贷款才能生存的"僵尸企业"。CHK方法被认为高度符合20世纪90年代日本"僵尸企业"的主要特征,但普适性仍有欠缺,其可能误判一些正常企业为"僵尸企业",反之也可能漏掉一些真正的"僵尸企业"。Fukuda和Nakamura(2011)为了改进CHK方法这一缺陷,对该方法进行扩展,精心引入了"持续信贷标准",这里,"持续信贷标准"是指如果企业某年的息税前收入低于最低应付利息,且其上一年的外债总额超过其总资产的50%而且当年的借贷有所增加,则该企业被识别为"僵尸企业"。他们扩展后的CHK标准可称之为FN标准(亦称FN-CHK标准)。但FN标准仍存在缺陷:有些企业长期中仅某一年被识别为"僵尸企业"而下一年份马上复活,其是否是"僵尸企业"不免存疑。Kwon,Narita和Narita M(2015)则提出了KNN标准,该标准比FN标准更为宽松,在识别"僵尸企业"时,可以不要求企业资产负债率高于50%,这样,KNN标准能够更为敏锐地识别"僵尸企业",也因而能够识别出更多"僵尸企业",不过KNN标准仍然一定程度地存在识别的不确定性。

　　在中国,2015年12月国务院常务会议提出过识别"僵尸企业"的方法,即:不符合国家能耗、环保、质量、安全等标准,持续亏损三年以上且不符合结构调整方向的企业即可定为"僵尸企业"。国务院给出的识别方法的可操作性不可谓不强,但也还有值得商榷之处。如果以"连续亏损三年"为标准,则在上市公司中不可能存在"僵尸企业",因为上市公司若连续三年亏损必须退市,但中国上市公司中存在"僵尸企业"却已是个不争的事实;此外,能耗、环保等标准弹性很大,不易把握,如贸然制定相关标准,还很可能出现"管制俘获"现象(何帆、朱鹤,2016)。中国人民大学国家发展与战略研究院(2016)也提出了一个"僵尸企业"识别的"人大国发院标准",即如果一个企业连续两年都被FN方法识别为"僵尸企业",则该企业在这第二年应被判别为"僵尸企业"。申广军（2016）利用实际利润法和过度借贷法识别了"僵尸企业"，并且据此发现中国重化工行业和劳动密集行业、西部地区和能源大省的"僵尸企业"比例较高，并且"僵尸企业"比例与国有企业比例高度正相关。黄少卿、陈彦（2017）提出了扩展的 FN 识别法，以 FN 识别法为基础，但扣除了政府补贴并将 3 年净利润进行加总来平滑短期波动，该识别法相比于 FN 法，一方面，能够减少将"僵尸企业"判断为健康企业的失误，另一方面，识别结果趋势也比较平稳。

不过这些识别"僵尸企业"的方法并不适用于上市公司中的"僵尸企业"，因为这些"僵尸企业"的生存并非主要依靠政府补贴或银行续贷。近年来，国内学者董登新（2016）提出了针对上市公司中"僵尸企业"的识别标准，即，"扣除非经常损益后，每股收益连续三年为负数的企业"。李霄阳和瞿强（2017）更是明确地将中国的"僵尸企业"划分为信贷补贴支持类僵尸企业和经营不善类"僵尸企业"，后者是指 A 上市公司中其实长期亏损，但由于壳的价值得以依赖股东和债权人的支持而存续的一类"僵尸企业"，他们提出并证明了经营不善类"僵尸企业"的识别标准是一种"四合一"标准，这里，"四"是指持续亏损标准、营业外收入调整的持续亏损标准、潜在持续亏损标准以及证监会特别处理标准，他们还证明处于产能过剩行业的企业更容易成为经营不善类"僵尸企业"。董登新和李霄阳等的识别方法较好地解决了上市公司中"僵尸企业"的识别问题。

以上国内外现有文献对于"僵尸企业"的识别都具有很大参考价值，而且综合起来看似乎迄今学术界对于"僵尸企业"的识别方法已经趋于成熟和适用。不过本文认为，若转换一个视角来看，这些识别方法可能都存在一些滞后性。因为众所周知，"僵尸企业"处置起来非常困难。首先是依法处置难。这是由于破产法与金融、税收法之间的空白和冲突,以及执法体制不完善,严重影响了政府各相关职能部门的职能发挥。其次是债权清收难。"僵尸企业"破产债权大都超过诉讼时限,部分债务人已"人去楼空",加上不少"僵尸企业"管理混乱、取证艰难等因素,导致"僵尸企业"债权清收效果甚微。第三是资产变现难。部分"僵尸企业"设备老化、落后,难以清偿变卖,加上部分"僵尸企业"还存在账物不符、凭证不全、相关资产权属不明等问题,大大增加了企业实际资产变现难度。第四是政策落实难。地方政府处置"僵尸企业"时,由于需解决在职员工货币补偿问题、退休员工住房补贴以及失业安置和养老等问题,导致其托底的资金缺口较大,政策落实难(苏州市农村金融学会课题组,2017)。既然"僵尸企业"处置难度大,并代价大,我们为何不能未雨绸缪,当一个企业即将或刚刚演变成"僵尸企业"时,就及时予以识别并对银行信贷和政府补贴谨慎对待? 接下来本节从信贷失衡、企业效率异质性的视角对"僵尸企业"识别进行实证分析。

2. 信贷失衡、企业效率异质性与"僵尸企业"识别的实证分析

(1) 数据处理和指标构建

① 数据来源与处理

为了对假设 3 和假设 4 进行实证检验,需要企业净利润、信贷失衡程度、企业效率异质度、"僵尸企业"数目等变量集的数据,所有变量定义及符号见附表①。本文数据来源于 2012 年和 2013 年《中国工业企业数据库》。本文先剔除这两年不符合条件的数据,如剔除重复的企业、剔除企业人数小于 10 人的和总资产或工业总产值为 0 的数据等,经过剔除后 2012 年剩下 301 984 家企业,2013 年剩下 333 959 家企业,然后再把这两年的数据根据组织机

---

① 由于变量较多,占篇幅较大,本文将所有变量列于文末附表中。

构代码、单位详细名称、固定电话号码和法人代表名称进行 4 次匹配,再把这四次匹配的结果加总,最后得到 272 939 家企业作为有效的样本数据。具体删除和处理方法详见表 4-18。

表 4-18　样本数据处理

年份 处理方法	2012 年 (初始 311 314 家)	2013 年 (初始 344 875 家)
删除主营业务收入小于 2 000 万元	6	24
删除主营业务缺损值	28	26
删除从业人数小于 10 人	3 078	1 347
删除固定资产缺损值	4 724	7 284
删除固定资产为负数	1	2
删除资产总计缺损值	7	12
删除资产总计为负数	1	1
删除工业总产值缺损值	1 318	862
删除资产总计小于固定资产	48	103
删除资产总计小于流动资产	119	1 255
剩余企业数	301 984	333 959
根据组织机构代码进行第一次匹配	匹配企业数为 267 657 家	
未匹配企业数	34 327	66 302
根据单位详细名称 进行第二次匹配	匹配企业数为 688 家 删除无名称匹配 413 家,剩余 275 家	
未匹配企业数	33 749	65 614
根据单位固定电话号码 进行第三次匹配	合并数据为 6 472 家 删除重复项 4 744 家,剩余 1 728 家	
未匹配企业数	30 838	59 223
根据单位法定代表人名字 进行第四次匹配	合并数据为 6 746 家 删除重复项 3 467 家,剩余 3 279 家	
未匹配企业数	26 140	52 975
合计四次匹配企业数	272 939	

　　然后在有效样本数据基础上根据单指标法或多指标法计算出"僵尸企业"数量、资本密集度（企业人均资本的均值）等相关指标。在计算利息支出和全要素生产率等相关指标的偏差过程中，本节对这 272 939 家企业根据其所在的省份和行业进行分组，剔除企业数目小于 10 家的组别后，剩下 3 343 组，再求出各组利息支出和全要素生产率等相关指标的均值，最后根据这些均值计算出各企业相关指标的偏差，作为信贷失衡程度和企业效率异质度的代理变量。

　　② "僵尸企业"的指标构建

　　"僵尸企业"识别的前提是要有合理选择僵尸企业的衡量指标。

　　国外文献关于"僵尸企业"识别方法的讨论集中在两个层面，即企业层面和聚合层面。企业层面聚焦于银行对贷款的补贴或低盈利水平企业的"常青借贷"（Caballero，Hoshi 和 Kashyap，2008；Lin，Srinivasan 和 Yamada，2015；Nakamura 和 Fukuda，2013；Fukuda 和 Nakamura，2011；Hoshi 和 Kim，2012）。聚合层面的识别思路则是把个体识别结果直接相加（Caballero，Hoshi 和 Kashyap，2008）或设置总体层面"僵尸企业"间接代理变量（Imai，2012；Ahearne 和 Shinada，2005）。由于本节的研究对象指向的是个别企业而非"僵尸企业"总体，故本节的"僵尸企业"衡量指标，系本质上立足于企业层面构建。

　　本节先借鉴谭语嫣等（2017）的做法，构建以下相关的中间指标。

　　第一个指标 $R1_{it}$：这是测算出的在正常经营环境下，企业 i 在 t 年需支付的最小利息。

$$R1_{it} = rs_{it-1} \times BS_{it-1} + \left(\frac{1}{5} \sum_{j=1}^{5} rl_{t-j} \right) \times BL_{it-1} \quad (4\text{-}10)$$

式中,$BS_{i,\,t-1}$为企业 i 在 $t-1$ 期银行短期贷款[①],$BL_{i,\,t-1}$为企业 i 在 $t-1$ 期银行长期贷款[②],$rs_{i,\,t-1}$ 为银行短期贷款利息,rl_{t-j} 为银行长期贷款利息[③]。

第二个指标 $R2_{it}$:这是测算出的企业 i 在 t 年获得的利息收入。

$$R2_{it} = (AL_{i,\,t-1} - AY_{i,\,t-1} - AC_{i,\,t-1}) \times rd_t \qquad (4\text{-}11)$$

式中,$AL_{i,\,t-1}$ 表示企业 i 在 $t-1$ 期流动资产,$AY_{i,\,t-1}$ 为企业 i 在 $t-1$ 期应收账款,$AC_{i,\,t-1}$ 为企业 i 在 $t-1$ 期存货,rd_t 为银行 t 期的一年存款利率。

第三个指标 $bgap_{i,\,t}$:这是测算出的企业 i 在 t 年实际利息支付与最小利息支付之差,与上期借债 $B_{i,\,t-1}$ 之比。

$$bgap_{i,\,t} = [R3_{i,\,t} - (R1_{i,\,t} - R2_{i,\,t})]/B_{i,\,t-1} \qquad (4\text{-}12)$$

第三个指标的修正指标 $xbgap_{i,\,t}$:这是利用企业利润对第三个指标 $bgap_{i,\,t}$ 的修正。

$$xbgap_{i,\,t} = [EBIT_{i,\,t} - (R1_{i,\,t} - R2_{i,\,t})]/B_{i,\,t-1} \qquad (4\text{-}13)$$

"僵尸企业"的识别方法大致可以分为两大类,一类是单指标识别法,另一类是多指标识别法。单指标识别法又包括 CHK 方法和实际利润法。CHK 方法主要是看企业是否接受了补贴,CHKI 是指企业接受了银行补贴;CHKII 指企业接受了银行和政府的补贴。将 $bgap_{i,\,t} < 0$ 识别为"僵尸企业"。实际利润法也包含两种情况,实际利润法 I 是正常经营获得净利润为负识别为"僵

---

① 银行短期贷款为流动负债减去经营性负债,本文考虑的经营性负债包括应付账款、应交所得税、应交增值税。

② 银行长期贷款为负债合计减去流动性负债。

③ 这里的长期利率 r,系 2008—2012 年内中国人民银行各次利率调整后 5 年期贷款利率的月度加权平均值。

尸企业",实际利润法 II 是政府补贴前的净利润为负识别为"僵尸企业"。第三个指标 $bgap_{it}$ 及其修正指标 $xbgap_{it}$ 在单指标法下均为潜变量。

多指标识别方法基本上有三种情况:第一种方法是连续亏损法,如果某家企业出现连续三年实际利润为负,则将它识别为"僵尸企业",这是政府的识别方法;第二种方法是过度借贷法,这种方法是当某家企业满足以下三个指标就识别为"僵尸企业",(A)当年资产负债率超过 50%,(B)当年外部融资规模超过上一年,(C)满足实际利润法 I;第三种方法是综合性方法,将同时满足实际利润法 I 和 CHK 方法 II 的企业识别为"僵尸企业"。

本节基于以上 4 个中间变量,运用单指标法或多指标法,构建出"僵尸企业"这个被解释变量。

③ 信贷失衡程度的衡量指标

本节借鉴罗伟等(2015),选取利息支出偏差[①]、财务费用偏差[②]作为信贷失衡程度的代理变量。由以上理论模型分析,利息支出可以写成 $r_0(\omega)D^F\lambda$ 形式,其中 D^F 为企业融资需求,λ 为企业对外部资金的依赖程度,ω 是衡量企业融资能力的指标,在 D^F 和 λ 不变的情况下,利息支出波动取决于企业的融资能力。不过在现实生活中,由于担保费用、评估费用等各种形式融资成本的存在,只用利息变化来衡量融资成本不够精确,且 D^F 与 λ 假定不变也不尽合理。为寻求信贷失衡对"僵尸企业"形成产生的影响更加稳健,本节再选取财务费用偏差来替换利息支出偏差作进一步分析。

---

① 利息支出偏差为每个企业的利息支出与每组企业利息支出的均值差的平方取对数。

② 财务费用偏差为每个企业的财务费用与每组企业财务费用的均值差的平方取对数。

④ 企业效率异质性的衡量指标

借鉴 Levinsohn 和 Petrin(2003)、蒋灵多等(2017)、周定根和杨晶晶(2016)做法,假设行业的替代弹性保持不变的情况下,企业的全要素生产率 TFP 与企业效率存在着正向关系,本节把 TFP 偏差[①]作为衡量企业效率异质性的指标。

关于企业全要素生产率,本节采用 LP 方法进行估计,对模型设定如下:

$$TFP_i = exp(y_i - a \times l_i - b \times m_i - c \times k_i) \qquad (4\text{-}14)$$

式中,TFP_i 表示企业 i 的全要素生产率,y_i 表示企业 i 的工业增加值,l_i 表示企业 i 劳动投入,m_i 表示企业 i 中间产品的投入,k_i 表示企业 i 资本投入。中间产品投入、工业增加值采用 Cai 和 Liu(2009)会计估算方法(中间产品投入＝工业总产值－企业利润－财务费用－工资－当期折旧－增值税;工业增加值＝工业总产值－工业中间投入＋增值税)。考虑到在现实生活中,行业的替代弹性有很多,存在多种影响生产规模的因素,特别是企业产品的销售能力这一因素影响力非常大,故本节在实证分析中将进一步选取销售额偏差[②]来替换 TFP 偏差进行稳健性检验。

(2) 实证检验

下文将实证检验本节理论模型提出的两个假设。本节首先利用 2012 和 2013 年工业企业数据库的数据考察信贷失衡对"僵尸企业"形成的影响,然后进一步利用这个数据库数据,分析企业在生产效率异质性方面的差异是否也是导致"僵尸企业"形成的重要因素。

① 主要指标的描述性统计

表 4-19 显示了各主要变量的描述性统计结果。

---

① TFP 偏差为每个企业的 TFP 与每组企业 TFP 的均值差的平方取对数。

② 销售额偏差为每个企业的销售额与每组企业销售额均值差的平方取对数。

表 4-19 主要变量的描述性统计

变 量	均值	标准差	最小值	中位数	最大值	观测值
"僵尸企业"(综合法)	0.04	0.21	0	0	1	272 939
"僵尸企业"(单指标实际利润法 I)	0.07	0.26	0	0	1	272 939
利息支出偏差	14.58	2.89	−8.96	14.47	31.33	242 523
财务费用偏差	58.32	26.78	0	55.54	247.80	70 906
销售额偏差	23.27	2.70	−0.42	23.31	38.82	268 703
TFP 偏差	3.43	5.62	0	1.62	184.70	134 647
从业人数	463.80	1 282	10	344	150 000	271 211
存货	30 927	290 000	−88 000	5 168	3.600e+07	266 059
人均固定资产	284.30	10 674	0	45.90	4.500e+06	271 211
资产总计	270 000	3.000e+06	0	50 542	9.500e+08	271 211

从表 4-19 可以看出,各个指标的观测值并不相等,某指标观测值越小,说明在我们挑选的样本中,该指标在 2013 年工业数据库中残缺值的数量越多,例如,财务费用偏差观测值只有 70 906,说明财务费用这一指标残缺较多;"僵尸企业"(综合法)和"僵尸企业"(单指标实际利润法 I)的观测值均为 272 939,与样本总量相同,说明这 272 939 个企业要么是"僵尸企业",要么是非"僵尸企业",每 1 个企业都做了定义。再从均值来看,综合法衡量的"僵尸企业"均值为 0.04,说明"僵尸企业"约占企业总量的 4%。单指标实际利润法 I 衡量的"僵尸企业"均值为 0.07,说明"僵尸企业"约占企业总量的 7%。综合指标衡量的"僵尸企业",条件要多些,自然"僵尸企业"的数量就要少一些。限于篇幅,其他各种解释变量在此就不一一叙述。

② "僵尸企业"区域分布特征

本节采用三种指标方法对"僵尸企业"的区域分布进行测度。

这三种指标方法分别是：CHK 方法 I、实际利润方法 I、综合指标法。由于数据的可得性问题，本节仅展现 2013 年"僵尸企业"的地域特征。

图 4-7、图 4-8 和图 4-9 分别根据 CHK 方法 I、实际利润法 I 和综合指标法描绘出 2013 年全国 31 省"僵尸企业"的分布特征。这 3 幅图的左轴刻画全国"僵尸企业"的数量，右轴刻画的则是在样本内各省"僵尸企业"占本省企业的比例。从这 3 幅左轴刻画的直方图中，不难发现："僵尸企业"在西部数量较少，在中部一般，东部省份最多。再看右轴刻画的折线图，除东部少数省份外，"僵尸企业"占本省企业的比例西部最大，中部次之，东部较小。究其原因，东部省份企业的基数较大，自然这一比值就显得更小些。这与聂辉华等（2016）、朱鹤和何帆（2016）的研究基本一致。

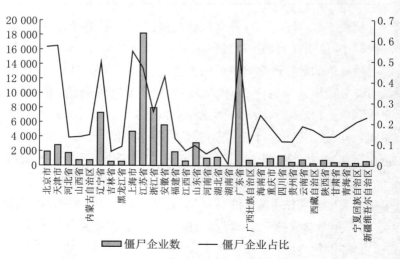

图 4-7　2013 年根据 CHK 方法 I 计算的
全国各省"僵尸企业"分布状况图

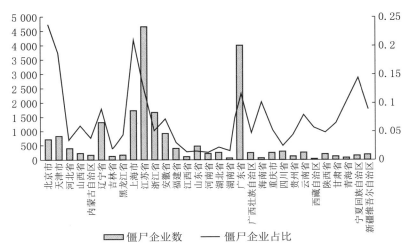

图 4-8　2013 年根据实际利润方法 I 计算的
全国各省"僵尸企业"分布状况图

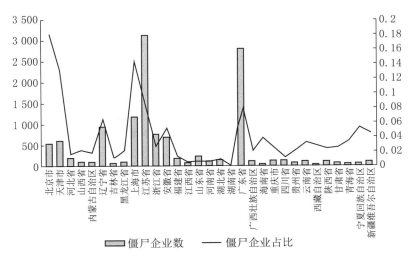

图 4-9　2013 年根据综合指标法计算的各省"僵尸企业"分布状况图

③ 基准回归与稳健性检验

由于被解释变量识别为"僵尸企业"是个定性变量,本节采用二值选择模型进行估计,当潜变量大于门限值时,二值事件发生。考虑到样本数据的分布特征,本节建立 Logit 模型,来较为细致地实证分析信贷失衡、企业效率异质性对"僵尸企业"产生的影响。其模型如下:

$$Z_i = \begin{cases} 0, & Y_i < 0 \\ 1, & Y_i \geq 0 \end{cases} \tag{4-15}$$

上式 $Z_i = 0$ 表示企业 i 是非"僵尸企业",$Z_i = 1$ 表示企业 i 是"僵尸企业",Y_i 是表示"僵尸企业"的潜变量指标。

本节采用多指标识别法中的综合指标法进行检验。

$$Y_i = XB + e_i \tag{4-16}$$

式中 X 是指影响"僵尸企业"形成的因素,包括主要解释变量信贷失衡、企业效率异质性以及一些其他相关的控制变量,B 为影响系数矩阵,e_i 为白噪音。

表 4-20 显示了 logit 模型回归结果。

表 4-20 中,在变量的选取上,第(1)列仅选取从业人数和存货作为模型的控制变量,主要解释变量信贷失衡和效率异质性分别选用利息支出偏差和 TFP 偏差。

由表 4-20 的第(1)列可见,利息支出偏差增大 1 个百分点,"僵尸企业"几率会增加 1.633 2 个百分点($=(\exp(0.016\ 2)-1)\times 100$),支持本节前面提出的假设 3,即"僵尸企业"的形成与企业的信贷失衡成正相关;TFP 偏差增大 1 个百分点,"僵尸企业"几率会增加 1.480 9 个百分点($=(\exp(0.014\ 7)-1)\times 100$),这一结果支持了本节前面提出的假设 4,即"僵尸企业"的形成与企业效率

表 4-20　信贷失衡、企业效率异质性与"僵尸企业"(综合指标法)logit 回归结果

解释变量	被解释变量:"僵尸企业"(logit)						
	(1)	(2)	(3)	(4)	(5)	(6)	(7)
	第一部分:logit 回归						
利息支出偏差	0.016 2***	0.016 2***	0.016 7***			0.020 7***	0.022 4***
	(0.005 8)	(0.005 9)	(0.003 3)			(0.003 7)	(0.003 7)
财务费用偏差				0.002 0*	0.002 2**		
				(0.001 1)	(0.001 1)		
TFP 偏差	0.014 7***	0.014 7***	0.014 6***	0.018 0***	0.018 1***		
	(0.005 1)	(0.002 3)	(0.002 3)	(0.003 9)	(0.003 9)		
销售额偏差						0.044 8***	0.044 9***
						(0.004 0)	(0.004 1)
从业人数	0.000 1***	0.000 1***	0.000 1***	0.000 0***	0.000 0***	0.000 0***	0.000 0***
	(8.99e-06)	(9.47e-06)	(0.000 0)	(8.93e-06)	(1.14e-05)	(4.95e-06)	(6.70e-06)
存货	控制	控制	控制	控制	控制	控制	控制
人均固定资产	控制	控制	控制	控制	控制	控制	控制
资产总计	控制	控制	控制	控制	控制	控制	控制

（续表）

解释变量	被解释变量："僵尸企业"（logit）						
	(1)	(2)	(3)	(4)	(5)	(6)	(7)
_cons	-3.781 4***	-3.781 3***	-3.794 5***	-3.533 9***	-3.549 6***	-4.325 1***	-4.359 1***
	(0.087 1)	(0.087 8)	(0.088 0)	(0.070 9)	(0.072 3)	(0.085 1)	(0.085 5)
样本数	272 939	272 939	272 939	272 939	272 939	272 939	272 939
Prob>chi2	0.000 0	0.000 0	0.000 0	0.000 0	0.000 00	0.000 00	0.000 00
第二部分：多项式模拟估计							
信贷失衡	0.016 2***	0.016 2***	0.016 7***	0.002 0*	0.002 2*	0.020 7***	0.022 4***
	(0.006 1)	(0.006 2)	(0.006 2)	(0.001 1)	(0.001 1)	(0.003 9)	(0.003 7)
效率异质性	0.014 7***	0.014 7***	0.014 6***	0.018 0***	0.018 1***	0.044 8***	0.045 0***
	(0.002 2)	(0.002 2)	(0.002 2)	(0.003 6)	(0.003 6)	(0.004 0)	(0.004 0)

注释：①第一部分中括号内为该系数的稳健标准误差；②第二部分中各列的信贷失衡用利息支出偏差或财务费用偏差两个指标中的一个未衡量，效率异质度则用销售额偏差和 TFP 偏差两个指标中的一个未衡量；具体选法与第一部分对应的列相呼应；第二部分多项式模拟采取自助法（Bootstrap）进行估计。

异质性正相关。第(2)列在第(1)列控制变量的基础上加入人均固定资产,检验结果与第一列完全一样,只是标准误略有点差异;第(3)列又在第(2)列基础上再加入资产总计作为控制变量,结果发现,利息支出偏差每增大一个百分点,"僵尸企业"几率会增加1.684个百分点(=(exp(0.016 7)-1)×100),同样支持假设3,全要素生产率偏差每增大1个百分点,"僵尸企业"几率会增加1.470 7个百分点(=(exp(0.014 6)-1)×100),这一结果同样支持本节前面提出的假设4。表明结果稳健。

接下来,表4-20的第(4)列到第(7)列进一步考察解释变量选择的稳健性。第(4)列在第(2)列基础上把衡量信贷失衡的代理变量平均利息支出偏差替换成财务费用偏差;第(5)列在第(3)列基础上把衡量信贷失衡的代理变量平均利息支出偏差替换成财务费用偏差;第(6)列在第(2)列基础上把衡量效率异质性代理变量 TFP 偏差替换为销售额偏差;第(7)列在第(3)列基础上把衡量效率异质性代理变量 TFP 偏差替换为销售额偏差。

第(4)列和第(5)列是对假设3的检验,本节对第(4)列与第(2)列进行比较,财务费用偏差增加一个百分点,导致"僵尸企业"几率增加的幅度有所降低,由第(2)列"僵尸企业"几率增加幅度的1.633 2个百分点降为第(4)列的0.200 2个百分点(=(exp(0.002 0)-1)×100),但财务费用系数的正向性质仍没有改变,进一步验证了假设3。第(5)列比第(4)列增加了资产总计这一控制变量,财务费用偏差增加一个百分点,导致"僵尸企业"几率增加的幅度为2.220 2个百分点,与第(4)列的结果基本相同,再次验证了假设3。

第(6)列和第(7)列是对假设4的检验,本节把第(6)列与第(2)列比较,利息支出偏差系数由0.016 2增大为0.020 7,系数显著为正,验证了假设3;效率异质性偏差系数由0.014 7(TFP 偏差系数)变为0.044 8(销售额偏差系数),但是显著为正的性质依然没有改变,这进一步验证了假设 4。第(7)列检验结果与第(6)列相似。

最后,笔者采用自助法(Bootstrap)对模型进行多项式模拟,估计信贷失衡偏差系数和效率异质性偏差系数的平均值,所得结果见表 4-20 第二部分。显然,模拟结果依旧支持假设 3 和假设 4。

(三)进一步的稳健性检验

为使得实证结果更加稳健,本节再采用单指标识别法中的实际利润法 I 选择被解释变量,解释变量与基准回归保持一致,仍旧采用二值选择模型 logit 进行检验。

表 4-21 显示了 logit 模型回归结果。

从表 4-21 看,检验结果与表 4-20 基本一致,只是表 4-21 衡量效率异质性和信贷失衡的 *logit* 系数有小幅度提升。以第(1)列为例,从信贷失衡看,表 4-20 中以综合指标法衡量的第(1)列信贷失衡的 *logit* 系数为 0.016 2,相应"僵尸企业"增加几率为 1.633 2 个百分点($=(\exp(0.016\ 2)-1)\times100$);而表 4-21 中以单指标实际利润识别法 I 衡量的第(1)列信贷失衡的 *logit* 系数为 0.020 8,相应"僵尸企业"增加几率为 2.101 8 个百分点($=(\exp(0.020\ 8)-1)\times100$),说明单指标法界定"僵尸企业"概念相对宽松,即信贷失衡的变化对"僵尸企业"形成几率要大一些,也就是说同样利息支出偏差增加一个百分点,以单指标实际利润识别法 I 衡量"僵尸企业"比以综合法衡量的"僵尸企业"增加的几率要高出 0.468 6 个百分点。但尽管这样,表 4-21 检验结果并没有改变利息支出偏差的系数为正向显著的特性,这一结果再次证明了本节前面提出的假设 3。再从效率异质性看,表 4-20 中以综合指标法衡量的第(1)列 TFP 偏差系数为 0.014 7,相应"僵尸企业"增加的几率为 1.480 9 个百分点($=(\exp(0.014\ 7)-1)\times100$);而表 4-21 中以单指标实际利润识别法 I 衡量的第(1)列 TFP 偏差系数为 0.015 9,相应"僵尸企业"增加的几率为 1.602 7 个百分点($=(\exp(0.015\ 9)-1)\times$

表 4-21 信贷失衡、企业效率异质性与"僵尸企业"(单指标实际利润识别法 I)logit 回归结果

解释变量	被解释变量:"僵尸企业"(logit)						
	(1)	(2)	(3)	(4)	(5)	(6)	(7)
	第一部分:logit 回归						
利息支出偏差	0.020 8***	0.020 7***	0.022 5***				
	(0.004 6)	(0.004 7)	(0.004 6)				
财务费用偏差				0.002 8***	0.003 0***		
				(0.000 8)	(0.000 8)		
销售额偏差						0.034 7***	0.035 0***
						(0.003 2)	(0.003 2)
TFP 偏差	0.015 9***	0.016 0***	0.016 0***	0.020 4**	0.020 4**	0.027 8***	0.029 6***
	(0.001 8)	(0.001 9)	(0.001 9)	(0.003 0)	(0.003 0)	(0.003 0)	(0.003 0)
从业人数	0.000 1***	0.000 1***	0.000 0***	0.000 0***	0.000 0***	0.0000***	0.000 0***
	(8.63e−06)	(8.63e−06)	(1.1e−05)	(8.25e−06)	(1.02e−05)	(4.62e−06)	(6.23e−06)
存货	控制	控制	控制	控制	控制	控制	控制
人均固定资产	控制	控制	控制	控制	控制	控制	控制
资产总计	控制	控制	控制	控制	控制	控制	控制

（续表）

解释变量	被解释变量:"僵尸企业"(logit)						
	(1)	(2)	(3)	(4)	(5)	(6)	(7)
_cons	−3.354 5***	−3.352 8***	−3.385 1***	−2.979 1***	−2.994 5***	−3.385 0***	−3.733 9***
	(0.069 7)	(0.069 7)	(0.070 6)	(0.054 6)	(0.055 6)	(0.070 6)	(0.068 8)
样本数	272 939	272 939	272 939	272 939	272 939	272 939	272 939
Prob>chi2	0.000 0	0.000 0	0.000 0	0.000 0	0.000 0	0.000 0	0.000 0
第二部分:多项式模拟估计							
信贷失衡	0.020 8***	0.020 6***	0.022 5***	0.002 8***	0.003 0***	0.027 8***	0.029 6***
	(0.005 0)	(0.005 0)	(0.005 1)	(0.000 8)	(0.000 9)	(0.003 1)	(0.003 1)
效率异质性	0.015 9***	0.016 0***	0.016 0***	0.020 4**	0.020 4***	0.034 8***	0.035 0***
	(0.001 7)	(0.001 7)	(0.001 7)	(0.002 7)	(0.002 7)	(0.003 3)	(0.003 3)

注释:(1) 第一部分中小括号表示该系数的稳健标准差。

(2) 第二部分各列的信贷失衡用偏差支出偏差两个指标中的一个来衡量,效率异质性则是销售额标准差和 TFP 标准差两个指标中的一个来衡量;具体选法和第一部分对应的列相呼应;第二部分多项模拟采取自助法(Bootstrap)进行估计。

100），说明在单指标法下，效率异质性大的企业"僵尸企业"形成几率也大一些，更具体地说，TFP 偏差增加一个百分点，以单指标实际利润识别法 I 衡量的"僵尸企业"比以综合指标法衡量的"僵尸企业"增加的几率要高出 0.132 个百分点，但这同样支持了假设4。其他各列结论相同，在此不一一赘述。

本节从理论上较为深入地分析了中国间接融资的失衡与"僵尸企业"形成的内在关系，揭示了"僵尸企业"的数量与信贷失衡程度成正相关、"僵尸企业"的形成与企业的效率异质性成正相关的机理，提出了两个相应假设；然后，利用中国工业企业数据库的数据，基于二值选择 logit 模型进行实证分析，较好地验证了这两个假设。

第四节　本章小结

从间接融资视角运用面板模型和大样本数据，本章实证分析了中国金融发展驱动经济增长的机制与效率相关问题，主要包括以下几个方面：首先实证分析了中国间接融资驱动经济增长的机制，稳健地证明了间接融资渠道中，金融发展通过资本积累促进了企业技术创新进而促进了经济增长，中国间接融资发展总体还是有利于经济增长的，其驱动经济增长的机制总体还是畅通的；接着通过构建 SFA 模型，对中国间接融资对经济增长作用的效率进行了检验，得出了肯定性的结论；最后还通过实证分析，验证了中国间接融资驱动经济增长面临的两个短板，即金融资源易"脱实向虚"和实体经济易出现"僵尸企业"，并且还运用 *Logit* 等方法，构建了一个能及时有效识别"僵尸企业"的具有应用价值的模型。

第五章
中国金融发展驱动经济增长的机制与效率实证分析:直接融资视角

同样,根据第二章的理论框架,本章将着眼于金融从第二种途径促进经济增长,即提高 g_A^*,其中主要是通过提高直接融资部门的规范程度 χ_1 和运行效率 χ,扩大其融资规模 R 来促进企业技术进步,从而拉动经济增长,提高 g_Y^*,并实证分析中国金融发展驱动经济增长的机制与效率。本章的研究视角是直接融资。

由于数据的可得性和研究的方便性,本章研究的直接融资对经济增长作用的实证分析,只是针对股权市场展开讨论,暂不涉及债券市场和其他直接融资市场。

第一节 中国直接融资作用机制
促进经济增长实证分析

本小节从两个视角实证分析直接融资对经济增长的作用:一是采用比较静态分析方法,比较两个不同时间段直接融资对经济增长的作用;二是采用空间计量分析方法,分析直接融资对经济增长的空间作用。

一、数据说明与变量选择

(一)数据说明

为使实证分析的结论更加稳健,本节将采用全国 31 个省

（市）的面板数据进行实证分析，由于重庆市 1997 年才从四川省独立出来，西藏缺乏企业创新相关数据，考虑到数据的合理性和完备性，本节样本的时间节点选择 1997—2015 年。

本节数据主要来源于国家统计局网站、中经网统计数据库、同花顺 iFinD 数据库、《新中国六十周年统计资料汇编》，以及相关年度的《中国统计年鉴》《中国科技统计年鉴》《中国金融年鉴》、各省市的统计年鉴和中国劳动经济数据库。

本节对数据的统计分析和模型的实证估计均使用 Stata15.0 统计软件。

（二）变量选择

1. 被解释变量

人均 GDP（GDP_pep）：各省名义 GDP 与就业人员之比，然后再对其取自然对数。因本节采用的数据始从 1997 年，为计算方便，故把 1997 年作为基年进行运算。

企业技术创新（$innovation$）：各省企业专利申报数量取自然对数。

2. 解释变量

股权融资额（$equity$）：采用区域股票市场年度筹资额与 GDP 比值加 1 之和，再取自然对数。

3. 控制变量

本节主要有五个控制变量：

研发费用（$R\&D$）：采用 R&D 费用的对数值；

固定资产投资（invest_fix）：采用各省固定资产投资与 GDP 的比加 1 后，再取自然对数；

开放度（$open$）：采用进出口总额与 GDP 之比加 1 后，再取自然对数；

通货膨胀水平（$inflation$）：采用各省的零售商品物价指数；

金融结构指数(fin_str)：采用股票市场年度筹资额与金融机构各项贷款增量之比加 1 后，再取自然对数。

各变量及定义归纳于表 5-1。

表 5-1　直接融资驱动经济增长各变量选取和定义

变量	基本定义	度量方式
因变量	人均 GDP(GDP_pep)	各省名义 GDP 与劳动就业人口之比取自然对数
	企业技术创新($innovation$)	各省专利申报数量自然对数
解释变量	股权融资额($equity$)	ln(1＋各省股票融资额/GDP)
控制变量	固定资产投资($invest\_fix$)	ln(1＋各省固定资产投资/GDP)
	研发费用($R\&D$)	各省 R&D 费用自然对数
	通货膨胀水平($inflation$)	各省零售物价指数
	金融结构指数(fin_str)	ln(1＋各省股票融资额/各省金融机构贷款增加额)
	开放度($open$)	ln(1＋各省进出口总额/GDP)

二、比较静态分阶段实证分析

金融市场的发展与经济增长之间并非是单一的线性关系，而是在各个阶段呈现出不同的特征。Saint-Paul(1992)认为金融发展与经济增长之间存在双重均衡，即金融发展程度高水平的均衡和金融发展程度低水平的均衡。而 Acemoglu(1997)则认为金融发展与经济增长呈非线性，金融发展本身就是离散的，金融发展与经济增长之间会发生结构性的突变。吕江林等(2012)、冯根福(2017)、袁鲲(2014)、陈建付(2018)和杨德伟(2011)等一些国内学者具体就股票与企业技术创新的关系也进行过探讨。以上研究为本文的实证模型设定提供了借鉴。

（一）模型设定

本小节采用中国 1997—2015 年 31 个省的面板数据,探讨中国直接融资发展与经济增长之间是否呈现阶段性的特征,或者说是否存在非线性的时间门限效应。借鉴王陆雅(2016)面板门限建模的方法,以时间(t)作为门限变量,设定股权融资额($equity_{it}$)与经济增长(GDP_pep)的面板门限模型为:

$$GDP\_pep_{it} = \mu_i + \beta_1 \, equity_{it} I(t \leqslant \gamma) + \beta_2 \, equity_{it} I(t > \gamma) + \varphi Z_{it} + e_{it}$$
$$(5-1)$$

$$innovation_{it} = \eta_i + \alpha_1 \, equity_{it} I(t \leqslant \gamma) + \alpha_2 \, equity_{it} I(t > \gamma) + \theta Z_{it} + \varepsilon_{it}$$
$$(5-2)$$

其中 i 表示第 i 个省份($1 \leqslant i \leqslant 31$),$t$ 表示时间年份($1997 \leqslant t \leqslant 2015$);$\eta_i$、$\mu_i$ 为全国各省的个体固定效应;e_{it}、ε_{it} 为残差项,并且服从均值为 0、方差为 σ^2 的独立同分布;$I(\cdot)$ 为示性函数,即在(5-1)和(5-2)式中,括号里表达式为真,则 $I(\cdot)$ 值为 1,若括号里表达式为假,则 $I(\cdot)$ 值为 0,时间 t 为门限变量,γ 为门限值;α_1、β_1 为股权市场发展低区制阶段的斜率;α_2、β_2 为股权市场发展高区制阶段的斜率;Z_{it} 为外生控制变量,具体包括研发费用($R\&D_{it}$)、通货膨胀率($inflation_{it}$)、固定资产投资($invest\_fix_{it}$)、金融结构指数(fin_str_{it})和开放度($open_{it}$);φ、θ 为控制变量的系数矩阵。

（二）实证结果与分析

1. 门限的估计与检验

由表 5-2 门限估计结果来看,第一个门限值为 2001 年,其置信区间为[1999,2002];第二个门限值为 2006 年,其置信区间为[2005,2007]。

表 5-2 直接融资驱动经济增长的门限估计结果

	估计值	最低值	最高值
单一门限	2001	1999	2002
双重门限	2006	2005	2007

由表 5-3 的门限模型检验的效果来看,在 0.05 的显著水平下,单一门限显著,F 统计值 68.29 大于 0.05 的临界值 59.826 5,P 值为 0.02;而双重门限的 F 统计值 5.89,小于 0.05 临界值 22.613 0,P 值为 0.56,显然双重门限不能满足条件,从研究的结果来看只能是单一门限成立。

表 5-3 直接融资驱动经济增长的门限效果检验

门限	RSS	MSE	F-统计量	P-值	0.1 临界值	0.05 临界值	0.01 临界值
单一门限	45.049 2	0.079 0	68.29	0.020 0	49.838 6	59.826 5	79.106 0
双重门限	44.588 1	0.078 2	5.89	0.560 0	20.220 3	22.613 0	25.610 6

表 5-2 和 5-3 所反映的内容也可以通过图 5-1 所体现出来。

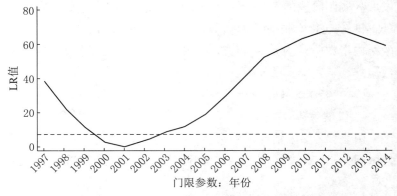

图 5-1 直接融资对经济增长作用的门限估计值与置信区间

2. 实证结果分析

从图 5-1 中,我们可以清楚地看到直接融资股权市场的发展对经济增长存在明显的非线性关系。这里是从股权市场融资额即从资本积累的视角考察其对经济增长的影响,接下来我们再从技术进步的视角考察股权市场发展产生的影响。

(1) 从资本积累的视角考察股权市场发展对经济增长的影响

这一小节根据式(5-1)从资本积累的视角,实证分析股权市场发展对经济增长的影响。

首先,考察股权市场的发展与经济增长之间的门限值。表 5-2、表 5-4 和图 5-1 的结果显示了 2001 年是股权市场发展影响经济增长变化的转折点,这与中国资本市场的实际发展状况是一致的。中国自 1999 年开始,资本市场逐步规范,经过将近两年发展,结构点出现转折,而表 5-2、表 5-4 和图 5-1 显示门限变化区间是 [1999,2002]。

表 5-4　股权市场发展与经济增长的非线性关系检验

股权市场发展 模型	模型 1	模型 2	模型 3	模型 4
Panel A:门限估计				
$\hat{\gamma}$	2001	2001	2001	2001
置信区间	[1999—2002]	[1999—2002]	[1999—2002]	[1999—2002]
Panel B:股权市场发展对经济增长的影响				
$\hat{\beta}_1$	−0.878 2**	−0.818 7**	−0.834 2**	−0.838 9**
	(0.108 7)	(0.338 7)	(0.407 5)	(0.406 9)
$\hat{\beta}_2$	0.847 2***	0.905 1***	0.890 4***	0.970 1***
	(0.233 0)	(0.215 9)	(0.304 4)	(0.307 8)
Panel C:控制变量对经济增长的影响				
$invest\_fix_{it}$	3.276 3***	3.113 6***	3.113 1***	3.089 0***
	(0.108 7)	(0.102 1)	(0.102 4)	(0.103 3)

（续表）

股权市场发展 模型	模型 1	模型 2	模型 3	模型 4
$R\&D_{it}$	0.063 2***	0.035 0**	0.034 7**	0.036 0**
	(0.015 5)	(0.014 7)	(0.015 0)	(0.015 0)
$inflation_{it}$		5.019 7***	5.012 1***	5.060 2***
		(0.520 8)	(0.521 7)	(0.521 5)
fin_str_{it}			0.005 4	0.005 2
			(0.078 4)	(0.078 3)
$open_{it}$				−0.150 5*
				(0.091 4)
$t \leqslant \hat{\gamma}$ 样本数	155	155	155	155
$t > \hat{\gamma}$ 样本数	434	434	434	434

注释：表中置信水平为 95%；表中括号内的数据为标准误差；*、**、*** 分别表示统计量 10%、5% 和 1% 的水平上显著。

其次，考察股权市场发展对经济增长的影响。从表 5-4 中 Panel B 来看，股权市场的发展因时间发展的阶段而不同。当控制变量为各省的固定投资和研发费用时（模型 1），在股权市场发展不够规范的低区制下（$t \leqslant \hat{\gamma}$），股权市场的发展（这里指股权市场的融资额）对经济增长的系数 $\hat{\beta}_1$ 为负数，且在 5% 的显著性水平下显著，可见，在股权市场发展不够规范的条件下，各省企业通过股权市场融资得越多，越不利于经济增长。根据股票市场作用机制原理，在市场不规范的条件下，投资者无法有效地监督企业管理者的经营活动，因而企业管理者在股权市场上筹集的资金并不一定用于生产，造成资金与生产的背离。而在股权市场发展规范的高区制下（$t > \hat{\gamma}$），股权市场的发展（这里指股权市场的融资额)对经济增长的系数$\hat{\beta}_2$为正数,且在 1%的显著性水平下显著。根据股票市场作用机制原理,在市场规范的条件下,投资者能有效地监督企业管理者的经营活动,因而企业管理者在股权市场上筹集的资金必须用于生产,否则,投资者将"用脚投票",这样资金与生产相一致,形成良性循环。

第三,考察股权融资额对经济增长影响的稳健性分析。从表 5-4 中 Panel B 和 Panel C 来看,模型 2 是在模型 1 的基础上添加通货膨胀($inflation_{it}$)控制变量,而模型 3 又在模型 2 的基础上添加金融结构(fin_str_{it})控制变量,模型 4 又在模型 3 的基础上添加开放性($open_{it}$)控制变量,分别比较解释变量的系数,$\hat{\beta}_1$在模型 1 中为$-0.878\,2$,在模型 2 中为$-0.818\,7$,在模型 3 中为$-0.834\,2$,在模型 4 中为$-0.838\,9$,并且它们都是在 5%的显著性水平下显著;$\hat{\beta}_2$在模型 1 中为 $0.847\,2$,在模型 2 中为 $0.905\,1$,在模型 3 中为 $0.890\,4$,在模型 4 中为 $0.970\,1$,并且它们都是在 1%的显著性水平下显著。可见,$\hat{\beta}_1$和$\hat{\beta}_2$依旧稳健,并没有很大变化。

(2) 从企业技术创新视角考察股权市场发展对经济增长的影响

这一小节根据式(5-2)从企业技术创新的视角,实证分析股权市场发展对经济增长的影响。

表 5-5 是式(5-2)静态固定效应实证的结果。从表 5-5 中,我们可以清楚地看到在低区制($t\leqslant\hat{\gamma}$)情况下,股权市场的发展(企业的股权融资额)对企业技术创新的系数均是负向,模型 1 是-0.717,模型 2 是-0.487,模型 3 是-1.017,模型 4 是-1.070,并且它们都是在 5%的显著性水平下显著,其经济含义十分明显:在股票市场不规范的情况下,投资者很难监督企业管理者的行为,企业通过股票市场筹集的资金,较少地或者干脆不用于企业技术研发,企业管理者较多关心企业如何在股票市场进行融资,

对企业的实际生产利润关注较少。在高区制($t>\hat{\gamma}$)情况下,股权市场的发展(企业的股权融资额)对企业技术创新的系数均是正向,模型 $1'$ 是 3.627,模型 $2'$ 是 3.654,模型 $3'$ 是 1.852,模型 $4'$ 是 1.881,并且它们都是 1‰ 的条件下显著,其经济含义同样也十分明显:在股票市场规范的情况下,投资者很容易监督企业管理者的行为,企业通过股票市场筹集的资金,较多地用于企业技术研发,否则,企业管理者将会受到投资者"用脚投票",很难在股票市场融到资金。他们较多关心企业技术创新,关心企业的长远利润。

模型 2 是在模型 1 的基础上添加通货膨胀($inflation_{it}$)控制变量,而模型 3 又在模型 2 的基础上添加金融结构(fin_str_{it})控制变量,模型 4 又在模型 3 的基础上添加开放性($open_{it}$)控制变量,可见,在低区制情况下,股权市场企业的股权融资额对企业技术创新的作用较为稳健;在高区制情况下,模型 $1'$ 至模型 $4'$ 控制变量的添加方法和低区制的添加方法完全相同,从其显示的结果来看,股权市场企业的股权融资额对企业技术创新的作用也较为稳健,验证前文提出的假设 2。

为进一步检验股权市场的股权融资额对企业技术创新的影响的稳健性,我们把被解释变量换成企业技术交易市场各省的技术转让金额,其他解释变量和控制变量都不发生改变,其结果如表 5-6 所示。

将表 5-5 和表 5-6 所示的结果进行比较,可以发现,无论是低区制情况下,还是高区制情况下,两张表都表达相同的结果,低区制的模型 1 至模型 4,$equity_{i,t}$ 的系数均为负数,而高区制的模型 $1'$ 至模型 $4'$,$equity_{i,t}$ 的系数均为正数。

以上实证结果表明,在中国,股权市场的股权融资额对企业技术创新能发挥相当大的支持作用,金融发展的直接融资途径具有良好的促进经济增长的机制畅通作用。

表 5-5 不同阶段股权融资对企业技术创新的影响

变量	I:低区制($t≤\hat{\gamma}$)				II:高区制($t>\hat{\gamma}$)			
	模型 1	模型 2	模型 3	模型 4	模型 1′	模型 2′	模型 3′	模型 4′
$equity_{it}$	−0.717**	−0.487**	−1.017***	−1.070***	3.627***	3.654***	1.852***	1.881***
	(0.285)	(0.200)	(0.151)	(0.241)	(0.503)	(0.483)	(0.552)	(0.574)
$invest\_fix_{it}$	0.724	−0.416	−0.267	0.056	4.536***	4.585***	4.480***	4.476***
	(0.343)	(0.346)	(0.398)	(0.429)	(0.336)	(0.309)	(0.264)	(0.267)
$R\&D_{it}$	−0.143***	−0.153***	−0.155***	−0.157***	0.318***	0.303***	0.271**	0.270**
	(0.039)	(0.039)	(0.038)	(0.036)	(0.106)	(0.109)	(0.104)	(0.104)
$inflation_{it}$		−2.659**	−2.312***	−2.226		1.244**	1.092	1.227
		(1.288)	(1.383)	(1.346)		(2.029)	(2.070)	(2.046)
fin_str_{it}			0.175**	0.189			0.681***	0.683***
			(0.070)	(0.086)			(0.180)	(0.179)
$open_{it}$				0.510**				−0.089
				(0.206)				(0.221)
$constant_{it}$	9.437***	12.326***	11.963***	11.715***	2.398*	1.300	1.789	1.786
	(0.4918)	(1.592)	(0.712)	(1.690)	(1.344)	(1.344)	(2.003)	(0.574)
R^2	0.327	0.372	0.392	0.416	0.372	0.797	0.805	0.805
$F\text{-}state$	5.15	124.73	8 458.25	7.52	203.52	190.26	161.37	158.66
$Prob>F$	0.005	0.000	0.000	0.000	0.000	0.000	0.000	0.000
样本数	155	155	155	155	434	434	434	434

注释：表中括号内的数据为标准误差；*，**，***分别表示示统计量 10%，5% 和 1% 的水平上显著。

表 5-6 不同阶段股权融资对企业技术创新的影响的稳健性检验

变量	I:低区制($t\leq\hat{\gamma}$)				II:高区制($t>\hat{\gamma}$)			
	模型 1	模型 2	模型 3	模型 4	模型 1′	模型 2′	模型 3′	模型 4′
$equity_{it}$	-1.736***	-1.280**	-1.769***	-1.573***	3.975***	4.039***	2.355***	2.614***
	(0.453)	(0.446)	(0.381)	(0.411)	(0.578)	(0.513)	(0.457)	(0.373)
$invest\_fix_{it}$	-1.103**	-1.684***	-1.538***	-1.284***	3.697***	3.817***	3.707***	3.665***
	(0.449)	(0.301)	(0.322)	(0.314)	(0.404)	(0.353)	(0.344)	(0.351)
$R\&D_{it}$	-0.146***	-0.163***	-0.167***	-0.161***	0.128**	0.094	0.063**	0.056
	(0.035)	(0.031)	(0.029)	(0.027)	(0.082)	(0.071)	(0.064)	(0.059)
$inflation_{it}$		-4.942***	-4.555***	-4.461*		2.930	2.869	3.172*
		(1.650)	(1.682)	(1.623)		(1.955)	(1.829)	(1.785)
fin_str_{it}			0.187	0.176			0.642***	0.675***
			(0.135)	(0.123)			(0.150)	(0.158)
$open_{it}$				1.005**				-0.853***
				(0.450)				(0.250)
$constant_{it}$	4.442***	9.792***	9.399***	8.935***	-0.393	-2.976	-2.487	-2.475
	(0.326)	(1.989)	(2.043)	(2.052)	(1.027)	(2.076)	(1.955)	(1.862)
R^2	0.101	0.147	0.152	0.168	0.539	0.543	0.551	0.562
F-state	122.830	662.540	1 091.910	27.860	121.450	146.510	126.300	252.460
$Prob>F$	0.000	0.000	0.000	0.000	0.000	0.000	0.000	0.000
样本数	148	148	148	1 148	420	420	420	420

注释:表中括号内的数据为标准误差;*、**、***分别表示计量10%、5%和1%的水平上显著。

三、进一步空间实证分析中国股权融资对企业技术创新的影响

国内已有些学者从空间的视角去考察金融与企业创新的关系，如蔡庆丰等（2017）、柏玲等（2013）、张志强（2012）和李晓龙等（2017），但是却少有文献从空间的视角去考察股权融资对企业创新的影响。

本节进一步从地理邻近、经济发展邻近和关联区域人民银行支行设立3个不同权重，建立空间杜宾模型和空间误差模型，分析全国地区股权市场发展对企业技术创新的影响。

针对上述文献讨论的股权市场发展与企业技术创新可能存在的相互关系，本部分将运用散点图方法对中国区域股权市场发展与企业技术创新（指标选取和前面小节相同）的空间自相关及相关关系进行初步探索，为后续实证分析寻求研究基础。

（一）散点图方法分析

图5-2显示了中国区域专利申报数量与股权市场融资规模的相关关系。由于本文以区域专利申报数量表征区域的企业技术创新，故图5-2也给出了企业技术创新与股权市场融资规模的相关关系。

图5-2显示，中国股权市场融资规模与企业技术创新存在明显的正相关关系，即股权市场融资规模大的省份，企业技术创新水平也越高。在东部沿海地区（如北京市、江苏省、上海市、广东省），股权市场融资规模大，企业技术创新水平也较高；而在西部地区（如甘肃省、内蒙古自治区、西藏自治区）股权市场融资规模较低，企业技术创新水平也较低。由此，从省级层面看，股权市场融资规模的扩大会促进企业技术创新的增加。

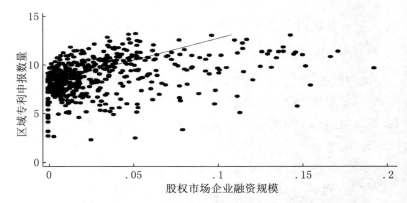

图 5-2 区域专利申报数量与股权市场融资规模的相关关系图

注释:图中数据由作者根据统计年鉴整理而得。

（二）莫兰指数方法分析

为了分析股权市场融资规模与企业技术创新空间相关性,本文采用全局莫兰指数和局部莫兰指数来衡量。全局莫兰指数是分析全局空间自相关指标,可测度空间自相关是否显著存在;而局部莫兰指数是来分析局部空间自相关,可以衡量个体集聚特征。这里为考察企业技术创新的空间相关性问题,我们使用 1997—2015 年中国 31 省 19 年专利申报数据,来计算企业技术创新莫兰指数。

1. 全局空间自相关指标（Moran's I 指数）

$$moran's\ I = \frac{\sum_{i=1}^{n} \sum_{j=1}^{n} W_{i,j}(Y_i - \overline{Y})(Y_j - \overline{Y})}{S^2 \sum_{i=1}^{n} \sum_{j=1}^{n} W_{i,j}} \quad (5\text{-}3)$$

其中,Y_i 为第 i 个地区的观测值,$W_{i,j}$ 为一阶进制的邻接空间权值矩阵。莫兰指数的取值范围为 $[-1, 1]$。当莫兰指数取值范围为 $(0, 1]$ 时,在空间区位上,企业技术创新表现为正的相关性,即本地区的创新能带动周边地区的创新。同样,当莫兰指数取值范围为[-1,0)时,在空间区位上,企业技术创新表现为负的相关性,即本地区的创新与周边地区的创新构成竞争关系,本地区创新会减少周边地区的创新。当莫兰指数取值为0时,在空间区位上,企业技术创新表现为无相关性,即本地区创新不会影响周边地区的创新。

2. 局部空间自相关指标(局域 Moran's I 指数)

$$moran's \ I_i = Z_i \sum_{i=1}^{n} W_{i,j} Z_j \tag{5-4}$$

其中,$Z_i = Y_i - \overline{Y}$, $Z_j = Y_j - \overline{Y}$, Y_i, Y_j 表示第 i 个与第 j 个地区的企业专利申报数量。我们采用莫兰散点图四象限法来描述局域莫兰指数,第一象限表示莫兰指数 H-H 型地区、第二象限表示莫兰指数 L-H 型地区、第三象限表示莫兰指数 L-L 型地区、第四象限表示莫兰指数 H-L 型地区。

表 5-7 给出了 1997—2015 年区域专利申报数量的莫兰指数的计算结果及检验值。

表 5-7　区域专利申报数量的莫兰指数检验

年份	区域专利申报数量	年份	区域专利申报数量
1997	0.283(0.002)	2007	0.345(0.001)
1998	0.279(0.002)	2008	.(.)
1999	0.284(0.002)	2009	0.373(0.000)
2000	0.302(0.001)	2010	0.390(0.000)
2001	0.304(0.001)	2011	0.394(0.000)
2002	0.319(0.001)	2012	0.367(0.000)
2003	0.321(0.001)	2013	0.367(0.000)
2004	0.348(0.000)	2014	0.378(0.000)
2005	0.336(0.001)	2015	0.392(0.000)
2006	0.337(0.001)		

表 5-7 显示,区域专利申报数量,除 2008 年为缺失值外,各年份的莫兰指数值皆显著大于零,这表明创新的空间正相关性在区域间是存在的并且都非常显著。其中,专利申报数量的莫兰指数在 2011 年具有最大值,为 0.394。因此,在实证过程考虑股权市场企业融资规模与专利申报数量的空间相关性是必要的,否则将存在回归偏误,许多研究也已开始关注这种区域间的空间相关性(如王鹤和周少君,2017;张屹山等,2018)。

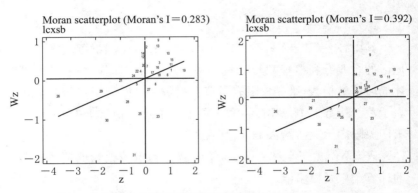

图 5-3 区域企业技术创新能力莫兰散点图(1997、2015 年)

注释:图中数字代表的省份来自国家统计局网站。

通过分析全国区域企业技术创新能力的莫兰散点图(图 5-3),我们可以看出:1997 年全国区域企业技术创新能力分布和 2015 年的创新能力分布基本一致,没有发生明显的变化;它们绝大多数位于"H-H 区"(第一象限)和"L-L 区"(第三象限),而东部沿海发达省份位于"H-H 区"(第一象限)居多,是企业技术创新能力高值集聚区;位于"L-L 区"(第三象限)绝大多数是西部欠发达省份,是企业技术创新能力低值集聚区,极少数省份位于"L-H"和"H-L"区,1997 年位于"L-H 区"只有重庆和山西省,2015 年位于"L-H 区"的也只有贵州省,同样,1997 年位于"H-L 区"只是辽宁省和贵州省,2015 年位于"H-L 区"也只是陕西省和贵州省。而江西省这两年均位于"L-H"与"H-H"交界处,海南省这两年均位于"L-H"与"L-L"交界处。在全国 31 个省份当中就有 27 个省份位于第一象限和第三象限省,而只有 4 个省份位于第二象限和第四象限,这进一步说明全国企业技术创新具有较强的空间关联性和一定空间结构性。从经济区域角度看,全国企业技术创新出现两极分化现象,东部发达省份和西部欠发达省份分别位于创新能力的两端,即高端与低端;中部省份创新能力居中。从图 5-4 呈现的全国 2015 年企业技术创新地图来看,我们可以明显地看出创新的阶梯状分布格局。

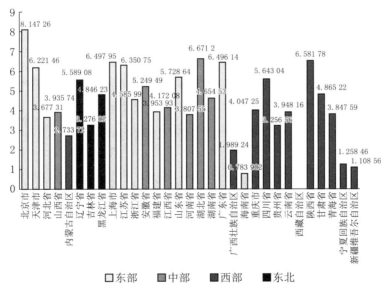

图 5-4　全国企业技术创新能力空间分布格局(2015 年)

(三)空间计量经济模型设定

1. 空间计量经济模型设定

为了突出股权市场发展的空间效应和企业技术创新的空间

效应,我们运用空间杜宾模型来刻画,它既能同时考虑被解释变量、解释变量的空间相关性,又能同时考虑被解释变量、解释变量的时间性。空间杜宾模型设定如下:

$$Y = \rho W_n Y + X\beta + W_n X\delta + \varepsilon \qquad (5\text{-}5)$$

其中,Y 为各地区的创新,W_n 为 $n*n$ 维权重矩阵,X 为解释变量,表示影响企业技术创新的因素,β 为 X 的参数向量,$W_n X$ 为来自邻近区域(根据权重不同,邻近区域赋予不同的含义)自变量的影响。空间杜宾模型可以和其他空间模型相互转化,在(5-5)式中,当 $\delta = 0$ 时,化为空间滞后模型;当 $\delta = -\rho\beta$ 时,化为空间误差模型;当 $\rho = \delta = 0$ 时,化为普通面板数据模型。

2. 空间加权矩阵的选取

本节选取"地理邻接"(W^1)、"经济发展邻近"(W^2)和"融资区域临近"(W^3)三种类型的权重矩阵,W^1 用于刻画地理位置空间分布特征对企业技术创新产生的影响,具体形式如下:

$$W_{ij}^1 = \begin{cases} 1, & \text{个体 } i \text{ 和 } j \text{ 地理位置相邻} \quad i \neq j \\ 0, & \text{其他} \end{cases} \qquad (5\text{-}6)$$

W^2 是根据区域经济发展水平设计空间权重,来反映股权发展与企业技术创新产生的空间效应。中国区域经济发展的特征十分明显,经济发展水平最高的是东部,中部地区经济发展水平次之,经济发展水平最低的是西部地区。"经济发展邻近"权重的设定借鉴张屹山(2018)的做法,具体形式如下:

$$W_{ij}^2 = \begin{cases} 1, & \text{个体 } i \text{ 和 } j \text{ 处于相同区域} \quad i \neq j \\ 0, & \text{其他} \end{cases} \qquad (5\text{-}7)$$

W^3 是根据本领域人民银行支行是否相关联,来反映股权发展与企业技术创新产生的空间效应。如果和本领域人民银行支行有关联

区域设为1,无关联人民银行支行的区域设为0。具体形式如下:

$$W_{ij}^3 = \begin{cases} 1, \text{个体 } i \text{ 和 } j \text{ 处于相关联人民银行支行} & i \neq j \\ 0, & \text{其他} \end{cases} \quad (5\text{-}8)$$

3. 直接效应与间接效应

为进一步展开区域空间直接效应和间接效应分析,对(5-5)式作进一步整理:

$$Y = (I - \rho W)^{-1}(X\beta + WX\delta) + (I - \rho W)^{-1}\varepsilon \quad (5\text{-}9)$$

第 k 个解释变量 X,和其相应 $E(Y)$ 的偏导数矩阵则为:

$$\left[\frac{\partial E(Y)}{\partial X_{1k}} \cdot \frac{\partial E(Y)}{\partial X_{Nk}} \right] = \begin{bmatrix} \dfrac{\partial E(y_1)}{\partial x_{1k}} & \cdots & \dfrac{\partial E(y_1)}{\partial x_{Nk}} \\ \vdots & \ddots & \vdots \\ \dfrac{\partial E(y_N)}{\partial x_{1k}} & \cdots & \dfrac{\partial E(y_{N1})}{\partial x_{1Nk}} \end{bmatrix}$$

$$= (I - \rho W)^{-1} \begin{bmatrix} \beta_k & w_{12}\theta_k & \cdot & w_{1N}\theta_k \\ w_{21}\theta_k & \beta_k & \cdot & w_{2N}\theta_k \\ \cdot & \cdot & \cdot & \cdot \\ w_{N1}\theta_k & w_{N2}\theta_k & \cdot & \beta_k \end{bmatrix}$$

$$(5\text{-}10)$$

其中: w_{ij} 是矩阵 W 的第 (i,j) 个元素。直接效应则表现为(5-10)式右侧矩阵主对角线元素的平均值,刻画的是一个单位解释变量的变化对自身被解释变量的变化。间接效应则为(5-10)式右侧矩阵非对角元素的行(列)的均值来表示,刻画的是一个单位解释变量的变化对其他被解释变量的变化。

(四) 空间面板模型回归分析

1. 空间模型选择

面板数据空间模型的选择是依据 OLS 回归残差的拉格朗日

检验（LM）和稳健的拉格朗日检验（Robust LM）来进行选择（陶长琪、杨海文，2014）。为了让模型更加稳健，本节先对混合模型、地区固定效应、时间固定效应、双向固定效应，分别采取三个不同的权重进行检验，模型 1 为"地理邻接"（W^1）权重的估计，模型 2 为"经济发展邻近"（W^2）权重的估计，模型 3 为"融资区域临近"（W^3）权重的估计，结果如表 5-8 所示。

表 5-8　LM 检验结果

解释变量	混合回归	地区固定效应	时间固定效应	双向固定效应
		模型 1		
LMlag	45.483 6 ***	2.308 9	0.018 8	0.685 1
LMsem	102.118 7 ***	667.574 3 ***	187.617 8 ***	184.693 8 ***
稳健 LMlag	11.882 3 ***	0.616 4	3.924 3 **	0.130 5
稳健 Lmsem	68.517 5 ***	504.537 4 ***	165.497 2 ***	163.061 9 ***
		模型 2		
LMlag	140.608 7 ***	1.680 5	0.018 4	0.773 2
LMsem	118.009 2 ***	678.572 4 ***	183.128 9 ***	192.566 6 ***
稳健 LMlag	55.339 5 ***	0.052 1	3.928 5 **	0.107 3
稳健 Lmsem	32.740 0 ***	513.976 4 ***	161.756 3 ***	169.025 9 ***
		模型 3		
LMlag	142.066 1 ***	6.671 7 ***	2.020 5	2.636 2
LMsem	140.614 5 ***	505.047 1 ***	43.293 7 ***	42.287 8 ***
稳健 LMlag	31.018 7 ***	2.753 8 *	0.109 0	0.392 0
稳健 LMsem	29.567 1 ***	285.353 4 ***	27.106 4 ***	26.419 3 ***

注释：*、**、*** 分别表示统计量在 10%、5% 和 1% 的水平上显著。

从表 5-8 中我们可以发现：第一，LMsem（LM 空间误差统计量）和稳健的 LMsem 在 3 个模型中的混合回归、地区固定效应、时间固定效应和双向固定效应分析中系数均为正且都十分显著；第二，LMlag（LM 空间滞后统计量）在模型 1 至模型 3 中的混合回归和模型 3 中的地区固定效应中也均为正向显著，在其他地方不显著；第三，稳健的 LMlag 在模型 1 至模型 3 中的混合回归、模型 1 和模型 2 的时间效应和模型 3 的地区固定效应分析中显著，在其他地方不显著。综合表 5-8 的 LM 检验结果可知：本节所采取的样本数据存在一定空间相关性，我们选择空间杜宾模型和空间误差模型进行分析。

笔者再经过 Hausman 检验（报告略），最终选择空间杜宾模型采用随机效应，空间误差模型采用固定效应，进行本文的分析。

2. 空间模型估计

空间杜宾模型的优点能同时把被解释变量和解释变量的空间效应纳入模型加以考虑，这样，我们选择此模型不仅能考察股权市场发展对本企业技术创新的直接效应，还能衡量股权市场发展对企业技术创新的空间溢出效应。进一步地，本节根据中国经济区域差异和人民银行跨省管理的特殊国情，构建"地理邻接"、"经济发展邻近"和"人民银行支行关联"权重矩阵（与前面的 LM 检验相同），来揭示中国金融经济在空间层面的结构差异性，进一步探索股权市场发展对企业技术创新的空间效应，分别见表 5-9 的模型 1、模型 2 和模型 3。

从模型 1、模型 2 和模型 3 估计结果来看，3 个模型分析的结果基本一致。从 R^2 的值来看，模型 1 的模拟效果略优些。中国企业技术创新不仅受到本地区股权融资规模的驱动，还与邻近区域股权市场发展关系甚密。模型 1 至模型 3 SDM-RE 数值差异并不大，保留三位小数后，其系数均为 0.481，且都十分显著，模型 1 至模型 3 SEM-FE 的 *equity* 的系数也全部为正数，说明股权市场的融资规模对本地区的创新有正向作用。而信贷市场对企业技术创新的影响，在 5% 的水平下并不显著。

表 5-9 空间模型估计结果

变量	模型 1		模型 2		模型 3	
	SDM-RE	SEM-FE	SDM-RE	SEM-FE	SDM-RE	SEM-FE
equity	0.481***	0.516***	0.481***	0.522***	0.481***	0.513***
	(34.338)	(16.874)	(34.246)	(17.032)	(34.310)	(16.766)
loan	0.704*	0.840**	0.703*	0.855	0.703*	0.830**
	(1.897)	(2.104)	(1.889)	(2.131)	(1.895)	(2.086)
R&D	2.603***	2.085***	2.597***	2.033***	2.601***	2.121***
	(6.721)	(5.308)	(6.685)	(5.190)	(6.710)	(5.390)
investment	0.674***	0.803***	0.676***	0.816***	0.675***	0.794***
	(3.406)	(3.925)	(3.406)	(3.983)	(3.406)	(3.884)
open	4.2848***	4.2637***	4.2782***	4.2407***	4.283***	4.279***
	(15.140)	(14.610)	(15.065)	(14.503)	(15.117)	(14.683)
W * equity	−0.276***		−0.268***		−0.273***	
	(−11.119)		(−10.596)		(−10.954)	
W * loan	−0.958		−0.957		−0.958	
	(−1.533)		(−1.526)		(−1.531)	

（续表）

变量	模型 1 SDM-RE	模型 1 SEM-FE	模型 2 SDM-RE	模型 2 SEM-FE	模型 3 SDM-RE	模型 3 SEM-FE
$W * R\&D$	−3.000 *** (−6.762)		−3.005 *** (−6.750)		−3.002 *** (−6.758)	
$W * investment$	−0.156 (−0.611)		−0.145 (−0.566)		−0.153 (−0.597)	
$W * open$	−4.707 *** (−11.815)		−4.721 *** (−11.812)		−4.711 *** (−11.814)	
$W * dep.var$	0.697 *** (23.228)		0.684 *** (22.189)		0.6933 *** (22.898)	
$teta$	0.997 *** (7.649)		0.997 *** (7.649)		0.997 *** (7.649)	
$spat.aut.$		0.800 *** (34.151)		0.790 *** (32.565)		0.807 *** (35.352)
$R\text{-}squared$	0.871	0.577	0.870	0.582	0.871	0.573
$log\text{-}lik$	−633.850	−668.126	−633.801	−670.847	−633.810	−666.585

注释：表中括号内的数据为标准误差；*、**、*** 分别表示统计量 10%、5%、1% 的水平上显著。

在空间杜宾模型中,笔者更加关注主要解释变量的空间效应,因此进一步考察了股权市场融资规模对企业技术创新的直接效应、间接效应和总体效应。表 5-10 Panel A 部分描述了模型的直接效应和间接效应,Panel B 部分描述了模型总效应。

从表 5-10 中,我们可以发现:关于 $equity$ 变量各效应均为正数,即股权融资对企业技术创新(无论是本地区还是周边地区)的影响均为正,除模型 3 中的间接效应不显著外,其他效应均比较显著。模型 1 和模型 2 的三个效应基本相似。而模型 3 中直接效应 0.633 和总效应 0.685 都偏大,但间接效应不显著,说明在关联"人民银行支行"设置权重时,本区域股权融资对周边区域企业创新空间溢出效应不明显。模型 1 和模型 3 关于信贷市场的总效应都不显著,说明信贷市场对企业创新的支持作用并不明显。模型 2 在 10% 水平下呈负向显著,说明信贷市场不利于企业创新这些从空间视角验证了假设 1 和假设 2。

本节是采用 1997—2015 年中国 31 个省域的面板数据,设置 3 种不同类型的空间权重矩阵,分别建立空间杜宾模型与空间误差模型,探索中国区域股权市场的发展对企业技术创新的空间效应。实证结果表明,股权市场的发展,不仅对本省企业技术创新具有促进作用,对周边地区的省份的企业技术创新也有溢出效应,而信贷市场对企业技术创新的作用并不明显。因此,为建设好新时代转型社会,国家必须尽快给予股权制度支撑,促进企业技术创新发展。

另外,中国区域间经济发展水平相差悬殊,协调热点地区创新的竞争和协作关系,显得尤其重要,相关部门应加大 H-L 集聚类型和 L-H 集聚类型股权融资规模,提高这些企业技术创新能力,促进区域经济全面、健康、协调发展。

综上所述,本文采用了全国 31 个省市近 20 年数据的空间实证模型进一步证明了,中国股权市场融资规模与企业技术创新存

表 5-10　不同权重模型的直接效应、间接效应与总效应的比较

Panel: A

变量	模型 1 直接效应	模型 1 间接效应	模型 2 直接效应	模型 2 间接效应	模型 3 直接效应	模型 3 间接效应
equity	0.497***	0.175**	0.497***	0.175***	0.633***	0.052
	(36.533)	(5.855)	(37.944)	(5.663)	(22.38)	(1.142)
loan	2.292***	−3.485***	2.270***	−3.478***	1.582***	−1.303
	(6.452)	(−4.795)	(6.340)	(−4.601)	(4.721)	(1.402)
R&D	0.589	−1.365	0.569	−1.356	0.772*	−5.297**
	(1.398)	(−0.808)	(0.302)	(−0.782)	(1.756)	(−2.32)
investment	0.760***	0.869*	0.764***	0.909*	0.804***	1.586**
	(4.049)	(1.784)	(4.097)	(1.783)	(3.876)	(2.454)
open	3.819***	−5.074***	3.828***	−5.102***	3.461***	−4.513***
	(13.858)	(−5.641)	(13.509)	(−5.497)	(11.64)	(−4.15)

Panel: B（总体效应）

变量	模型 1		模型 2		模型 3	
equity	0.672***		0.672***		0.685***	
	(21.045)		(21.089)		(17.87)	

（续表）

	模型 1	模型 2	模型 3
loan	−1.193	−1.208*	−0.550
	(−1.707)	(−1.666)	(0.745)
R&D	−0.776	0.786 8	−4.525*
	(−0.403)	(−0.398)	(−1.820)
investment	1.629***	1.672***	2.390***
	(3.127)	(3.151)	(3.811)
open	−1.254	−1.275	−1.052
	(−1.291)	(−1.275)	(0.917)

注释：表中括号内的数据为标准误差；*、**、*** 分别表示统计量 10%、5%、1% 的水平上显著。

在显著的相关关系、因果关系;这也进一步说明了中国股权融资具有良好的支持经济增长的机制作用。

这一实证结论完全可以理解。因为,股权市场的发展放大了货币政策的传导效果。直接融资市场的发展,将会让更多的投融资者参与到金融市场交易中来,也促进了各类金融中介和基金等机构投资者的发展,这些使得货币政策传导中的经济主体队伍和数量不断增加,而且这又伴随着市场主体对央行货币政策的敏感性不断加大,这就必然会使得央行逆周期调节的货币政策更加畅通,那么也就导致金融发展支持经济增长的机制愈加畅通。

遗憾的是,目前中国股权融资规模还比较小。图 5-5 显示了中国 2000—2018 年股权融资额情况。

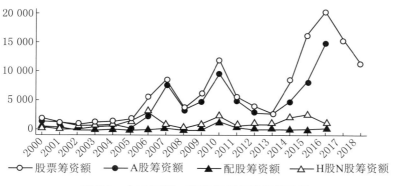

图 5-5　中国 2000—2018 年股权融资情况图

注释:①数据来自同花顺 iFinD 数据库;②股票筹资额　单位:亿元。

从图 5-5 所示 2000—2018 年中国股权融资情况来看,当前其规模还相当小。从股票总筹资额这一指标来看,2007 年还曾呈现大幅度下滑的现象;虽然 A 股筹资额曲线自 2013 年以来出现上升迹象,但其规模仍然有限,即使到 2016 年最高点筹资额也只有

15 000亿元;配股筹资额和 H 股 N 股筹资额的规模就更小了。中国股权融资规模距离促进经济增长的要求差距大,但差距大也意味着发展潜力大。

第二节 中国直接融资驱动经济增长效率的实证分析

一、模型的设定与数据说明

(一)模型的设定

根据 Battese 和 Coelli(1995)模型的基本原理,运用对数型柯布—道格拉斯生产函数,对 2001—2015 年期间中国 31 省经济增长效率及直接融资发展影响因素进行测算。具体构建的 SFA 模型如下:

$$\ln y_{it} = \ln f(x_{it}, \alpha) + v_{it} + u_{it} \tag{5-11}$$

$$T_{it} = \exp(-u_{it}) \tag{5-12}$$

$$u_{it} = \exp[-\eta(t-T)]u_{it} \tag{5-13}$$

$$\gamma = \frac{\sigma_u^2}{\sigma_u^2 + \sigma_v^2} \tag{5-14}$$

$$TE_{it} = \alpha_0 + \alpha_1 \left(\frac{equity}{gdp}\right)_{it} + AX + \mu_{it} \tag{5-15}$$

在式(5-15)中,TE_{it} 为第 i 省在 t 期的经济增长效率;α_0 为待估的常数项;α_1 为直接融资对经济增长效率的影响系数;A 为控制变量系数矩阵,X 为控制变量;式(5-11)到(5-14)含义同前。另外,选择柯布-道格拉斯生产函数作为具体实证的生产函数,即

$y = k^\theta l^\phi$,θ 为资本份额,ϕ 为劳动份额,k 为资本存量投入,l 为劳动投入。

（二）数据说明

本节将采用全国 31 个省（市）2001—2015 年面板数据进行实证分析,数据主要来源于国家统计局网站、中经网统计数据库、同花顺 iFinD 数据库、《新中国六十周年统计资料汇编》,以及相关年度的《中国统计年鉴》《中国科技统计年鉴》《中国金融年鉴》、各省市的统计年鉴和中国劳动经济数据库。因本节采用的数据起始点为 2001 年,为计算方便,把 2001 年作为基年进行运算。

本节对数据的统计分析和模型的实证估计均使用 Stata15.0 统计软件。

各变量及定义归纳于表 5-11。

表 5-11 直接融资驱动经济增长效率各变量选取和定义

变量	基本定义	度量方式
被解释变量	GDP 增长效率（T_{it}）	ln(1＋各省实际生产中的 GDP 与随机前沿 GDP 的比值)
解释变量	直接融资额（*equity*）	ln(1＋各省股权融资额/GDP)
控制变量	固定资产投资（*invest_fix*）	ln(1＋各省固定资产投资/GDP)
	研发费用（*R&D*）	各省 R&D 费用自然对数
	开放度（*open*）	ln(1＋各省进出口总额/GDP)

二、实证结果与分析

本小节的实证采用与 4.2.2 实证相同的方法。对于被解释变量经济增长效率也直接采用 4.2.2 计算出的结果,在此不再重复计算。对于主要解释变量也只是把间接融资额换成直接融资额,其他控制变量的选取和变换完全与 4.2.2 节相同,不再说明。

直接融资对经济增长效率的影响与稳健性检验结果显示于表 5-12 中。

表 5-12　直接融资对经济增长效率的影响与稳健性检验(OLS)

	模型 1	模型 2	模型 3	模型 4	模型 5
$equity_{it}$	0.161 3 ***	0.146 8 ***	0.140 5 ***	0.133 5 ***	0.073 7 ***
	(0.010 8)	(0.015 1)	(0.015 6)	(0.016 4)	(0.013 6)
tec_market_{it}		0.003 2 *	0.013 4 ***	0.012 4 ***	−0.007 3 ***
		(0.002 7)	(0.003 8)	(0.003 8)	(0.002 6)
$R\&D_{it}$			−0.014 2 ***	−0.012 7 ***	
			(0.003 2)	(0.003 2)	
$invest\_fix_{it}$				−0.101 0 ***	0.014 4
				(0.023 7)	(0.026 8)
$open_{it}$					0.177 0
					(0.024 2)
$constant_{ie}$	0.438 2 ***	0.428 5 ***	0.589 9 ***	0.620 2 ***	0.416 0 ***
	(0.003 6)	(0.009 4)	(0.036 0)	(0.037 9)	(0.015 9)
R^2	0.130 3	0.134 0	0.163 9	0.193 3	0.364 4
F-state	220.980 0	116.16	80.84	60.54	63.89
Prob>F	0.000 0	0.000 0	0.000 0	0.000 0	0.000 0
样本数	465	450	450	450	450

注释:表中括号内的数据为标准误差;表中小数保留四位小数;标注 *、**、*** 分别表示统计量 10%、5%和 1%的程度上显著。

从表 5-12 中,我们可以看出,模型 1 的系数为 0.161 3,并且在 1%的假设条件下显著,表明中国各省的直接融资规模对经济增长效率的提高,起到了显著的正向作用,说明股权融资每增加 1 个百分点,经济增长效率增加 0.161 3 个百分点。这也与 Rioja 和 Valev(2004)的观点相同,发展中国家主要还是依靠资本的积累功能对经济增长效率起作用。第 2 列模型 2 在模型 1 的基础上,加入专利技术市场交易额作为控制变量,$equity_{it}$ 的系数为 0.146 8,

且在1％的条件下显著，说明直接融资对经济增长效率的影响是稳健的。模型3在模型2的基础上加上研发费用，第4列又在模型3基础上加上固定资产投资，模型5用净出口替换模型4的研发费用。模型3至模型5对这些控制变量的增加与替换，依旧没有改变模型1的观点。

综上，本文利用2001—2015年期间中国31省市的相关面板数据进行实证分析，结果表明，在中国随着股权融资规模的不断扩大，经济增长的效率也不断提高；亦即，在中国随着股权融资规模的不断扩大，直接融资驱动经济增长的效率也不断提高。

本章的全部实证结果充分表明，中国当前应大力发展直接融资，畅通金融发展促进经济增长的机制，以提高金融发展促进经济增长的效率。2019年2月，党中央在第十三次集体学习会上，提出了要"深化金融供给侧结构性改革"，与此同时，将直接融资的定位上升到了前所未有的高度。今后，为了中国的金融发展，为了中国经济的高效率增长，我们必须大力发展资本市场，尤其是大力发展股权市场，以便大力发展直接融资。这是中国更加注重经济增长质量的经济新常态的内在要求，是中国经济发展、民族复兴的一个关键所在。

一方面，中国当前应大力发展股权市场，另一方面，中国当前的股权市场发展还相当不足。截至2018年底，中国131家证券公司总资产为6.27万亿元，这只占银行业金融机构（境内）总资产261.25万亿元的区区2.4％，证券公司资产微不足道；截至2018年底，中国沪深两市总市值43.5万亿元，这与中国全部金融机构信贷资产余额136.3万亿元的比值仅为31.9％，股市发展明显不足。

大力发展股权市场、大力发展直接融资，乃中国当务之急。

第三节　本章小结

本章从直接融资视角实证分析中国金融发展对经济增长作用的机制和效率问题,具体分析金融发展是如何通过数量渠道和质量渠道驱动经济增长。实证分析又从两个维度切入。一个维度是时间维度,采用面板门限的方法,把考察的时间区间分成两个阶段,一个区间是低区制阶段,一个区间是高区制阶段。在这两个区制阶段,无论是从资本积累的视角还是从企业技术创新的视角,两者都表现出不同的特征。在低区制阶段,股权融资无论对经济增长还是企业技术创新都是负相关;而在高区制阶段,股权融资无论对经济增长还是企业技术创新都是正相关。另一个维度是空间维度,研究发现股权融资不仅对本省创新有促进作用,同时对周边省份也有空间溢出效应。本章还进一步运用 SFA 模型证明了,在中国,金融发展的直接融资途径具有良好的促进经济增长的机制作用;随着股权融资规模的不断提高,直接融资驱动经济增长的效率也不断提高。因此,中国应大力发展股权市场,大力发展直接融资。

第六章
美日金融发展驱动经济
增长的经验及其借鉴

纵观 20 世纪中叶以来的世界经济发展史,现代金融发展和科技创新,成为各国经济增长最核心、最关键的因素。限于相关数据的可获得性,本章将专注于典型发达国家金融业发展支持科技创新与经济增长的作用机制与效率研究,并以美、日两国为案例,期望从个性中总结出共性规律,以供中国借鉴之用。

科技创新包括科学创新和技术创新。人类发展史上每一次产业革命,实质都源于科技创新。西方发达国家,除了国家财政支持的国家层面的科学创新,金融支持的企业层面的技术创新也至为关键。西方发达国家金融与科技的结合起步较早,积累了大量的经验,形成了各种金融支持科技发展的典范,值得我们借鉴。

本章选取美国和日本两个典型发达国家作为研究案例,分析其金融发展对经济增长和增长效率支持的运作模式,并概述这些国家的金融发展驱动经济发展特征,从而为中国金融发展对经济增长支持模式的构建、打造提供经验借鉴,提升中国金融发展驱动促进经济增长的效率,实现中国经济高质稳定增长。

第一节 美国金融发展驱动
经济增长经验及其借鉴

在国际金融体系中,美国是典型的直接融资型金融结构的国家,其以金融市场的发展为导向,在金融系统中,金融衍生产品非常发达,能够承担较多的横向风险,更有利于分散风险,促进投资的多元化。美国的风险资本,也是风险偏好型的,以高成长型企业为投资对象,遵循高风险高收益的一般规律,成功的技术创新带来高额的回报,吸引了大量的资本进入技术领域,形成了技术与资金的良性循环。美国金融发展驱动经济增长经验,为我们未来的金融改革指明了方向。

美国同时还是一个富有创新文化传统的国家,其创新体系是当今世界最为全面、最为系统的一个国家,它能较好适应自由市场经济的体制。以总统为首的科技领导机构,不断完善科技立法,制定合理的科技政策,来引导投资、财政、税收和国民教育和创新的高效结合。特别是发达的资本市场,包括完善的风险投资机制、完备的创新基础设施和健全的企业技术创新服务体系,造就了一个能包容多元文化、自由思考、独自创新的好环境。

一、美国金融发展驱动经济增长经验与创新模式特征

企业战略在美国的创新模式中占主导地位。美国在企业内部化研发制度确立后,从随机的、自由科学研究主导的模式逐步演化到开放的、战略主导的、系统化研发与创新模式。在这个演化过程中,企业技术研发与创新的功能在美国的地位与作用不断增强,从开始的辅助功能逐步上升,后来上升为企业的核心功能。美国绝大部分企业都能深刻认识到,企业竞争优势很大程度上取决于科技创新优势,科技创新优势是基础。企业进行内部研发能使自己创造技术领先的机会,企业也只有通过内部研发,才能保证自己进行有效的创造积累、传递和运用自己研发技术机会。因此,企业唯一的技术创新源来自企业自己的研发;若企业从外部获得知识与知识转化,其成本远远大于企业自己内部的研发,而

且只有让企业自己内部进行研发，才能保证企业获得更多的技术创新收益，并且能够控制技术创新竞争的进程。但这是一种封闭式、以立足于自身研发、内部集中的技术创新模式。

（一）美国金融发展驱动经济增长的经验

1. 风险配置与管理方面的经验

20 世纪 50 年代以来，美国科技创新长期保持了国际领先地位。无论是基础科学研究，还是技术应用创新方面，诸如半导体材料、微型计算机、医药生物技术、互联网等领域，美国均发挥了引领作用。同时，美国科技创新成果的产业化也非常成功，科技创新直接带动了产业升级，促进了经济长期高质量发展。这其中美国金融市场发挥了不可替代的作用。

经过近百年的演变，美国构建了多层次、多品种的金融市场体系，能够更好地满足科技创新个性化的需求。尽管科技创新的投资方和融资方的风险偏好不同，借助不断创新的金融产品和金融衍生品，美国金融市场能够为投资者提供多样化的金融工具选择，也能为融资方寻找到更符合其利益的资金，继而实现金融资源能高效地支持科技创新的发展。

从美国金融市场的参与主体看，科技创新投资方（即资金供给方）包括投资银行、风险基金、政府和部分非银行金融机构。其中风险投资是最重要的投资力量。科技创新融资方（即资金需求方）包括各种形式、各个发展阶段的科技创新企业。虽然科技创新投资存在巨大的风险性，但其巨大的潜在收益仍吸引了为数众多的逐利资金，通过金融市场规则有序运转，有效分散了投资风险。

得益于金融市场高效运转，为美国科技创新提供了充足的资金支持。同时科技创新在科技层面的不断突破和迅速产业化，也为金融市场参与获得了巨大收益。就总体而言，美国既是一个技术创新强国,也是一个科技创新金融强国。

2. 信息处理方面的经验

美国金融结构,市场机制占据绝对主导地位,碍于科技创新专业性太强,以及科技创新企业信息不对称,如何确保信息透明度,成为金融市场有效运行的决定性因素。

美国金融市场,对科技创新企业实行严格的强制信息披露制度,同时针对行业特点,科技创新企业融资各阶段由专业机构来完成。如实现事前监督功能的专业评估机构,发挥事中监督功能的企业定期财务报告与市场投资机构,体现事后监督功能的市场投资机构(主导企业控制权)。正是由于金融市场信息的公开性和透明度,确保了市场的公正性,强化了市场参与者的决心和信心。相比政府主导型金融结构,市场型金融结构的资源配置效率更高,进而为科技创新企业提供了充足的资金保障。

3. 公司治理方面的经验

美国历史上一直奉行市场导向公司治理制度体系。在这一体系中,主要依靠市场力量对企业进行约束。相比传统业务,技术创新风险更大,但潜在收益也更高。正是借助市场导向公司治理制度体系,技术创新相关利益方具有更强的参与激励机制,能够获得更为公平的利益分配机制。这客观上促进了企业技术创新,尤其是高收益科技创新的发展。

但在市场主导型公司治理制度中,对科技创新企业管理层机会主义行为约束仍属薄弱。因为在分散的所有权结构中,科技创新企业追求短期财务变现倾向明显,同时投资者也更加关注投资期限短、短期回报率高且更易在市场变现的项目。因此美国金融市场中,风险投资占据主体地位,突破型技术创新更受青睐,但传统产业的技术创新项目则市场关注有限,这也造成美国传统行业企业竞争力下降。

近二十年来,美国公司治理制度体系也发生了一些重要调整:一是战略性持股比例上升,战略性持股,不仅有助于降低投资方代理成本,而且有助于促进企业长期性的科技创新;二是董事会结构进一步改善,增加了外部董事数量,提高董事会战略决策科学水平,提高公司治理有效性;三是员工持股比例上升,科技创新企业,关键员工的作用凸显,通过给予股份,将形成长期激励机制,也有助于保持人力资源的稳定。

4. 市场化主导型金融结构中技术创新的最新发展(美国硅谷模式)

近三十年来,金融与科技创新高度结合,成为一个重要发展趋势。美国更是利用其在科技创新和金融领域的既有优势,不断巩固其在世界范围金融和技术创新的制高点,其中杰出代表为硅谷技术和NASDSAQ。

美国的硅谷是以大学或科研机构为中心,采取科研与生产相结合。这样使得科研成果能迅速转化为生产力或商品。迄今为止,它是全球最成功的高科技产业园。硅谷不仅营造优秀创新文化,而且配套发达金融市场和金融机制。这两者完美的结合,不仅使得硅谷在科技创新层面取得了突破,而且获取了巨大的经济利益。

硅谷模式的特点与启示:科技与金融的高效结合。

(1) 硅谷的互联网金融服务平台日益完善

硅谷互联网金融服务平台的搭建,突破了交易双方时空限制,为他们提供丰富的信息资源,减少了营业网点和高昂的人力资本,进一步促进民间融资的发展,使硅谷的互联网呈现蓬勃的发展前景。一些著名的创业公司,计算机网络、硬件和软件生产公司都在硅谷落户,如谷歌、脸书、思科、网景、甲骨文、雅虎和3Com等,当然还有新兴一代的网络服务公司(如Akama/Ariba CommerceOne)等。

（2）政府重视创业环境建设

政府非常重视创业环境建设，建立各项规章制度鼓励创新，塑造硅谷科技金融文化。硅谷的创新模式采用市场力量主导的模式，即政府对硅谷的发展并不直接参与，但也不是完全放弃不管，其主要职责是为创新提供自由的环境，同时也要保证创新能在一个健全的法律环境中健康发展。同时政府还积极营造适合创新发展的文化环境，如培养科技人员的创新精神，培养私人企业家风险资本投资精神，营造鼓励冒险与宽容失败的氛围等。

（3）美国政府对硅谷风险投资的间接扶持和各种引导措施

二次世界大战后，美国风险投资开始起步，相关的法律法规开始构建，经过几十年发展和探索，形成一套政府自己支持风险投资的发展模式。在这一模式中，美国小企业管理局（Small Businesses Administration，SBA）起了核心作用。美国政府鼓励人们勇于创业，合理引导民间资本进入风险投资，对风险投资业务基本不干预，并放手由民间专业人士高效率地运作风险资本。政府从事风险投资的目的十分明确，不与民争利，这样就促进了创业和扶持小企业发展，同时还激活了经济，创造了就业，并实现普遍的社会公正，同时也尽可能地将投资收益高的项目，转让给民营部门。这些政策导向的作用是显而易见的。

（4）硅谷资本市场的多元化方向发展

硅谷之所以取得成功，其根本原因就是其运作机制完全市场化，自然就要求资本市场多元化方向发展。创业板、产权交易市场和兼并收购市场的高度发展，使得这些投资专家，能按照市场规律优化配置资源，根据投资机构的经营业绩来进行投融资，采用市场化运作方法实现资本的安全进入和退出。

美国高科技产业快速发展，与其多层次资本市场融资体系密不可分，多层次资本市场融资体系包括主板市场（以证券交易所为代表)和二板市场(以 NASDAQ 为代表)。NASDAQ 是美国资本市场的二板市场,在资本市场融资体系中处于中间层次。它在一定程度上成功地支持了高科技产业和创业的发展。NASDAQ可以为高科技企业提供各种不同的融资服务,并为硅谷公司上市创造很多便捷条件。如很多在硅谷上市的公司,在发展初期盈利能力很弱甚至不盈利,很难在纽约证券交易所上市,但 NASDAQ却能让这些硅谷公司上市,筹集资金,极大地激发了科技创新型企业家的创新动力。

（二）美国金融发展驱动创新模式特征

二战后,美国科技创新沿着"基础研究—应用研究—工程管理"路径一路走来,其经济实力不断增强,金融发展驱动创新模式特征体现在以下几方面:

1. 企业科技创新资金多渠道来源,使其成为创新主体

美国企业技术创新模式最为突出的一个特征就是企业是科技创新的主体。这个主体的性质主要体现在两个方面。一方面,美国政府重视对企业技术创新的投入。美国研发经费投入居世界前列,美国实施"曼哈顿工程"项目是国家创新体系的基础,光2008 年研发经费就达 1 430 亿美元。具体说来,美国政府对企业研发投入又主要包括重点项目资助联合研究。①重点项目。美国政府在不同时期,针对重点优先发展的行业设立发展计划和项目,并为与之相关企业提供资金,支持其技术创新,直接补贴企业的研发活动,从而达到引导产业结构调整的目的。此外,还有针对特定类型企业的资助项目,如小企业创新研究计划(SBIR)。②联合研究。为鼓励产学研进一步合作,企业与大学或州立实验室的联合研究费用被美国政府全部纳入可抵扣研发费用范围内。并且联合研究的各主体的权利能通过完善的法律体系得到保障,让专门的机构负责对其项目进行统筹安排和推进。这种联合研

究的方法是一条有效途径,它不仅能实现研究成果快速应用和商业化,同时也能够实现优势互补,带动企业积极参与到研究中去。20世纪50年代到80年代,政府直接拨款到企业占其科研经费总规模的50%左右,1950年,美国科研经费27亿美元,而到了2006年,这项费用达到1320亿美元。另一方面是美国企业利用自己的资金加大研发投入,冷战结束后,美国公司自身研发投入一路攀升,到1980年美国私人企业研发投入达到737.69亿美元,到2006年,私人企业的研发预算已超过2000亿美元。

2. 政府多渠道、全方位支持科技创新发展

优化中小企业融资环境的重要一环就是要建立完备的政策法规体系。为构建完备的创新政策体系和创造良好的市场环境,美国政府把支持科技创新提升到国家战略的高度。自20世纪50年代以来,美国为立法保障金融支持科技创新的发展,出台了一系列法案,如《杜拜法案》《美国国家科学技术、组织和重点法》和《史蒂文森—韦德勒技术创新法》等。除此之外,政府还提供其他各种融资方式支持科技创新,如政策性贷款和股权融资方式等。与此同时,政府还建立完备的信用担保体系为科技创新保驾护航。适合创新的企业一般呈现以下几个特点:一个特点是企业拥有的"软资产"(知识产权等)多、传统实物抵押品(固定资产等)少;另一个特点是这些企业较多地分布在中小企业,而大型企业分布却相对较少;另外这些企业一般专业性很强,到处充满着不确定因素。总之,这些企业的融资特点表现为"小、散、专"。因此,政府提供的信用比商业信用(以担保公司为代表)在金融支持企业科技创新方面,发挥的作用更加明显,它具有成本更低、保障机制更强等优势。

3. 多层次资本市场是美国金融支持科技创新重要源泉

美国之所以成为全世界技术创新中心和其完善和发达的资

本市场密不可分。从其规模来看,是全世界最大的;从其层次结构来看,为全球最完备,因而各种不同类型、不同规模以及不同发展阶段的企业都能在市场上进行融资。1971 年,美国创立了全美证券交易商协会自动报价系统,即 NASDAQ,支持中小企业上市融资,其对美国新技术的作用功不可没,这些新技术具体包括信息、软件、生物等。现如今 NASDAQ 证券交易市场规模巨大,位居世界第二,其中,在美国最具有发展前景的公司当中,在 NAS-DAQ 上市的占 90% 以上。按上市公司规模标准划分,全球精选市场、全球市场和资本市场构成了 NASDAQ 市场三个层次,其中资本市场对上市公司财务指标审核,相对较为宽松。美国还积极创新各种形式的新型融资工具来支持企业技术创新,如发行债券和利用高新技术知识产权抵押担保等。

4. 银行业多种形式的创新也是美国金融支持科技创新的重要方面

银行业从体制机制上支持科技创新的典型做法是建立科技银行。科技银行专为中小企业提供融资服务而成立,来支持中小企业科技创新。美国 1983 年成立的硅谷银行是科技银行的典范,为硅谷成为全美科技创新的摇篮作出了重要贡献。硅谷银行主要特征归结如下。(1)清晰的战略定位。硅谷银行重点是支持高科技行业,如生命科学、计算机和软件等行业。(2)为降低金融风险寻求与外部机构合作。硅谷银行为提高对高风险的科技型企业认知与鉴别能力,主动寻求与外部机构(创业投资、会计和评估等机构)合作,降低了其经营风险,使其不良资产率大大地降低。此外,硅谷银行也有自身的专家团队,为银行信贷决策提供智力支持,同时还能为银行或企业提供相关咨询服务,缓解银行和企业间的信息不对称问题。(3)为提高风险控制能力,进行金融创新。硅谷银行为提高风险控制能力,可以进行各种形式的金融创新,如与创业投资机构合作,采取投贷结合模式;推广适合科技型中小企业特点的知识产权质押贷款的模式;与企业签订还款顺序协议等。

5. 风险投资也是美国金融支持科技创新重要的补充形式

发展风险投资具有鼓励科技创新和完善资本市场的双重功能作用。美国风险投资是政府出台相关的政策和措施鼓励风险投资市场发展,但政府本身并不会直接参与风险市场投资。在20世纪 50 年代,经典的案例就是美国政府出台了一个"小企业投资计划",极大地发展了美国风险投资业。当然,美国风险投资的成功还和有限合伙制的企业组织形式、风险投资家较强的个人能力以及资金来源多元化密不可分。

二、美国金融发展驱动经济增长成功经验的借鉴

美国自工业革命以来,科技发展速度令人瞩目,企业技术创新能力遥遥领先于其他国家。美国之所以能取得这么强悍的创新能力,得益于美国发达的金融市场和相关的金融和经济制度等因素,从而实现了企业技术创新的良性循环。近年来美国金融支持创新模式的成功经验值得学习与借鉴。

(一)增强企业技术创新的主体地位

企业是创新主体,是企业技术创新体系中最活跃、最核心的部分。企业的创新主体地位是经济高质量增长的内在规律要求,也是推行自主创新的国家战略、实现国家科技创新体系的重要途径。但中国传统计划经济思想仍较为浓厚,当前科技创新工作很大程度上还是在政府主导展开下工作,企业的创新主体地位尚不明朗,且科技成果向市场转化的步伐较慢,与市场需求存在一定的距离。美国凸显企业的市场主导地位的做法,最值得我们学习与借鉴。

（二）加强政府引导和支持

在中国现有的金融体制下，间接融资占据主体地位，其中银行业掌控着全国核心的金融资源，银企之间信息严重不对称，导致金融资源很难流向那些高风险的中小型科技企业。加强政府引导，可有效降低中小型科技型企业的融资成本、提高融资效率。

在当前，中国科技型中小企业普遍存在融资风险高、门槛高的问题，因此，在金融支持科技发展的初期，必须政府牵头，加强立法，完善法律体系，从制度层面引导资源支持科技发展。政府要充分地引导银行、非银行的金融机构积极参与金融支持科技发展，规范市场的投融资行为。在科技金融发展过程中，美国政府全方位与多层次的支持的做法也值得中国借鉴。

（三）健全多层次资本市场，拓宽直接融资渠道，提高科技融资效率

从中国金融支持科技发展的历程来看，企业为科技创新的融资大部分是通过间接融资渠道获得融资，主要包括银行信贷、小额贷款公司放贷、科技型金融机构融资等。由于科技型中小企业在初创期，风险普遍偏高，间接融资很难满足中小企业科技创新资金需求，因此必须健全多层次资本市场，拓宽直接融资渠道，提高科技融资效率。美国作为典型的金融市场导向的国家，其多层次的资本市场发展，支持科技创新的成功经验，同样也值得我们学习与借鉴。

（四）金融服务支持企业创新，要审时度势，防范系统性风险

在数字智能时代，加强金融监管、防范系统性风险仍旧是重要的老话题。美国硅谷银行成功构建了全球创新创业生态圈，为中国信贷支持科技创新提供了成功的典范，但其倒闭事件，也给我们留下了血淋淋的教训：金融在支持企业创新时必须重视对其的监管。这就需要政府、监管机构、金融机构和企业审时度势，进

行精诚合作与协调,来防范系统性金融风险。

第二节　日本金融发展驱动经济
增长经验及其借鉴

与中国类似,日本金融体系是银行主导型的,融资结构以间接融资为主,直接融资为辅。

就表面现象看,中国目前宏观经济与日本 20 世纪 70 年代的经济有颇多相似之处,如投资驱动、巨额外贸顺差、消费结构升级、人口老龄化等。从产业结构上看,由于环境、资源和劳动力成本上升的压力,国内不得不淘汰落后产能,更多发展高附加值产业。从国际环境上看,持续巨额外贸顺差,国际贸易纠纷日益增多。

虽然近二十年来日本经济增长乏力,但其产业结构仍在优化当中,科技创新优势地位得以增强,所有这些,对中国今后金融改革,以及金融如何更好支持经济增长,有着很强的借鉴意义。

一、日本金融发展驱动经济增长经验

二战后,日本大力推行政府主导型金融模式,银行间接融资金融占据主体地位,整个金融体系具有极强的产业工具性。其中最具代表性的是主办银行制度,即日本大企业和大银行,在政府主导下,通过交叉持股和系列贷款,形成了以主办银行为核心的金融集团。

在这种金融体制下,日本政府不但可以引导资金流向,还可以直接控制信贷,扶植政府需要发展的产业部门,同时为这些产业和企业提供大量政策性优惠,推动产业结构升级。日本这种金融控制与经济发展模式有其鲜明的体制特征。

从积极方面看,日本政府主导型市场经济体制和金融市场体制,使得日本政府可以在短期内集中全国资源,尤其是财政投融资模式成为金融资源的体制性保障,极大促进了国家重点产业发展,进而带动日本经济在短期内迅速成长发展。在一定条件下,日本模式确实可以实现社会资源高效配置,并促进社会经济增长和产业结构升级。

日本政府主导型的金融体制可以通过政策引导和直接投资,实现重点产业和重点企业所需资金的充分保障,对于经济增长和效率提升主要表现在以下五个方面:

第一,根据政府阶段性发展目标和产业导向,借助政府主导型金融市场,可以集中更多金融资源,发展重点产业。主办银行制度,也极大地减少了银企之间的信息不对称问题,银行长期资金也有利于促进企业科技创新。

第二,政府主导型金融市场,可以通过利息优惠、贷款结构等金融措施,也可以通过设立复兴金融公库,以财政拨款和发行金融债券的方式筹集资金,支持特定行业和部门的发展。

第三,积极发挥政府引导作用,带动民间资本投向政策性产业和部门。20 世纪 50 年代,日本政府引导金融机构带头向那些资金需求大、投资周期长、投资风险大的产业进行资金投入,并对民间资本产生了很好的示范作用,一定程度上克服了金融市场局限性。

第四,日本政府加大对中小企业和农业的扶持力度。与其他国家类似,金融市场的趋利性,中小企业和农业易处于弱势地位。通过政府财政投融资行为,加大了对中小企业和农业的资金支持,为保持社会结构平衡,维护社会稳定,促进国民经济均衡发展发挥了巨大的作用。

第五,择机引导衰退行业的有序退出。日本政府主导型金融市场,一方面加大对重点发展产业和技术先进产业的资金支持;另一方面,对于落后淘汰产业和企业,也提供了各种形式的融资补助,大大减轻了经济震荡。

任何一种融资模式都有其优势,也有其短板,其优势的发挥都需要具备一定的前提条件。日本政府主导型的金融体制,在日本发展早期,确实极大促进了经济增长和产业升级换代。但20世纪80年代后,日本模式的弊端逐渐暴露,政府、银行、企业的非经济行为增长,正常的市场机制被扭曲,导致了泡沫经济的快速发展,并最终陷入停滞状态。

从金融体制上看,间接融资结构比例过大,抑制了资本市场的成长,使银行和企业在一定程度上丧失了灵活性与独立性,特别是对低效项目过度投资,最终导致资本低效配置,降低了资金收益。从企业角度看,主办银行制下的大企业普遍缺乏创新意识,也相对延缓了日本产业结构升级的速度。特别是在经济下行时期,银行作为风险规避者,对于中小企业以及科技创新项目会加强监管,也会影响资金供给。

为此,日本银行体系还进行了一系列融资改革:一是解除禁令,允许有关金融机构可以投资公司的股票;二是创新融资工具,增加贷款的流动性,允许银行出售公司贷款的应收账款,允许非银行机构可以证券化并出售某些资产;三是改革融资制度,缓解科技型中小企业融资困难的问题,允许缺乏传统抵押担保物的创业企业以知识产权作为担保获得长期银行贷款。

二、日本金融发展驱动经济增长经验借鉴

日本是银行主导型的间接融资市场的国家,这点和中国家金融系统较为类似。再从当前经济发展态势来看,中国和20世纪90年代的日本有着惊人的相似:经济面临下行的压力,需要加大

对科技创新的投入，尤其是对企业层面的技术创新扶持，通过科技引领，调整经济发展结构，促进经济高质量稳定增长。

日本的金融发展驱动科技创新的模式值得我们借鉴。

（一）在金融发展驱动科技创新过程中，凸显政府的主导作用

政府通过对金融体系的制度性安排，引导金融机构加大对企业科技创新的支持力度。我们国家也应该发挥政府的重要作用，完善政策法规和建立政策性金融机构等方面支持科技金融发展。由于企业所有制差别，中国企业层面的科技创新呈现较大差别，尤其是民营企业。这些现象的存在说明，现阶段仍需充分发挥政府的引导作用，借助市场和非市场手段，优化甄别机制，加大科技金融支持力度。

（二）金融发展驱动科技创新过程中，完善信用担保体系的保障作用

日本结合本国银行主导的融资市场的特点，建立了带有本国特色的信用补全制度。其双重保险主要体现在担保与保险相结合、中央和地方相结合。日本的信用补全制度被称为世界上最完善的信用担保体系，在间接融资市场发达而直接融资市场不太发达的金融市场中，实现了较好的政策效果，这一点值得我们借鉴。

（三）日本的金融改革，为我们国家未来的金融改革提供了蓝本

日本针对银行主导的融资体系而进行的一系列金融改革，也为我们国家未来的金融改革和市场放开提供了蓝本。从中国金融体系和科技创新企业的所有制结构上看，两者仍相当不均衡，金融市场也处于非出清状态，未来需要对金融市场供给侧进行重大改革。

（四）中国区域发展不平衡，市场协调难度大

与日本不同，现阶段中国经济规模庞大，但区域经济发展极

度不平衡,人力资本要素价格仍相对较低,尤其科技创新产业化相对薄弱,产业结构升级的内在动力不足。这对中国金融发展路径选择,如何克服地域极端不平衡,促进经济整体效率提升提出了严峻挑战,极大地增加了市场协调的难度。

第三节　本章小结

本章考察了美国、日本两国金融发展支持经济增长的经验和不足,包括金融发展对科技创新模式的支持。在此基础上,对美国和日本的经验各自提炼出了若干条有意义的借鉴。

第七章
结论、政策建议与研究展望

第一节 研究结论

本文理论分析与实证分析密切结合,首先构建了一个嵌入两个金融部门的内生增长的动态最优化理论模型,在此基础上展开细致的理论分析,然后采用多种计量经济实证方法,探讨了中国金融发展驱动经济增长的机制与效率问题,得出了以下结论:

(1)通过构建一个嵌入两个金融部门的动态最优化内生增长模型,并筛选出对经济增速、技术增速和资本积累增速产生的影响有所不同,因而可以不同方向和程度地影响金融发展对经济增长的机制和效率的两大类参数,得出相应的稳态解。

(2)通过对嵌入两个金融部门的动态最优化内生增长模型的推导,发现金融发展主要是通过两种途径来促进经济增长:第一种途径是提高 g_B^*,主要是通过提高间接融资部门的储蓄向投资转化的效率,来促进经济增长;第二种途径是提高 g_A^*,主要是通过提高直接融资部门的规范程度 χ_1 和运行效率 χ,扩大其融资规模来促进企业技术进步,从而拉动经济增长。

(3)基于嵌入两个金融部门的动态最优化内生增长模型,结合实证分析,从间接融资和直接融资两个视角,分别从数量型作用机制和质量型作用机制展开研究,发现在经济发展的初级阶段,数量型作用机制能较好地促进经济增长;而在经济发展的高级阶段,质量型作用机制能较好地促进经济增长;还发现两类参数的大小变化会影响金融发展驱动经济增长的效率高低。

（4）通过理论分析与实证分析相结合，揭示了在当前中国国情下间接融资为主的金融体系的两个短板：金融资源易倾向于"脱实向虚"，实体经济易出现"僵尸企业"。

（5）从间接融资视角通过实证分析，证明可以通过提高间接融资部门的储蓄向投资转化的效率，来提高金融发展驱动经济增长的效率，有效促进经济增长。

（6）从直接融资视角通过实证分析，证明可以通过提高直接融资部门的规范程度和运行效率，扩大其融资规模来促进企业技术进步，来提高金融发展驱动经济增长的效率，有效促进经济增长。

第二节　政策建议

根据以上研究结论，本文提出若干针对性的政策建议。政策建议的指导思想，是大力深化金融供给侧结构性改革，踏实推进金融发展，推动实体经济稳定、高效增长。

（一）打破金融市场体系供给侧结构性失衡

打破信贷市场结构性失衡，各大商业银行总行以及各省会城市分行应制定更具弹性的规则，向州、市及以下行政区的分支机构适当下放信贷资金的调配权，还应大力发展中小银行、民营银行；打破银行业金融机构服务对象结构性失衡，银行业金融机构信贷资金更多向普惠金融、中小微企业倾斜，有效改善中小微企业、民营企业长期面临的融资难、融资慢、融资贵的制度性歧视局面；打破直接融资与间接融资关系不平衡，在优化银行机构治理考核机制，加强对银行服务实体经济成效考核评价基础上，适应中国经济从高速度增长向高质量发展转化的进程，适当加快发展直接融资尤其是股权融资，以更大力度推动风险投资、直接融资，促进企业科技创新。

（二）改革现有金融监管体系和制度

金融监管体系的改革和制度建设，要体现适度监管取向和风格。既要加强监管，有力规范同业、信托、委托贷款等业务，减少资金在金融体系内的"空转"，又要尽可能避免行政干预，不搞"一刀切"；既要控制资金流向，防止资金"脱实向虚"，又不能限制有效信贷供给；既要防范金融风险，又不能妨碍金融机构的金融创新。

（三）打造科技型企业＋金融机构新型合作模式

这种合作模式的特征是资源共享、信息共享、利益共享、风险共担，该模式构建的是一种科技型企业与金融机构的亲密合作双赢关系，使科技型企业能够潜心搞科技创新，开拓市场。当然这又要求合作方金融机构具备较为先进的金融科技手段，建立为创新驱动企业量身打造的特有的风险定价体系、风控体系，且最好具备银行、证券、保险、信托等金融业全牌照，并能够提供综合性金融服务。

（四）进一步完善多层次资本市场

完善企业债券、公司债券市场和股票市场，加快发展资产证券化，降低企业融资成本，满足不同规模、性质和发展阶段企业的多样化融资需求；发展和完善科创板和各种全国性、区域性产权交易中心；加快发展天使投资、VC、PE等风险资本投资方式；切实完善股票市场制度体系，尤其是完善上市公司退市制度、大股东减持制度、信息披露制度和奖惩制度，以促进上市公司优胜劣汰，切实保护广大投资者利益，使股市真正成为投资者和融资者双赢的良好融资和财富管理通道，并伴随着中国经济的转型，成为金融发展高效地支持经济增长的一个愈益重要的渠道。

第三节 研究展望

尽管本文经过理论与实证的结合,进行了较为深入的研究,初步得出了一些有意义的结论,但本文客观上还是存在一些明显的不足和遗憾,还有一些问题没有解决,如:不同的科技创新模式对金融体系有何不同具体要求,不同的经济发展阶段对直接融资与间接融资之间的规模结构及变动有何具体要求,什么样的融资方式更加适合于企业原始创新,什么样的融资方式又更加适合于模仿式创新,中国现有金融体系对企业科技创新存在哪些现实的约束,如何有效化解这些约束,等等。这些问题,都有待笔者和同仁们今后更加深入、更加严谨地探索。

附　表

4.3.2 小节所有变量定义与符号

一级指标	二级指标	定　义	表示符号	计算方法
被解释变量	需支付的最小利息	企业 i 在 t 年需支付的最小利息	$R1_{it}$	$rs_{it-1} \times BS_{it-1} + \left(\dfrac{1}{5}\displaystyle\sum_{j=1}^{5} rl_{t-j}\right) \times BL_{it-1}$
中间变量	流动负债			中国工业数据库
	经营性负债			应付账款＋应交增值税＋应交所得税
	应付账款			中国工业数据库
	应交增值税			中国工业数据库
	应交所得税			中国工业数据库
	银行短期贷款	企业 i 在 $t-1$ 年需支付的银行短期贷款	BS_{it-1}	流动负债－经营性负债

（续表）

一级指标	二级指标	定义	表示符号	计算方法
	负债合计			中国工业数据库
	银行长期贷款	企业 i 在 $t-1$ 年需支付的银行长期贷款	BL_{it-1}	负债合计−流动性负债
	短期贷款利息	企业 i 在 $t-1$ 年需支付的银行短期贷款利息	rs_{it-1}	中国人民银行网站
	长期贷款利息	企业 i 在 $t-5$ 年至 $t-1$ 年需支付的银行长期贷款利息	rl_{t-j}	中国人民银行网站
中间变量	利息收入	企业 i 在 t 年获得的利息收入	$R2_{it}$	$(AL_{it-1} - AY_{it-1} - AC_{it-1}) \times rd_t$
	流动资产	企业 i 在 $t-1$ 期流动资产	AL_{it-1}	中国工业数据库
	应收账款	企业 i 在 $t-1$ 期应收账款	AY_{it-1}	中国工业数据库
	存货	企业 i 在 $t-1$ 期存货	AC_{it-1}	中国工业数据库
	存款利率	银行 t 期的一年存款利率	rd_t	中国人民银行网站
	利息支出	企业 i 在 t 年实际利息支付	$R3_{it}$	中国工业数据库
被解释变量		企业 i 在 t 年实际利息支付与最小利息支付之差，和上期借贷 B_{it-1} 进行标准化	$bgap_{it}$	$[R3_{it} - (R1_{it} - R2_{it})]/B_{it-1}$

（续表）

一级指标	二级指标	定义	表示符号	计算方法
		企业 i 在 t-1 年借债	B_{it-1}	中国工业数据库
	息税前利润		$EBIT_{it}$	利润总额 - 所得税
中间变量			利润总额	中国工业数据库
			所得税	中国工业数据库
			$xbgap_{it}$	$[EBIT_{it} - (R1_{it} - R2_{it})]/B_{it-1}$
	潜变量指标		Y_i	作理论分析之用
	"僵尸企业"虚拟变量		Z_i	作理论分析之用
被解释变量	综合指标法	同时满足实际利润法 I 和 CHK 2 方法的企业识别为"僵尸企业"		$xbgap_{it}<0$ 并且（利润总额 - 应交所得税）＋补贴收入<0
	单指标 CHK 方法 I	企业接受银行的补贴		$bgap_{it}<0$
	单指标 CHK 方法 II	企业接受银行和政府的补贴		$xbgap_{it}<0$
	单指标实际利润法 I	正常经营获得净利润为负识别"僵尸企业"		（利润总额 - 应交所得税）＋补贴收入小于 0

（续表）

一级指标	二级指标	定　　义	表示符号	计算方法
		影响"僵尸企业"的形成因素	X	作理论分析之用
		影响因素的系数矩阵	B	作理论分析之用
		市场价格	P^*	作理论分析之用
		平均成本	AC	作理论分析之用
		平均可变成本	AVC	作理论分析之用
		正规金融市场获得贷款的概率	ρ	作理论分析之用
解释变量	中间变量	非正规金融市场利率	r_H	作理论分析之用
		正规金融市场利率	r_L	作理论分析之用
		金融市场分割程度	ζ	$(r_H - r_L)/r_L$
		金融市场利率	r_0	$r_L\{1+[1-\rho(\omega)]\zeta\}$
		信贷失衡程度	θ	$\dfrac{\alpha}{\tau}$
		企业融资需求	D^F	作理论分析之用
		外部资金的依赖程度	λ	作理论分析之用

（续表）

一级指标	二级指标	定义	表示符号	计算方法
中间变量	企业的融资能力		ω	作理论分析之用
	银行认可的融资能力		ω'	$\omega'=\omega^{\alpha}$
	利息支出			中国工业数据库 $r_0(\omega)D^F\lambda$
		银行对企业融资能力的敏感程度	α	作理论分析之用
		参数为 θ 概率密度函数	$\varphi(\omega',\theta)$	$\dfrac{1}{\theta}(\omega')^{\frac{1}{\theta}-1}$
		参数为 τ 概率密度函数	$\varphi(\omega,\tau)$	$\tau\omega^{\tau-1}$
	财务费用	帕累托分布参数	τ	中国工业数据库
解释变量 信贷失衡指标	利息支出偏差	每组企业利息支出的均值		每个企业的利息支出与每组企业利息支出的均值平方差取对数　stata软件分析
	财务费用偏差	每组企业财务费用的均值		每个企业的财务费用与每组企业财务费用的均值平方差取对数　stata软件分析

（续表）

一级指标	二级指标	定　义	表示符号	计算方法
	全要素生产率		TFP_i	$TFP_i = \exp(y_i - a \times l_i - b \times m_i - c \times k_i)$
	工业增加值	企业 i 在 t 年的工业增加值	y_i	工业总产值－工业中间投入＋增值税
	劳动投入	企业 i 劳动投入	l_i	中国工业数据库
解释变量　中间变量	中间产品的投入	企业 i 在 t 年中间产品的投入	m_i	工业总产值－企业利润－财务费用－工资－当期折旧－增值税
	资本投入	企业 i 在 t 年的资本投入	k_i	中国工业数据库
	工业总产值	企业 i 在 t 年工业总产值		中国工业数据库
	增值税	企业 i 在 t 年增值税		中国工业数据库
	工资	企业 i 在 t 年工资		中国工业数据库
	当期折旧	企业 i 在 t 年当期折旧		中国工业数据库
	销售额	企业 i 在 t 年销售额		中国工业数据库

（续表）

一级指标	二级指标	定 义	表示符号	计算方法
解释变量	效率异质性指标	TFP偏差			每个企业的TFP与每组企业TFP的均值差的平方取对数
		每组企业TFP的均值		stata软件分析
		每组企业销售额的均值		stata软件分析
		销售额偏差		每个企业的销售额与每组企业销售额均值差的平方取对数
控制变量	从业人数	企业i在t年从业人数		中国工业数据库
	存货	企业i在t年存货		中国工业数据库
	人均固定资本	企业i在t年人均固定资本		中国工业数据库
	资本总计	企业i在t年的资本总计		中国工业数据库

参考文献

［1］爱德华・肖.经济发展中的金融深化[M].上海：上海三联书店，1988.

［2］柏玲，姜磊.金融支持区域创新的竞争和溢出效应——基于空间面板杜宾模型的研究[J].上海经济研究，2013，(7)：13～23.

［3］白钦先.金融结构、金融功能演进与金融发展理论的研究历程[J].经济评论，2005，(3)：39～45.

［4］白钦先，薛阳.金融与实体经济关系的哲学思考[J].沈阳师范大学学报，2016，(12)：56～60.

［5］蔡庆丰，田霖，林志伟.地区融资模式与创业创新——基于空间面板模型的实证发现[J].财贸经济，2017，(7)：91～106.

［6］蔡则祥，伍学强.金融资源与实体经济优化配置研究[J].经济问题，2016，(5)：16～25.

［7］陈建付.制度变迁视角下股权市场融资规模与企业技术创新关系研究[J].经济论坛，2018，(12)：91～97.

［8］陈江静.金融深化理论的框架及其对我国的启示[J].中国物价，2016，(9)：38～40.

［9］陈双.直接融资的经济效应分析[D].长沙：湖南大学，2012.

［10］董登新.如何识别垃圾股、僵尸企业？[R]金融界网站，http：//www.jrj.com.cn/，2016/04/15.

［11］范爱军，杨丽.模块化对分工演进的影响——基于贝克尔-墨菲模型的解释[J].中国工业经济，2006，(12)：67～73.

［12］菲利普・阿吉翁，彼得・霍依特著，陶然，倪彬华，汪柏林

译.内生增长理论[M].北京:北京大学出版社,2004.

[13] 冯根福,刘虹,冯照桢等.股票的流动性会促进我国企业技术创新吗?[J].金融研究,2017,(3):192~206.

[14] 傅晓霞,吴利学.技术效率、资本深化与地区差异——基于随机前沿模型的中国地区收敛分析[J].经济研究,2006,(10):52~61.

[15] 郭春东.企业技术创新模式选择与发展途径研究[D].北京:北京理工大学,2013.

[16] 韩廷春.金融发展与经济增长的内生机制[J].产业经济评论,2002,(5):163~173.

[17] 何帆,朱鹤.僵尸企业识别与应对[J].中国金融,2016,(5):25~27.

[18] 黄飞鸣.金融约束对企业投融资行为的政策效应研究——基于A股公司[J].当代财经,2016,(9):52~65.

[19] 黄群慧.论新时期中国实体经济的发展[J].中国工业经济出版社,2017,(9):2~24.

[20] 黄少卿,陈彦.中国僵尸企业的分布特征与分类处置[J].中国工业经济,2017,(3):24~42.

[21] 黄智淋,董志勇.我国金融发展与经济增长的非线性关系研究——来自动态面板数据门限模型的经验证据[J].金融研究,2013,(7):74~86.

[22] 胡巍,王可.基于金融结构视角的经济增长效率研究[J].金融理论与实践[J].2017,(12):32~36.

[23] 胡援成,吴江涛.科技金融的运行机制及金融创新探讨[J].科技进步与对策,2012,29(23):10~13.

[24] 贾春新.金融深化:理论与中国的经验[J].中国社会科学,2000,(3):50~58.

［25］贾甫.资本积累、金融发展与收入分配问题的研究［J］.兰州学刊,2019,（2）:65～76.

［26］蒋灵多,陆毅.最低工资标准能否抑制新僵尸企业的形成［J］.中国工业经济,2017,（11）:118～136.

［27］李凯廷,韩廷春.金融生态演进作用于实体经济增长的机制分析——透过资本配置效率的视角［J］.中国工业经济,2011,（2）:26～35.

［28］李青原,李江冰,江春等.金融发展与地区实体经济资本配置效率——来自省级工业行业数据的证据［J］.经济学（季刊）,2013,（2）:527～548.

［29］林毅夫,孙希芳,姜烨.经济发展中的最优金融结构理论初探［J］.经济研究,2009,（8）:4～17.

［30］林毅夫,徐立新,寇宏等.金融结构与经济发展相关性的最新研究进展［J］.金融监管研究,2012,（3）:4～20.

［31］刘畅,植率,王学龙.融资规模、融资结构与实体经济发展——基于我国金融供给侧改革研究.［J］.西南民族大学学报,2017,（5）:138～143.

［32］刘培森.金融发展、创新驱动与长期经济增长［J］.金融评论,2018,（4）:41～59.

［33］刘培森,尹希果,李后建.银行业市场化对企业创新的影响机制研究［J］.金融评论,2015,（6）:64～80.

［34］李霄阳,瞿强.中国僵尸企业:识别与分类［J］.国际金融研究,2017,（8）:3～13.

［35］李晓龙,冉光和,郑威.金融发展、空间关联与区域创新产出［J］.研究与发展管理,2017,（2）:55～64.

［36］娄飞鹏.实体经济和虚拟经济视角的资金脱实向虚［J］.金融理论与教学,2018,（10）:8～14.

［37］罗富政,罗能生,侯志鹏.货币供给与通货膨胀的背离——基于虚拟经济虹吸效应的解释［J］.金融研究,2019,(5):57～72.

［38］罗伟,吕越.金融市场分割、信贷失衡与中国制造业出口［J］.经济研究,2015,(10):49～63.

［39］吕江林,陈建付.信贷失衡、效率异质性和僵尸企业的形成［J］.当代财经,2018,(8):44～59.

［40］吕江林.良好股市的监管理念和机制设计［J］.中国金融,2018,(11):70～72.

［41］吕江林,桂燕.中部地区 R&D 效率及全要素生产率研究——基于地市级数据的实证［J］.金融与经济,2018,(2):66～70.

［42］吕江林,曾鹏.中国股票市场适度融资规模研究［J］.金融论坛,2012,(6):72～78.

［43］麦金农.经济发展中的货币与资本［M］.上海:上海三联书店,1988.

［44］明明.关于科技金融的理论和实证研究［J］.金融理论与实践,2013,(8):50～55.

［45］聂辉华,江艇,杨汝岱.中国工业企业数据库的使用现状和潜在问题［J］.世界经济,2012,(5):142～158.

［46］聂辉华,江艇,张雨潇等.我国僵尸企业的现状、原因与对策［J］.宏观经济管理,2016,(9):63～88.

［47］冉芳,张红伟.我国金融与实体经济非协调发展研究——基于金融异化视角［J］.现代经济探讨,2016,(5):34～38.

［48］申广军.比较优势与僵尸企业:基于新结构经济学视角的研究［J］.管理世界,2016,(12):13～24.

［49］孙爱军,蒋彧,方先明.金融支持经济发展效率的研究——基于 DEA-Malmquist 指数方法的分析［J］.中央财经大学学报,2011,(11):34～39.

［50］孙伍琴.金融发展促进技术创新研究［M］.北京：科学出版社,2014：74～78.

［51］孙志红,吴悦.技术进步、金融发展与产业升级——基于供给侧改革背景下新疆地区的研究［J］.科技管理研究,2017,（17）：109～114.

［52］苏州市农村金融学会课题组.僵尸企业占用信贷资源的清理处置对策［J］.现代金融,2017,（10）：34～36.

［53］谭语嫣,谭之博,黄益平等.僵尸企业的投资挤出效应：基于中国工业企业的证据［J］.经济研究,2017,（5）：175～188.

［54］陶长琪,杨海文.空间计量模型选择及其模拟分析［J］.统计研究,2014,（8）：88～96.

［55］佟健,胡巍.基于金融结构视角的金融发展方式转变研究［J］.金融理论与实践,2015,（2）：7～12.

［56］王鹤,周少君.城镇化影响房地产价格的"直接效应"与"间接效应"分析——基于我国地级市动态空间杜宾模型［J］.南开经济研究,2017,（2）：3～22.

［57］王莉.基于技术创新的金融结构比较研究［D］.杭州：浙江大学,2004.

［58］王陆雅.金融发展与经济增长关系——基于双变量动态门限面板模型的分析［D］.北京：对外经济贸易大学,2016.

［59］吴晗.我国金融发展演进与经济增长的影响——基于新结构经济学视角的经验分析［J］.经济问题与探索,2015,（1）：115～122.

［60］谢德金.金融在经济发展中的作用［D］.天津：南开大学,2014.

［61］谢家智,王文涛.金融发展的经济增长效率：影响因素与传递机理［J］.财贸经济,2013,（7）：59～67.

［62］熊正德,詹斌,林雪.基于 DEA 和 Logit 模型的战略性新兴产业金融支持效率[J].系统工程,2011,(6):35～41.

［63］徐徕.金融发展影响中国经济潜在增长率的机制、效应与政策研究[D].上海:华东师范大学,2019.

［64］许涛.超越:技术、市场与经济增长[M].北京:社会科学文献出版社,2018.

［65］杨德伟.股权结构影响企业技术创新的实证研究——基于我国中小板上市公司的分析[J].财政研究,2011,(8):56～60.

［66］袁鲲.股权分置改革、监管战略与中国股市波动性突变[J].金融研究,2014,(6):162～176.

［67］袁永,陈佳丽.广东科技成果评价政策的现状及对策分析[J].技术与创新管理,2013,34(3):244～246.

［68］徐忠.新时代背景下中国金融体系与国家治理体系现代化[J].经济研究,2018,(7):4～20.

［69］殷剑峰.金融系统的功能、结构和经济增长[D].北京:中国社会研究院研究生院,2006.

［70］曾繁清,叶德珠.金融体系与产业结构的耦合协调度分析——基于新结构经济学视角[J].经济评论,2017,(3):134～147.

［71］张杰.市场化与金融控制的两难困局:解读新一轮国有银行改革的绩效[J].管理世界,2008,(11):12～31.

［72］张林,张维康.金融服务实体经济增长的效率及影响因素研究[J].宏观质量研究,2017,(1):47～60.

［73］张屹山,孟宪春,李天宇.房地产投资对经济增长的空间效应分析[J].西安交通大学学报,2018,(1):12～18.

［74］张永凯.企业技术创新模式演化分析[J].广东财经大学学报,2018,(2):54～62.

［75］张志强.金融发展、研发创新与区域技术深化［J］.经济评论，2012，(3):82~92.

［76］中国人民大学国家发展与战略研究院.中国僵尸企业研究报告——现状、原因和对策［R］.中国人民大学国发院网站：http://nads.ruc.edu.cn.，2016/07/27.

［77］周定根，杨晶晶.定价异质性与多产品进出口企业生产率——基于企业—产品层面的研究［J］.当代财经，2016，(10):87~99.

［78］朱丹.日本产业结构升级的金融支持及其对我国的借鉴［D］.杭州：浙江大学，2012.

［79］朱鹤，何帆.中国僵尸企业数量测度及特征分析［J］.北京工商大学学报，2016，31(4):116~126.

［80］Acemoglu, D. , Aghion, P. Zilibotti, F. Distance to frontier, selection, and economic growth［J］. Journal of the European Economic Association, 2006, (1):37~74.

［81］Acemoglu, D. , Zilibotti, F. Was prometheus unbound by chance? risk, diversification and growth［J］. Journal of Political Economy, 1997, 105(4):709~751.

［82］Aghion P, Howitt P. A model of growth through creative destruction［J］. Econometrica, 1992, 60(2):323~351.

［83］Aghion P, Howitt P. The observational implications of Schumpeterian growth theory［J］. Empirical Economics, 1996a, 21(1):13~25.

［84］Aghion P, Howitt P. Endogenous growth theory［M］. Cambridge, MA: MIT Press, 1998.

［85］Aghion P, Howitt P. , Mayerfoulkes D. The effect of financial development on convergence: theory and evidence［J］.

Quarterly Journal of Economics, 2005, 120(1):173~222.

［86］Ahearne A. G. , Shinada N. Zombie firms and economic stagnation in Japan［J］. International Economics and Economic Policy, 2005, 2(4):363~381.

［87］Aigner, J. , Chu, S. F. On estimating the industry production function［J］. American Economic Review, 1968, (13):826~839.

［88］Allen, Franklin, Gale, Douglas. Comparing financial systems［M］. Cambridge, MA: MIT Press, 1999.

［89］Allen N Berger, William Goulding, Tara Rice. Do small businesses still prefer community banks?［J］. Journal of Banking &. Finance, 2014, (44):264~278.

［90］Allen, F. , D. Gale. Financial contagion［J］. The Journal of Political Economy, 2000, 108(1):1~33.

［91］Allen, Frankin. Stock markets and resource allocation, in Mayer, Colin, and Vives, Xavier, ed. Capital Markets and Financial Intermediation［C］. Cambridge University Press, 1993.

［92］Amold. L. , Walz U. Financial Regimes, Capital structure, and growth［J］. European Journal of Political Economic, 2000, (16):491~508.

［93］Andrew Winton, Vijay Yerramilli. Entrepreneurial finance: banks versus venture capital［J］. Journal of Financial Economics, 2008, (88):51~79.

［94］Battese, E. , Coelli, T. A model for technical inefficiency effects in stochastic frontier production function for panel Data［J］. Empirical Economics, 1995, (20):325~332.

[95] Beck, T., A. Demirguc-Kuntand M. S. M. Peria. Reaching out: access to and use of banking services across countries[J]. Journal of Financial Economics, 2007, 85(1):234~266.

[96] Beck, T. R. Levine, N. Loayza. Finance and sources of growth[J]. Journal of Finance Ecomomics, 2000, 58(1—2):261~300.

[97] Boot, A. W. A., A. V. Thakor. Financial system architecture[J]. The Review of Financial Studies, 1997, 10:693~733.

[98] Boyd J. H., Smith B. D. The evolution of debt and equity markets in economic development[J]. Economic Theory, 1998, (12):519~560.

[99] Caballero R. J., Hoshi T., Kashyap A. K. Zombie Lending and depressed restructuring in Japan [J]. American Economic Review, 2008, 98(5):1943~1977.

[100] Cai, Hongbin, Liu, Qiao. Competition and corporate tax avoidance: evidence from Chinese industrial firms[J]. Economic Journal, 2009, (119):764~795.

[101] Carlin, Wendy, Colin Mayer. Finance, investment, and growth[J]. Journal of Financial Economics, 2003, (69):191~226.

[102] Chakraborty, Peek J. Cherry-picking winners or aiding the distressed anatomy of a financial crisis intervention[R]. Working Paper, 2012.

[103] Chow G. C., Lin A. Accounting for economic growth in Taiwan and mainland China: A Comparative analysis[J]. Journal of Comparative Economics, 2002, (30):507~530.

[104] Chow. Y. K., Chin M. S. Financial innovations and technological innovations as twin engines of economic growth [R]. Working Paper, 2004.

[105] Cochrane J. Financial markets and the real economy[R]. NBER Working Paper, 2005, No. 11193.

[106] Franklin, Allen. The market for information and the origin of financial intermediation[J]. Journal of Financial Intermediation, 1990, 3(1):3~30.

[107] Farrell, J. The measurement of productive efficiency[J]. Journal of the Royal Statistical Society, 1957, (120): 253~282.

[108] Fukuda S. I., Nakamura J. I. Why did "zombie" firms recover in Japan?[J]. The World Economy, 2011, 34(7): 1124~1137.

[109] Gerschenkron, Alexander. Economic backwardness in historical perspective, a book of essays[M]. Cambridge, MA: Harvard University Press, 1962.

[110] Gheeraert, L., Weil, L. Does Islamic banking development favor macroeconomic efficiency? Evidence on the Islamic Finance-growth Nexus[J]. Economic Modelling, 2015, (47):32~39.

[111] Gianpaolo G., Giulia I., Saqib J. et al. Financial regulations and bank credit to the real economy[J]. Journal of Economic Dynamics & Control, 2015, (50):117~143.

[112] Goldsmith R. W. Financial structure and development [M]. New Haven, CT: Yale University Press, 1969.

[113] Greenwood, J., Hercowitz, Z., Huffman, G. Investment,

Capacity utilisation and the real business cycle[J]. American Economic Review, 1998, 78(3), 402~417.

[114] Greenwood, J., Jovanovic, B. Financial development, growth, and the distribution of income[J]. Journal of Political Economy, 1990, (98):1076~1107.

[115] Grossman G. M., Helpman, E. Quality ladders and product cycles[J]. Quarterly Journal Economics, 1991, 106(8):557~526.

[116] Gurley John G., Shaw E. S. Financial aspects of economic development[J]. The American Economic Review, 1955, 45(4):515~538.

[117] Hellmann, T., M. Puri. The interaction between product market and financing strategy: the role of venture capital [J]. Review of Financial Studies, 2000, (13):959~84.

[118] Henry W. Chesbrough. Open innovation: the new imperative for creating and profiting from technology[M]. Boston, MA: Harvard Business School Press, 2003.

[119] Hoshi T., Kim Y. Macroprudential policy and zombie lending in Korea[R]. Working Paper, 2012.

[120] Hung, F. S. Explaining the nonlinear effects of financial development on economic growth[J]. Journal of Economics, 2009, (97):41~65.

[121] Imai M. Local economic effects of a government owned depository institution: evidence from a natural experiment in Japan[J]. Journal of Financial Intermediation, 2012, 21(1):1~22.

[122] Jacobson T., Linde J. Exploring interactions between real

activity and the financial stance[J]. Journal of Financial Stability, 2005, 1(3):308~341.

[123] Kawai M., Morgan P. Banking crises and "Japanization": origins and implications[R]. Working Paper No.430, 2013.

[124] Ketteni E, Stengos T, Savvides A, et al. Is the financial development and economic growth relationship nonlinear [J]. Economics Bulletin, 2007, 15(14):1~12.

[125] Kevin M. Murphy, Andrei Shleifer, Robert W. Vishny. Industrialization and the big push[J]. Journal of Political Economy, 1989, 97(5):1003~1026.

[126] Kevin M. Murphy, Andrei Shleifer, Robert W. Vishny Vishny. Income distribution, market size, and industrial-ization[J]. Quarterly Journal Economics, 1989, 104(8):537~564.

[127] King, R., Levine, R. Finance and growth: Schumpeter may be right[J]. Quarterly Journal of Economic, 1993, (3):717~738.

[128] Kwon H. U., Narita F., Narita M. Resource reallocation and zombie lending in Japan in the 1990s[J]. Review of Economic Dynamics, 2015, 18(4):709~732.

[129] Laeven, L., Levine, R., S. Michalopoulos. Financial in-novation and endogenous growth[J]. Journal of Financial Intermediation, 2014, (24):1~24.

[130] Laeven, L., Levine, R., Michalopoulos, S. Financial in-novation and endogenous growth[R]. CEPR Discussion Papers 7465, C. E. P. R. Discussion Papers, 2009.

[131] Levine, Ross. Bank-based or market-based financial sys-

tems: Which is better?[J]. Journal of Financial Interme-
diation, 2002, (11):1~30.

[132] Levine, Ross. Financial development and economic growth:
views and agenda[J]. Journal of Economic Literature,
1997(5), 688~726.

[133] Levine, R. Finance and growth: a survey of the theoretical and
empirical literature[R]. Tinbergen Institute Discussion Papers
No. 04-039/2, 2004.

[134] Levine, R. Stock, Growth and development[J]. European
Economic Review, 1993, 37:632~640.

[135] Levinsohn J., Petrin A. Estimating production functions
using input to control for unobservable[J]. The Review
of Economic Studies, 2003, 70(2):317~341.

[136] Lin Y. P., Srinivasan A., Yamada T. The effect of gov-
ernment bank lending: evidence from the financial crisis
in Japan[R]. Working Paper, 2015.

[137] Lorenzo D., Daryna G. Financial development, real sector,
and economic growth[J]. International Review of Eco-
nomics and Finance, 2015, (37):393~405.

[138] Lucas, R. E. On the mechanics of economics of economic
development[J]. Journal of Monetary Economics, 1988,
22(1):3~22.

[139] McKinnon, Ronald. Money and capital in economic devel-
opment[M]. Washington D. C. : Brookings Institute, 1973.

[140] Méon, P. G., Weill, L. Does financial intermidiation mat-
ter for macroeconomic performance?[J]. Economic Mod-
elling, 2010, (27):296~303.

[141] Michal Jerzmanowski, Mahler. The welfare consequences of irrational exuberance: Stock market booms, research investment, and productivity[J]. Journal of Macroeconomics, 2008, (30):111~133.

[142] Nakamura J. I., Fukuda S I. What happened to "zombie" firms in Japan reexamination for the lost two decades[J]. Global Journal of Economics, 2013, 2(2):1~18.

[143] Novals A., Fernández E., Ruiz J. Economic growth: theory and numerical solution methods[M]. Berlin: Springer-Verlag, 2009:319~397.

[144] Rajan R. G., Zingales L. Financial dependence and growth[J]. American Economic Review, 1998, 88(4):559~586.

[145] Rene M. Stulz. Does financial structure matter for economic growth? a corporate finance perspective[M]. Cambridge, MA: MIT Press, 2001.

[146] R. Merton, Robert C., Bodie Zvi. Design of financial system: towards a synthesis of function and structure[J]. Journal of Investment Management, 2005, 3(1):1~23.

[147] Romer, P. M. Increasing returns and long run growth[J]. Journal of Political Economy, 1986, 94(5):1002~1037.

[148] Romer, P. M. Endogenous technological change[J]. Journal of Political Economy, 1990a, 98(5) part 2:71~102.

[149] Saint-Paul G. Technological choice, financial markets and economic development[J]. European Economic Review, 1992, 36(4):763~781.

[150] Schumpeter J. A. The theory of economic development[M]. Cambridge, MA: Harvard University Press, 1911:23~45.

[151] Schumpeter J. A. The theory of economic development: an

inquiry intoprofits, capital, credit, interest, and the business cycle[M]. New Jersey: Transaction Publishers, 1934.

[152] Sharmishtha M., Basab N., Amit M. Study of dynamic relationships between financial and real sectors of economies with wavelets[J]. Applied Mathematics and Computation, 2007, (188):83~95.

[153] Shaw, E. S. Financial deepening in economic development [M]. New York Oxford University Press, 1973.

[154] Solow R M. A contribution to the theory of economic growth[J]. Quarterly Journal of Economics, 1956, 70 (1):65~94.

[155] Stephan J. Mutual fund flows, expected returns, and the real economy[J]. Journal of Banking & Finance, 2012, (36):3060~3070.

[156] Stiglitz, J. E., A. Weiss. Credit rationing in market with imperfect information[J]. The American Economic Review, 1981, 73(3):393~410.

[157] Terhi J., Pierre M. The impact of banking sector stability on the real economy[J]. Journal of International Money and Finance, 2013, (32):1~16.

[158] Wurgler, J. Financial markets and the allocation of capital[J]. Journal of Financial Economics, 2000, (58):187~214.

[159] Young, A. Learning by doing and the dynamic effects of international trade[J]. The American Economic Review, 1991, 106(2):369~406.

[160] Zilibotti, F. Endogenous growth and intermediation in an "archipelago" economy [J]. Economic Journal, 1994, (104), 462~473.